O TRIBUNAL DE CONTAS
E A PROTEÇÃO DO
PATRIMÔNIO CULTURAL

O Patrimônio Cultural como um Bem Público

IZABEL VICENTE IZIDORO DA NÓBREGA

Prefácio
Marcílio Toscano Franca Filho

O TRIBUNAL DE CONTAS E A PROTEÇÃO DO PATRIMÔNIO CULTURAL
O Patrimônio Cultural como um Bem Público

Belo Horizonte

2021

© 2021 Editora Fórum Ltda.

É proibida a reprodução total ou parcial desta obra, por qualquer meio eletrônico, inclusive por processos xerográficos, sem autorização expressa do Editor.

Conselho Editorial

Adilson Abreu Dallari
Alécia Paolucci Nogueira Bicalho
Alexandre Coutinho Pagliarini
André Ramos Tavares
Carlos Ayres Britto
Carlos Mário da Silva Velloso
Cármen Lúcia Antunes Rocha
Cesar Augusto Guimarães Pereira
Clovis Beznos
Cristiana Fortini
Dinorá Adelaide Musetti Grotti
Diogo de Figueiredo Moreira Neto (*in memoriam*)
Egon Bockmann Moreira
Emerson Gabardo
Fabrício Motta
Fernando Rossi
Flávio Henrique Unes Pereira

Floriano de Azevedo Marques Neto
Gustavo Justino de Oliveira
Inês Virgínia Prado Soares
Jorge Ulisses Jacoby Fernandes
Juarez Freitas
Luciano Ferraz
Lúcio Delfino
Marcia Carla Pereira Ribeiro
Márcio Cammarosano
Marcos Ehrhardt Jr.
Maria Sylvia Zanella Di Pietro
Ney José de Freitas
Oswaldo Othon de Pontes Saraiva Filho
Paulo Modesto
Romeu Felipe Bacellar Filho
Sérgio Guerra
Walber de Moura Agra

FÓRUM
CONHECIMENTO JURÍDICO

Luís Cláudio Rodrigues Ferreira
Presidente e Editor

Coordenação editorial: Leonardo Eustáquio Siqueira Araújo
Aline Sobreira de Oliveira

Av. Afonso Pena, 2770 – 15º andar – Savassi – CEP 30130-012
Belo Horizonte – Minas Gerais – Tel.: (31) 2121.4900 / 2121.4949
www.editoraforum.com.br – editoraforum@editoraforum.com.br

Técnica. Empenho. Zelo. Esses foram alguns dos cuidados aplicados na edição desta obra. No entanto, podem ocorrer erros de impressão, digitação ou mesmo restar alguma dúvida conceitual. Caso se constate algo assim, solicitamos a gentileza de nos comunicar através do *e-mail* editorial@editoraforum.com.br para que possamos esclarecer, no que couber. A sua contribuição é muito importante para mantermos a excelência editorial. A Editora Fórum agradece a sua contribuição.

Dados Internacionais de Catalogação na Publicação (CIP) de acordo com a AACR2

N754t	Nóbrega, Izabel Vicente Izidoro da O Tribunal de Contas e a proteção do patrimônio cultural: o patrimônio cultural como um bem público / Izabel Vicente Izidoro da Nóbrega. – Belo Horizonte : Fórum, 2022. 242 p. : il. ; 14,5cm x 21,5cm. Inclui bibliografia. ISBN: 978-65-5518-284-2 1. Direito. 2. Direito Constitucional. 3. Direito administrativo. 4. Direito financeiro. 5. Direito cultural. I. Título.
2021-3586	
	CDD: 340 CDU: 34

Elaborado por Vagner Rodolfo da Silva – CRB-8/9410

Informação bibliográfica deste livro, conforme a NBR 6023:2018 da Associação Brasileira de Normas Técnicas (ABNT):

NÓBREGA, Izabel Vicente Izidoro da. *O Tribunal de Contas e a proteção do patrimônio cultural*: o patrimônio cultural como um bem público. Belo Horizonte: Fórum, 2022. 242 p. ISBN 978-65-5518-284-2.

*A meu marido, meus pais, irmãos, avós e sobrinhos.
Nada tem sentido sem vocês.*

Ao Professor Doutor Marcílio Franca, por me guiar com generosidade durante os anos de Mestrado, exercendo com maestria o dom do ensino, e ao Conselheiro Marcos Antônio da Costa, por todo apoio e incentivo (in memoriam).

Il y a deux choses dans un édifice: son usage et sa beauté. Son usage appartient au propriétaire, sa beauté à tout le monde, à vous, à moi, à nous tous. Donc, le détruire, c'est dépasser son droit.

(Victor Hugo, 1832 – *Guerre aux démolisseurs*)

SUMÁRIO

PREFÁCIO
A BELEZA SALVARÁ O MUNDO
Marcílio Toscano Franca Filho 15

CAPÍTULO 1
INTRODUÇÃO 19

CAPÍTULO 2
A CULTURA E O DIREITO 29
2.1 Conceito de cultura 30
2.2 Conceito jurídico de cultura 36
2.3 Direitos culturais como direitos humanos 41
2.3.1 Origem dos direitos humanos 41
2.3.2 Conceito, características e gerações dos direitos humanos 46
2.3.3 Sistemas internacionais de proteção dos direitos humanos culturais 52
2.3.4 Críticas aos direitos humanos 56
2.4 Direitos culturais 59
2.4.1 Multiculturalismo 60
2.4.2 Direitos culturais em espécie 64
2.5 Direitos culturais relacionados ao patrimônio 69

CAPÍTULO 3
O PATRIMÔNIO CULTURAL E O DIREITO 73
3.1 Interdisciplinaridade necessária para a compreensão jurídica do patrimônio cultural 75
3.2 A escolha do patrimônio cultural 81
3.3 O conceito jurídico de patrimônio cultural 92
3.4 Evolução jurídica do dever de salvaguarda do patrimônio cultural 96
3.4.1 As cartas patrimoniais 100

3.4.2	As principais normas internacionais de salvaguarda do patrimônio cultural..	105
3.4.3	Evolução da proteção do patrimônio cultural no Brasil.............	116
3.5	Dimensionamento constitucional do patrimônio cultural.........	120
3.5.1	O patrimônio cultural material...	122
3.5.2	O patrimônio cultural imaterial..	126
3.5.3	Inventário, vigilância, tombamento e registro............................	129
3.6	Patrimônio cultural como bem público transindividual............	137

CAPÍTULO 4
O TRIBUNAL DE CONTAS E O PATRIMÔNIO CULTURAL 143

4.1	Fundamentação jurídica da atuação da corte de contas no patrimônio cultural...	144
4.2	Controle externo da gestão pública	149
4.3	O Tribunal de Contas do Brasil	152
4.3.1	Competências constitucionais do Tribunal de Contas do Brasil	154
4.3.2	Natureza jurídica e limites das decisões do Tribunal de Contas	159
4.3.3	Principais competências constitucionais específicas do Tribunal de Contas	163
4.3.4	O Ministério Público junto ao Tribunal de Contas.....................	167
4.3.5	As auditorias	172
4.3.5.1	Normas de auditoria	176
4.3.6	Função pedagógica do Tribunal de Contas	178
4.4	O Tribunal de Contas francês e a proteção do patrimônio cultural	182
4.4.1	Relatórios públicos anuais de 2001, 2006 e o relatório público temático de 2007 – A gestão do patrimônio cultural e as grandes obras culturais..	187
4.4.2	O apoio público ao mecenato das empresas – Um dispositivo que precisa ser melhor regulado	190
4.5	O Tribunal de Contas português e a proteção do patrimônio cultural	195
4.6	Atuações dos Tribunais de Contas brasileiros na defesa do patrimônio cultural...	199
4.6.1	Tribunal de Contas de Pernambuco – Auditoria cultural: intervenções em bens culturais afetados por proteção legal.......	200
4.6.2	Tribunal de Contas da União – Auditoria operacional "O turismo no patrimônio mundial da humanidade no Brasil"	203

4.6.3	O Tribunal de Contas do estado da Paraíba e a proteção do patrimônio cultural..	210
4.7	Finalidades da atuação do Tribunal de Contas na proteção do patrimônio cultural..	217
4.7.1	O Tribunal de Contas e o *cultural accountability*	219

CAPÍTULO 5
CONSIDERAÇÕES FINAIS 223

REFERÊNCIAS... 229

PREFÁCIO

A BELEZA SALVARÁ O MUNDO

O leitor tem em suas mãos uma joia. Fruto de uma cuidadosa ourivesaria intelectual, o livro da auditora de contas públicas Izabel Nóbrega enfrenta de maneira criativa, inovadora, ampla e profunda um tema raríssimas vezes abordado na literatura jurídica: o diálogo entre controle externo e patrimônio cultural.

Inspirado pelas linhas e cores do centenário do *palais* situado no número 13 da *Rue Cambon*, no 1.º *arrondissement* de Paris, sede do Tribunal de Contas francês, este livro explora, em última instância, a existência de um direito público subjetivo à beleza e a sua *accountability* pelos tribunais de contas nacionais. Nesse particular, não há como deixar de lembrar, nas entrelinhas do texto, autores como Ivo Pitanguy, Irene Baldriga, Michel Pochet ou Wolfgang Fries, construtores do conceito de "direito à beleza".

Já tive chance de dizer uma vez, mas nunca é demais relembrar que, em 1309, a cidade-estado italiana de Siena editou a primeira carta protoconstitucional escrita no vernáculo italiano. O documento, conhecido como *Costituto Senese*, continha um artigo (III.291) indicando que quem governasse Siena deveria ter em conta *"massimamente la bellezza della città, per cagione di diletto e allegrezza ai forestieri, per onore, prosperità e accrescimento della città e dei cittadini"*.

Em bom português, o texto impunha que o governante deveria ter em conta, acima de tudo, a beleza da cidade, para o prazer e deleite dos estrangeiros, para a honra, prosperidade e crescimento da cidade e seus cidadãos. Portanto, desenvolvimentos econômico e social *avant la lettre*.

Em dezembro de 1962, um certo dever público para com a beleza ganhou positividade internacional, quando a UNESCO aprovou uma *"Recommendation concerning the Safeguarding of Beauty and Character of Landscapes and Sites"*. Hoje, muitas outras normas fundamentais contemporâneas adotam a beleza como preocupação constitucional. Estados como Cuba, Honduras, Maldivas, Namíbia, Polônia, Suíça ou Reino Unido trazem em suas constituições referências às belezas naturais, às belezas do país e até mesmo a Deus como fonte da verdade, da justiça, do bem e da beleza.

O "dever de beleza" previsto no *Costituto Senese* está, certamente, entre os fundamentos mais longevos do "direito ao patrimônio cultural", previsto na Convenção de Faro, do Conselho da Europa, de 2005, e na Declaração de Estocolmo, de 1998, do *International Council on Monuments and Sites* (ICOMOS), segundo a qual "o direito ao património cultural é uma parte integrante dos direitos do homem". Esse direito público subjetivo ao patrimônio cultural ganha especial relevo hoje em dia, quando a Organização das Nações Unidas (ONU) inclui, entre os Objetivos de Desenvolvimento Sustentável (ODS), uma meta específica na direção de se "(11.4) fortalecer[em] esforços para proteger e salvaguardar o patrimônio cultural e natural do mundo".

Recentemente, alguns Tribunais de Contas brasileiros passaram a preocupar-se com a fiscalização das ações e omissões relacionadas à cultura e ao patrimônio cultural, conferindo, assim, concretude ao ODS 11.4 bem como à competência comum fixada no art. 23, inc. III, e à missão estabelecida no art. 216, §1º, ambos da Constituição Federal, que impõem a obrigação de salvaguarda e promoção do patrimônio cultural brasileiro a todos os órgãos públicos, inclusive os de controle.

O exercício de competências culturais assemelhadas àquelas pelas cortes de contas não é novidade na Europa. Na França, na Itália, em Portugal ou na Espanha, por exemplo, os tribunais de contas têm uma grande tradição na fiscalização do patrimônio e das políticas culturais. Óperas, teatros, orquestras, ballets, museus, bibliotecas, arquivos, igrejas e monumentos são alvos de exame e escrutínio, assim como políticas públicas de mecenato cultural, conservação, combate ao tráfico de bens culturais, aquisição, *deaccessioning* etc.

Este livro, resultado de uma dissertação de mestrado que alcançou nota máxima e que tive o prazer de orientar, consegue esquadrinhar esses movimentos de maneira apropriada e prazerosa. A pesquisa foi concretizada com o destemor próprio de quem desafia um tema quase inédito, sem abrir mão da qualidade ou optar por caminhos preguiçosos. De ímpeto viajante, a autora aventurou-se por França, Portugal, China e Brasil, em importantes instituições de controle, eventos e bibliotecas, em busca de pontos de vista, subsídios e elementos de comparação e estudo. O resultado é um texto excepcional, repleto de referências culturais plurais e que conjuga tecnicidade jurídica irrepreensível a uma invulgar elegância textual.

Dostoievski disse certa vez que "a beleza salvará o mundo". Este livro mostra como os tribunais de contas podem salvar a beleza.

Cabo Branco, verão de 2021.

Marcílio Toscano Franca Filho
Professor do Centro de Ciências Jurídicas da Universidade Federal da Paraíba e Subprocurador-Geral do Ministério Público de Contas da Paraíba, onde coordena a Força-Tarefa de Proteção do Patrimônio Cultural. Árbitro da Organização Mundial da Propriedade Intelectual, para as áreas de direito da arte e do patrimônio cultural. Pós-Doutorado em Direito no Instituto Universitário Europeu de Florença (Itália).

Figura 1 – Alegoria da Justiça, Henri Gervex, 1910, afresco no teto da Escadaria de Honra, segundo andar do Palais Cambon, Paris.

Fonte: Instagram Oficial da *Cour des comptes*, 6 jun. 2020.

Nota: "O Primeiro Presidente da *Cour des comptes*, Alfred Hérault (1912-1933), entrega à alegoria da Justiça um manuscrito, enquanto a alegoria da História registra o evento, sob o olhar dos antigos e novos magistrados da Corte", Instagram Oficial da *Cour des comptes*, 6 jun. 2020.

CAPÍTULO 1

INTRODUÇÃO

A Constituição Federal de 1988 (CF/88)[1] confere tratamento especial aos direitos culturais, assegurando a todos o seu exercício, enquanto integrantes dos direitos fundamentais. O exercício dos direitos culturais, ou seja, o direito à cultura, à liberdade cultural, à participação na cultura, ao usufruto da cultura, à formação e proteção do patrimônio cultural, à participação na gestão do patrimônio, possibilita o pleno desenvolvimento e florescimento do ser humano, tornando-o materialmente livre e digno.

A percepção acerca da importância dos direitos culturais não é nova. No ano de 1848, foi proposta uma redução orçamentária com a despesa relacionada à cultura na Assembleia Nacional francesa (*Assemblée nationale*). Tal propositura orçamentária foi veementemente combatida pelo escritor e, então deputado, Victor Hugo, sendo a ocasião para um dos pronunciamentos mais marcantes acerca da importância da cultura para o pleno desenvolvimento do ser humano e iluminação de toda a sociedade.[2]

Para Victor Hugo, a redução das políticas públicas culturais significaria não apenas uma economia monetária, mas resultaria na miséria moral, no ataque e mutilação das instituições responsáveis pela

---

[1] "A ordem constitucional estabeleceu um subsistema constitucional da cultura (BULOS, 2009, pág. 1407), formado pelos: art. 5º, LXXII (propositura de ação popular contra ato lesivo ao patrimônio cultural), art. 23, III, IV e V (competência comum dos entes públicos em proteger, preservar e promover o patrimônio cultural), art. 24, VII, VIII e IX (competência concorrente para legislar sobre cultura e patrimônio cultural), art. 215 (garantia pelo Estado do pleno exercício dos direitos culturais e acesso às fontes da cultura nacional, e apoio, incentivo, valorização e a difusão das manifestações culturais) e art. 216 (composição, gestão e proteção ao patrimônio cultural pelo Poder Público juntamente com a sociedade)".

[2] *Discours à l'Assemblée Nationale*: *séance du 11 novembre* 1848.

iluminação das mentes e pelo combate e destruição da ignorância, mal pior que a miséria social.

Nessa perspectiva, por meio das instituições culturais, o homem teria o espírito elevado e direcionado "à consciência, ao belo, ao justo, ao verdadeiro, ao desinteresse e ao grandioso", de modo que ele encontraria a paz com ele e, consequentemente, com a sociedade (HUGO, 1948, página *on-line*, tradução nossa). Assim, ao invés de reduzir a despesa pública com a cultura, seria necessário multiplicar as escolas, as bibliotecas, os museus, os teatros, as livrarias, as diversas instituições de ensino, fazendo "penetrar de todas as partes a luz no espírito do povo", e qualquer ação contrária a isso significaria "não economia de dinheiro, mas uma economia de glória" (HUGO, 1948, página *on-line*, tradução nossa).

Da lição do escritor francês, extrai-se que a cultura ilumina o espírito humano, transforma o homem e a sociedade, desenvolvendo-os em todos os seus aspectos, formando, assim, um verdadeiro círculo virtuoso de progresso e evolução.

Importante perspectiva sobre os direitos culturais é a visão de que o seu exercício promove a ampliação da realização de todos os outros direitos. Por essa concepção, os direitos culturais são compreendidos como "capacidade das capacidades", pois ampliam os demais direitos, possibilitando, assim, o desenvolvimento espiritual do ser humano, o qual se torna mais digno e livre, devido ao aumento da sua capacidade de autodeterminação.[3]

Dentre os direitos culturais, estão os relacionados ao patrimônio cultural, que são classificados como direitos fundamentais de segunda e terceira dimensões ou gerações, pois, ao mesmo tempo, demandam uma ação positiva por parte do Estado para efetivá-los, característica típica dos direitos fundamentais de segunda geração, bem como são fraternos, solidários, intergeracionais e transindividuais, características típicas dos direitos fundamentais de terceira geração.

O Brasil possui um vasto patrimônio cultural, marcado pelas características da diversidade, pluralidade e criatividade, o que lhe confere especial valor cultural, econômico e social. Esse patrimônio é composto por bens materiais e imateriais, que vão desde igrejas, obras de arte, coleções, palácios, monumentos, conjunto de construções, sítios arqueológicos, até costumes, saberes, crenças, canções, danças,

---

[3] Com essa perspectiva de capacidade das capacidades dos direitos culturais, Chauí (2006, p. 70-71) construiu o conceito de "cidadania cultural", concebendo a cultura como um direito do cidadão de produzir, participar, usufruir e estar informado sobre a cultura.

gastronomia, entre outras expressões culturais que possuem valores de referência relativos à memória, criatividade e identidade dos grupos formadores da sociedade brasileira, os quais são escolhidos, reconhecidos e preservados para o usufruto e gozo das gerações presentes e futuras.

Como retrato dessa riqueza e diversidade patrimonial, o Brasil possui, atualmente, 22 bens culturais, naturais e misto, declarados como Patrimônio Mundial pela Organização das Nações Unidas para a Educação, a Ciência e a Cultura (UNESCO), sendo 14 culturais, 9 naturais e 1 misto, além de ter mais 20 bens na Lista Indicativa a Patrimônio Mundial e 6 bens culturais intangíveis na Lista Representativa do Patrimônio Imaterial da Humanidade no Brasil (IPHAN, c2014a). Desse modo, atualmente, o Estado brasileiro ocupa a 12ª posição no *ranking* de Estados com o maior número de bens pertencentes ao Patrimônio Cultural da Humanidade.

Consciente da riqueza e da importância do patrimônio brasileiro, a Constituição Federal de 1988, reconhecida por diversos autores como "a Constituição cultural", devido à vanguarda dos conceitos e princípios culturais nela contidos, determina a toda Administração Pública, com a participação da sociedade, o dever de salvaguarda e promoção do patrimônio cultural nacional (artigo 216, §1º, CF/88).[4]

Apesar dessa determinação constitucional, bem como dos compromissos internacionais assumidos pelo Brasil, enquanto signatário, especialmente, da Convenção para a Proteção do Patrimônio Cultural e Natural (UNESCO, 1972), da Convenção para a Salvaguarda do Patrimônio Cultural Imaterial (UNESCO, 2003), e da Declaração de Objetivos de Desenvolvimento Sustentável (ONU, 2015), a gestão do patrimônio cultural no Brasil enfrenta vários problemas, sendo considerada precária, em certos aspectos, pela doutrina e por órgãos públicos (SALDANHA; CUNHA FILHO, 2018; BNDES, 2009; TCU, 2016).

Esses problemas da gestão pública do patrimônio cultural ocasionam situações de perdas irreversíveis em todo o Estado brasileiro, a exemplo do incêndio do Museu da Língua Portuguesa (SP) em 21/12/2015; do incêndio do Museu Nacional (RJ), no qual houve o perecimento de quase 20 milhões de bens culturais ligados à história, geologia, paleontologia, botânica, antropologia, arqueologia, etimologia, fora a destruição do próprio imóvel que abrigava o museu; e do

---

[4] "Art. 216. [...] §1º O Poder Público, com a colaboração da comunidade, promoverá e protegerá o patrimônio cultural brasileiro, por meio de inventários, registros, vigilância, tombamento e desapropriação, e de outras formas de acautelamento e preservação".

recente incêndio do Museu de História Natural e Jardim Botânico da Universidade Federal de Minas Gerais (MG) em 15/06/2020.

Fora essas perdas, há também o desperdício do potencial turístico, econômico e social da exploração do patrimônio, pela ausência de políticas coordenadas e planejadas entre os diversos atores culturais, como IPHAN, Mtur, ICMBio e gestores locais, voltados ao correto aproveitamento dessa riqueza (TCU, 2016), pois o patrimônio cultural é reconhecido como um capital cultural, verdadeiro ativo econômico (THROSBY, 2001), que permite o emprego de técnicas econômicas de avaliação e de investimento, as quais devem ser sensíveis aos valores culturais e utilizar critérios de sustentabilidade.

Refletindo sobre as possíveis causas dessa desatenção para com o patrimônio cultural, pode-se apontar que a principal pode estar ligada à falta de educação ou sensibilização cultural, ocasionando a ausência do conhecimento sobre o valor e o potencial cultural, econômico e social do patrimônio cultural tanto pelos gestores públicos quanto pela sociedade, mas pode-se argumentar que a principal causa é a falta de ação do Estado como o principal responsável pela efetivação da promoção e proteção do patrimônio cultural.

Como os recursos públicos são escassos, especialmente os dedicados aos programas culturais (OLIVEIRA, 2012, p. 7), o Estado deve promover a atuação dos demais atores sociais, compartilhando tal responsabilidade, especialmente, e pensar sobre o papel dos organismos de controle na defesa do patrimônio.

Entre esses órgãos de controle, está o Tribunal de Contas, órgão autônomo, independente, cujos membros são dotados de garantias constitucionais iguais às dos membros da magistratura, e é constitucionalmente responsável por subsidiar tecnicamente o controle externo da Administração Pública pelo Poder Legislativo, viabilizando o controle entre os Poderes [*check and balances*], além de instrumentalizar o *accountability* horizontal (O'DONNELL, 1988), isto é, o dever de prestação de constas da administração dos recursos públicos, com vistas a demonstrar a sua legalidade, legitimidade e economicidade.

Nesse cenário, o problema deste estudo reside no seguinte questionamento: o Tribunal de Contas pode promover e proteger o patrimônio cultural, exercendo as suas competências constitucionais próprias, auxiliando e colaborando com os demais órgãos de proteção ao patrimônio cultural?

Com base nos marcos teóricos e documentos analisados, a hipótese inicial foi que o Tribunal de Contas tem competência constitucional própria, estabelecida no artigo 216, §1º, CF/88, para atuar na salvaguarda e promoção do patrimônio cultural, bem como o dever de cooperar para o cumprimento da Meta ODS 11.4, da Agenda 2030, que determina a implementação de esforços por todos os órgãos da Administração Pública voltados à salvaguarda do patrimônio.

Todavia, em que pese o fato de existirem certas ações pontuais, principalmente as do Tribunal de Contas do Estado de Pernambuco, do Tribunal de Contas da União, do Tribunal de Contas da Paraíba, verificou-se que não existe uma atuação efetiva e sistemática dos Tribunais de Contas brasileiros voltada à fiscalização das ações e políticas relacionadas à cultura e ao patrimônio cultural, enquanto que em outros Estados, como na França e Portugal, há uma ação efetiva e sistemática, o que resulta na contribuição desses órgãos para a promoção e a proteção do patrimônio cultural.

Assim, o objetivo deste livro é o de apresentar uma análise da ação pedagógica e fiscalizatória dos Tribunais de Contas voltada para a efetivação da promoção e da proteção do patrimônio cultural brasileiro, de modo a atuar positivamente na concretização dos direitos culturais inerentes ao patrimônio cultural.

Para cumprir esse propósito, há a necessidade de se obterem respostas para certas indagações, as quais correspondem aos objetivos específicos deste estudo, a saber: a) buscar o conceito de cultura para a ciência jurídica; b) alcançar os benefícios decorrentes do exercício dos direitos culturais, entre eles os direitos atinentes ao patrimônio cultural, para a dignidade e a liberdade humanas, por meio da investigação da definição, da classificação e das espécies de direitos culturais e de como a ordem positiva brasileira colocou em prática os compromissos internacionais assumidos pelo Estado brasileiro; c) encontrar um conceito jurídico de patrimônio cultural, por meio de uma interdisciplinaridade com outros campos do saber humano; d) procurar definir o patrimônio cultural como um bem público, riqueza e legado nacional, por meio do estudo das normas jurídicas de proteção, dos valores culturais e do seu dimensionamento constitucional; e) verificar se há competência do Tribunal de Contas para atuar no âmbito da cultura e do patrimônio cultural; f) estudar como pode ser realizada essa competência; e, finalmente, g) perscrutar a finalidade dessa ação.

O estudo caracteriza-se pela abordagem qualitativa, valendo-se do método dedutivo, assim como comparativo. Para além da técnica bibliográfica, priorizando-se um intenso diálogo interdisciplinar entre o Direito, a Arte, a Arquitetura, a Economia, a História, a Sociologia e outras áreas do conhecimento humano, o estudo também consistiu em levantamentos documentais, a exemplo de trabalhos, relatórios e processos que demonstrassem a atuação de Tribunais de Contas nos âmbitos cultural e patrimonial, no Estado brasileiro e em outros Estados que adotam o sistema de Tribunal de Contas, como os Estados francês e português, razão pela qual se realizou pesquisa de campo nesses dois países, para se colher esse material.

Com esse propósito, entre os meses de abril e maio de 2019, realizaram-se visitas na sede da UNESCO em Paris, onde se obteve material fornecido pelo diplomata César Barrio, Conselheiro do setor de Cultura; na sede da *Cour des Comptes*, ou seja, o *Palais* Cambon, em Paris, e na sede do Tribunal de Contas de Portugal em Lisboa. Nessas visitas, foram coletados artigos e livros sobre o patrimônio cultural, bem como relatórios técnicos relacionados ao setor cultural produzidos por essas Cortes de Contas. Ademais, identificou-se uma escassez de trabalhos jurídicos sobre a temática, de modo que o presente estudo pode contribuir para suprir tal escassez, podendo ser aproveitada, internacionalmente, em todos os Estados que adotam o sistema de Tribunal de Contas.

A análise desse material gerou dois artigos publicados em congressos internacionais. O primeiro, intitulado "La protection et la promotion du patrimoine culturel par les Cours des Comptes française et brésilienne",[5] foi apresentado e publicado nos *Anais* do International Symposium on Frontier Issues of Cultural Heritage Law, realizado em outubro de 2019, em Beijing, e será publicado brevemente na forma de livro, traduzido em chinês. Esse artigo foi utilizado como fonte de parte do Capítulo 4.

O segundo, denominado "A proteção de bem cultural imóvel: o tombamento e a teoria dos jogos",[6] foi apresentado na XXIII Conferência Anual sobre Direito e Economia da Associação Latino-americana e Ibérica de Direito e Economia (ALACDE), na Cidade do México, em novembro de 2019, sendo utilizado como base para análise do tombamento, no Capítulo 3.

O livro encontra-se dividido neste capítulo introdutório e mais três capítulos principais, além das considerações finais. O primeiro desses capítulos principais, o Capítulo 2, é dedicado à cultura, ao conceito jurídico de cultura, o qual foi obtido após uma análise interdisciplinar entre o Direito e outras áreas do pensamento humano, como a Economia, a Antropologia, a Filosofia, a Arquitetura, a Sociologia.

---

[5] Escrito em coautoria com o Professor Doutor Marcílio Toscano Franca Filho.
[6] Escrito em coautoria com Aendria de Souza do Carmo Mota Soares e Caio César de Oliveira. Recentemente, foi publicado pela *Revista Digital de Direito Administrativo (RDDA)*.

A busca por conceito tão impreciso demanda um diálogo interdisciplinar, de modo que são utilizadas as obras de Throsby (2001), Chauí (2008), Cunha Filho (2018), T. S. Eliot (1988), Choay (2007), Benhamou (2016) e Silva (2001), entre outros doutrinadores, os quais construíram conceitos de cultura apropriados ao campo do saber a que se dedicam, razão pela qual apresentam instrumentos para a elaboração de um conceito jurídico de cultura, o qual é inalcançável por meio do ferramental exclusivamente jurídico.

Após uma análise semântica, histórica e interdisciplinar, observa-se o Direito como objeto da Cultura e a Cultura com objeto do direito, ambos se influenciando, sendo essas relações entre Direito e Cultura estudadas pela teoria do culturalismo jurídico, inspirada pela filosofia neokantiana e difundida, no Brasil, devido à doutrina de Reale (2000). Também é dada atenção especial aos planos de interação ou atravessamento entre Direito e Arte, ponderando-se, com fundamento na doutrina de Franca Filho (2011), que o patrimônio cultural está entre o segundo e o terceiro planos, isto é, a Arte como objeto do Direito e a Arte como um Direito.

Com toda essa base teórica prévia, apresenta-se um conceito de cultura para a ciência jurídica, entendendo-a como um conjunto de valores culturais de representatividade e significação, protegido pela norma jurídica, gerando situações jurídicas positivas aos seus titulares, que poderão se opor contra quem o desrespeitar e exigir a sua tutela pelo Estado, inclusive, utilizando os meios administrativos e judiciais cabíveis. Esse conceito é de fundamental importância, pois a falta de desenvolvimento conceitual e doutrinário de cultura representou, por muito tempo, um óbice à definição, ao desenvolvimento e à efetivação dos direitos culturais, obstáculo removido pela evolução dos estudos culturais, pela globalização e pela percepção da importância desses direitos para o desenvolvimento e a dignidade humana.

Também foi objetivo do Capítulo 2 discutir sobre os direitos culturais em espécie, dando-se especial atenção ao multiculturalismo e aos direitos do patrimônio cultural. Para isso, antes, analisam-se os direitos humanos e as suas normas de proteção internacional, pois os direitos culturais, especialmente os direitos culturais inerentes ao patrimônio cultural, são considerados direitos humanos de segunda e terceira gerações (PIRES, 2015), por demandarem ação estatal e por terem caráter transindividual, difuso, intergeracional e fraterno, quando se adota a clássica divisão de direitos humanos em gerações, proposta por Karel Vasak (BONAVIDES, 2019).

O Capítulo 3 é dedicado ao estudo do patrimônio cultural, buscando-se encontrar também um conceito jurídico de patrimônio cultural e a sua dimensão constitucional de forma interdisciplinar, realizando-se intersecções e atravessamentos entre o Direito e a Arte, a Arquitetura, a História, a Antropologia, percebendo-se que a compreensão de patrimônio cultural se modifica ao longo da história e do lugar de referência, devido à revolução nas artes, aos estudos patrimoniais e à descoberta de novos valores culturais.

Essas mutações são constatadas pelo fato de que, no século XIX, o patrimônio cultural era limitado ao ideal eurocêntrico de belo, histórico e monumental, mas que foi se ampliando até o reconhecimento do patrimônio cultural imaterial na segunda metade do século XX.

Após esse estudo sobre a evolução do conceito de patrimônio, da escolha do patrimônio, é desenvolvida a ideia de que a diferença entre os bens culturais componentes do patrimônio cultural e outros bens, o que torna esses bens especiais e aptos a receberem a proteção estatal materialmente, são os valores culturais neles presentes. Por isso, é necessário o estudo dos valores culturais por meio da doutrina de Riegl (2014) e outros autores, a partir dos quais é possível constatar que os valores culturais mudam segundo o momento histórico e a evolução humana, tendo isso influência nas alterações de sentido do patrimônio cultural e do seu espectro de proteção estatal.

Seguindo essa discussão, chega-se ao conceito jurídico do patrimônio cultural, essencialmente importante para o presente estudo, pois delimita seu escopo, que é o patrimônio reconhecido, o qual é objeto de proteção estatal e do Tribunal de Contas.

Após uma discussão sobre a evolução jurídica do dever estatal de salvaguarda do patrimônio, passando pelo dimensionamento cultural de patrimônio e chegando à divisão meramente didática de patrimônio cultural em material e imaterial, pois não há qualquer dicotomia conceitual entre essas duas faces do patrimônio (PRATS, 2011), analisa-se o patrimônio como bem público *lato sensu*.

O Capítulo 4, por sua vez, é voltado ao estudo do Tribunal de Contas a partir de três questionamentos: "Por que esse órgão deve atuar?", "Como ele irá atuar?" e, finalmente, "Para que ele deve atuar?".

A primeira pergunta, "Por que esse órgão deve atuar?", refere-se à fundamentação jurídica da ação do Tribunal de Contas na salvaguarda do patrimônio cultural. A segunda pergunta, "Como ele irá atuar?", diz respeito ao estudo do controle externo, do sistema de Tribunais de Contas, da natureza jurídica desse órgão de controle e de suas decisões, as suas competências constitucionais, os limites de sua atuação, as formas de trabalho e a análise do trabalho de Cortes de Contas que têm atuação efetiva nos âmbitos cultural e patrimonial. A terceira e última pergunta, "Para que ele deve atuar?", diz respeito à finalidade da ação do Tribunal de Contas, extraindo-se os benefícios à cultura e ao patrimônio cultural decorrentes dessa atuação, dando-se ênfase à construção do *cultural accountability*, ou seja, a informação ao povo acerca da gestão cultural e da política patrimonial, permitindo-se, assim, o exercício efetivo do direito cultural à participação democrática da gestão do patrimônio.

Finalmente, por tudo o que foi descrito neste estudo, é possível constatar que o Tribunal de contas possui um relevante papel no que diz respeito ao *cultural accountability*, conforme se verá mais detalhadamente no capítulo voltado para a apresentação das considerações finais, favorecendo assim a concretização da participação democrática na gestão patrimonial.

CAPÍTULO 2

A CULTURA E O DIREITO

Existe uma interessante relação de continente e conteúdo entre o Direito e a Cultura. Silva (2007) – constitucionalista e culturalista lusitano – afirma que, entre o Direito e a Cultura, existe uma relação amorosa, pois a Cultura impõe que o Direito evolua, e o Direito a recompensa, tornando-a mais universal e democrática.

O Direito está inserido na Cultura e, ao mesmo tempo, a Cultura é objeto do Direito, devido à existência dos direitos culturais, haja vista que, em uma perspectiva kelseniana, tudo o que é objeto da norma jurídica é objeto da ciência jurídica. É o que se pode depreender da citação a seguir:

> Na afirmação evidente de que o objeto da ciência jurídica é o Direito, está contida a afirmação – menos evidente – de que são as normas jurídicas o objeto da ciência jurídica, e a conduta humana só o é na medida em que é determinada nas normas jurídicas como pressuposto ou conseqüência (sic), ou – por outras palavras – na medida em que constitui conteúdo de normas jurídicas. (KELSEN, 2009, p. 79)

Como consequência dessa relação de pertencimento, de continente e conteúdo, entre Direito e Cultura, o conceito de Cultura tem impacto na definição, no desenvolvimento e na efetivação dos direitos culturais, entre eles, os atinentes ao patrimônio cultural.

Nessa lógica, a proteção do patrimônio cultural será proporcional à dimensão do que se entende por cultura e bens culturais, de modo que a mudança conceitual de cultura também alterará o espectro jurídico-estatal de reconhecimento e proteção do patrimônio. Dessa forma, para se ter uma definição jurídica de patrimônio cultural e direitos relacionados ao patrimônio, é preciso traçar um caminho, sendo o ponto de partida a definição de cultura, passando pelo sentido de cultura para o direito e chegando aos direitos culturais.

Inicialmente, deve ser considerado que o significado dado à cultura muda, segundo o momento histórico e conforme o campo do saber que lhe tem por objeto. Throsby (2001), Cunha Filho (2018) e Chauí (2008) constroem as suas definições de cultura, partindo do sentido etimológico da palavra, buscando o seu significado ao longo dos séculos, estudando o conceito antropológico de cultura, cunhado no século XX, e chegando a um sentido de cultura adequado ao campo do saber a que se dedicam.

Esse caminho parece ser o mais coerente, sendo o adotado no presente trabalho, pois dá uma visão conceitual abrangente, realizado a partir da história, da antropologia e da filosofia, chegando-se, finalmente, a um significado ou dimensão de cultura para o direito.

2.1 Conceito de cultura

A palavra cultura é considerada um termo polissêmico, que pode designar, inclusive, ideias contraditórias. Os estudiosos dizem que, já na década de 70 do século passado, existiam cerca de duzentas e cinquenta[7] definições diferentes para o termo cultura (CUNHA FILHO, 2018).

Throsby (2001) apresenta a palavra cultura como uma das mais difíceis da língua inglesa[8] e cita o pensamento de Raymond Williams e de Robert Borofsky, quando afirmam que a tentativa de definir os exatos termos da palavra cultura é *"akin to trying to engage the wind"*,[9] pois ela é usada em diversos sentidos, todos os dias sem um significado central tangível ou universalmente aceito.

Tentando encontrar o real significado para a cultura, os doutrinadores, geralmente, empreendem uma investigação etimológica da palavra, seguida de uma análise histórica. A palavra cultura tem origem

---

[7] Costa e Telles (2017, p. 20), com base em Kuper (2002, p. 83), afirmam que "Alfred Kroeber e Clyde Kluckhohn, da Universidade de Harvard [...] imbuídos de oferecer uma resposta à teoria sistêmica de Talcott Parsons, que reduziu a atuação da antropologia, nas ciências sociais, a um âmbito funcional de um conceito estrito de cultura, organizaram um catálogo com cento e sessenta e quatro definições de cultura, bem como suas sinonímias, divididas em grupos de classificação". Já "A. Moles listou mais de duzentas e cinquenta definições para a palavra cultura (PEDRO, 2006, p. 25)".

[8] Valendo-se do que diz Raymond Williams, o qual "describe culture as one of the two or three most complicated words in the English language" (WILLIAMS, 1976 *apud* THROSBY, 2001, p. 2).

[9] "Semelhante a tentar engaiolar o vento" (BOROFSKY, 1998 *apud* THROSBY, 2001, p. 2, tradução livre nossa).

latina e releva a ideia de cultivo e cuidado, da ação de cultivar o solo, ou seja, do trabalho humano ligado ao cultivo, ao florescimento e ao desenvolvimento de uma determinada planta, de uma lavoura.[10]

Os historiadores Pelegrini e Funari (2017) aduzem que a palavra cultura também está ligada à ideia de culto, de cultuar. Nesse sentido, apontam que o mais antigo registro do conceito de cultura foi cunhado pelo pensador romano Cícero (século I a.C.), que mencionava a *cultura animi*, ou seja, "a cultura, o cultivo ou o culto do próprio espírito ou da alma", sendo um termo que implicava uma ação tanto interior quanto exterior (PELEGRINI; FUNARI, 2017, p. 11).

Nesse sentido original, a cultura seria tudo aquilo que conduz à "plena realização das potencialidades de alguma coisa ou de alguém", fazendo brotar, frutificar, florescer e cobrir de benesses (CHAUÍ, 2008, p. 55). Assim, a cultura estaria ligada ao cultivo do ser humano, da sua mente e intelecto, para o seu desenvolvimento.[11]

Esse sentido de cultura ainda é usado atualmente, pois, na nossa sociedade, ainda está arraigada a ideia de que uma pessoa que teve acesso ao ensino, às artes, literatura, música e ciências, é uma pessoa culta, ou seja, detentora de cultura.[12] Portanto, só teriam cultura as pessoas com erudição, derivada do contato com as artes, classicamente consideradas maiores, como a música, a literatura, a escultura, a pintura e a arquitetura, o que excluiriam as classes sociais pobres.

Após a esclarecedora análise etimológica, os doutrinadores traçam uma linha histórica do conceito de cultura, a fim de aferir o que essa palavra significou ao longo dos séculos, especialmente, a partir do século XVIII.

No século XVIII, o pensamento iluminista francês concebia a cultura como sinônimo de civilização, isto é, como algo que pertencia aos cidadãos iluminados, isto é, dos eruditos[13] (PELEGRINI; FUNARI, 2017). Nessa época, a cultura servia como parâmetro para medir o grau

---

[10] "The original connotation of the word 'culture', of course, referred to the tillage of the soil. In the sixteenth century this literal meaning became transposed to the cultivation of the mind and the intellect" (THROSBY, 2001, p. 2).

[11] Para os gregos, cultura era "toda a ação humana executada sobre a natureza" (CUNHA FILHO, 2018, p. 21).

[12] Nesse sentido, Throsby (2001, p. 3) aduz que "we refer to someone well versed in the arts and letters as a 'cultured' or 'cultivated' person, and the noun 'culture' is often used without qualification to denote what, under a more restrictive definition, would be referred to as the products and practices of the 'high' arts".

[13] Pelegrini e Funari (2017, p. 13) aduzem que "a civilização dependia da erudição, do trabalho de polimento, derivado da leitura, apanágio de poucos, mesmo no mundo civilizado. Por isso, os próprios pobres eram iletrados e, daí, incivilizados".

de civilização, de progresso e de desenvolvimento de uma sociedade: avaliava-se a cultura pelo progresso econômico.

Assim, a cultura passou do aspecto individual para o social, designando o progresso intelectual e espiritual da sociedade como um todo.[14] A cultura "mensurava" o progresso da *civilisation* por meio de um padrão, qual seja, o paradigma capitalista europeu, o qual possuía os seguintes elementos essenciais: o Estado moderno, o mercado e a escrita (CHAUÍ, 2008).

Essa concepção foi usada para fundamentar o imperialismo/neocolonialismo nacionalista do século XIX, de modo que as sociedades que não se enquadravam nesse padrão eram classificadas como civilizações primitivas ou inferiores, que deveriam ser colonizadas, de maneira a atingirem o paradigma europeu ideal.

Felizmente, no final do século XIX, por influência da filosofia kantiana, a noção de cultura, segundo o modelo da civilização europeia, ficou ultrapassada, e a cultura retornou ao seu significado dado pelos gregos. Dessa forma, a cultura voltou a ser entendida como toda modificação humana na natureza, que, através do trabalho e da linguagem, dá novo significado às coisas naturais (CHAUÍ, 2008), e abarcando "not just intellectual endeavour but the entire way of life of a people or society" (THROSBY, 2001, p. 3)

Na mesma linha teórica de Chauí (2008) e Throsby (2001), mas acrescentando os valores ao seu conceito, Silva (2001, p. 32) aduz que cultura é "a vida humana objetivada, ou seja, uma projeção de valores espirituais que impregnam objetos da natureza de um sentido". Nesse sentido, haveria dois mundos: o mundo da natureza, que existe independentemente da ação humana, e o mundo da cultura, que é tudo

---

[14] Nesse ponto, cabe alertar que existem distinções entre os termos cultura e sociedade. Pode-se sugerir uma definição de cultura que se baseia na identificação de características distintivas dos grupos, a qual pode ser vista como paralela a uma noção de grupos como sociedades ou unidades sociais na sociedade [*"it might be suggested that a definition of culture which relies on identification distinguishing characteristics of groups migth be seen to parallel a notion of such groups as society or as social units within society"*]. No entanto, embora inevitavelmente haja alguma confusão nas linhas entre cultural e social, e entre cultura e sociedade, pode-se argumentar que existe uma distinção suficientemente clara para permitir a separação desses domínios. Raymond Williams foi capaz de fazer tal distinção, no seu livro *Culture and Society*. Se a cultura, em ambos os sentidos, definida acima, abrange as funções intelectuais e artísticas da humanidade (mesmo que sejam exercidas inconscientemente, como por exemplo no uso da linguagem), sua fonte pode ser diferenciada dos processos de organização social deliberados e espontâneo, que vão em direção à sociedade. Nesse sentido, afirma Throsby (2001, p. 7): "If culture, in both of the senses, denned above embraces the intellectual and artistic functions of humankind (even if these are exercise unconsciously, as for example in the use of language), its source can be differentiated from those process of social organization both deliberate and spontaneous which go towards denning Society".

o que foi criado e mantido pelo homem, o qual também está dentro da natureza, existindo, assim, uma relação de conteúdo e continência. Essa perspectiva foi adotada pela Antropologia na segunda metade do século XX, que passou a enxergar a cultura como "tudo o que é feito ou valorado pelo homem" (CUNHA FILHO, 2018, p. 23). O entendimento do estudo antropológico de cultura é fundamental, pois, como aduzem Pelegrini e Funari (2017, p. 15), cultura "é um conceito antropológico, antes de ser histórico, filosófico ou linguístico", sendo a única disciplina do conhecimento que se define como "ciências das culturas de toda a humanidade".

A ideia central do conceito antropológico parte da premissa de que o homem é um animal que pouco transmite, geneticamente, as orientações intrínsecas de sobrevivência aos seus filhos – o "instinto" – de modo que precisa organizar e transmitir a sua conduta coletiva através de um sistema simbólico de regras, chamado de cultura (RODRIGUES; MIRANDA, 2012). Assim, a cultura seria a transmissão de valores adquiridos pela experiência de um grupo humano, sendo uma lente, através da qual o ser humano consegue enxergar o mundo (PELEGRIN; FUNARI, 2017).

Desse modo, para sobreviver, a espécie humana constrói um ambiente artificial, que é a cultura, no qual são criados, transmitidos e reformulados regras, costumes, técnicas, comportamentos e conhecimentos. Por essa visão, o homem é apresentado com um ser frágil, que criou os objetos culturais para viabilizar a sua existência e adaptação ao meio ambiente.[15]

Chauí (2008, p. 57) apresenta, em síntese, o sentido antropológico de cultura como:

> [....] produção e criação da linguagem, da religião, da sexualidade, dos instrumentos e das formas do trabalho, das formas da habitação, do vestuário e da culinária, das expressões de lazer, da música, da dança, dos sistemas de relações sociais, particularmente os sistemas de parentesco ou a estrutura da família, das relações de poder, da guerra e da paz, da noção de vida e morte. A cultura passa a ser compreendida como o campo no qual os sujeitos humanos elaboram símbolos e signos, instituem as práticas e os valores, definem para si próprios o possível e o impossível, o sentido da linha do tempo (passado, presente e futuro), as diferenças

---

[15] Ademais, o homem cria a cultura para frear o seu comportamento "predatório e autodestrutivo" (OLIVEIRA, 2012; RODRIGUES; MIRANDA, 2012) que lhe é inerente e que não existe nos outros animais, evidenciando uma concepção kantiana da natureza humana.

no interior do espaço (o sentido do próximo e do distante, do grande e do pequeno, do visível e do invisível), os valores como o verdadeiro e o falso, o belo e o feio, o justo e o injusto, instauram a ideia de lei, e, portanto, do permitido e do proibido, determinam o sentido da vida e da morte e das relações entre o sagrado e o profano.

T. S. Eliot (1988, p. 45), por sua vez, em ensaio cujo principal objetivo é definir a cultura, adota o sentido antropológico de cultura, entendendo-a como "todo o modo de vida de um povo, do nascimento à sepultura, da manhã à noite e mesmo no sono, incluindo todas as suas atividades e interesses". O referenciado autor aponta, contudo, três parâmetros relevantes para a existência da cultura, a saber: ser uma estrutura orgânica, estar delimitada no espaço e possuir uma religião. Nos termos do autor:

> A primeira é uma estrutura orgânica (não apenas planejada, mas em crescimento), que alimentava a transmissão hereditária da cultura dentro de uma cultura; e isso requer a persistência das classes sociais. A segunda é a necessidade de que uma cultura seja decomponível, geograficamente, em culturas locais: isso levanta o problema do "regionalismo". A terceira é o equilíbrio entre unidade e diversidade na religião – isto é, universalidade de doutrina com a particularidade e culto e devoção. (ELIOT, 1988, p. 26)

Observa-se que o conceito antropológico de cultura apresentado é vasto. Tal fato gera impossibilidades operacionais e dificuldades pragmáticas e axiológicas, motivo pelo qual não é aceito, pelos doutrinadores, como o melhor conceito de cultura para certas ciências, com o Direito e a Economia.

Throsby (2001) busca descobrir um conceito de cultura compatível com a Economia, encontrando, com isso, os valores culturais,[16] os quais justificariam investimentos nos bens culturais e no patrimônio cultural. O referenciado autor aduz que seria possível refinar as diversas definições de cultura em apenas dois sentidos: a cultura como um conjunto de artes, valores, crenças, modos e tradições de um povo; e a cultura como um conjunto de bens culturais, dotados de valores culturais, ou seja, o patrimônio cultural.

---

[16] Throsby aduz que os valores culturais não são acessíveis pelo ferramental tradicional da ciência econômica, sendo necessária uma interdisciplinaridade com outros ramos do saber.

No primeiro sentido, cultura seria uma manifestação, isto é, uma estrutura antropológica ou sociológica para descrever um conjunto de atitudes, crenças, costumes, modos, valores e práticas comuns ou compartilhadas por um grupo, definido em termos políticos, geográficos, religiosos, étnicos, ou alguma outra característica capaz de identificá-los. Conforme Throsby (2001, p. 4) apresenta, *ipsis litteris*: "The characteristics which define the group may be substantiated in the form of signs, symbols, texts, language, artefacts, oral, and written tradition and by other means".

Existem vantagens e desvantagens dessa primeira noção. A desvantagem seria a criação de uma divisão entre as pessoas por grupos de indivíduos, nos quais os membros de um grupo se autodiferenciariam de outros grupos. Já a vantagem consistiria na possibilidade de examinar a influência dos fatores culturais na performance econômica e a relação entre a cultura e o desenvolvimento.[17]

O segundo sentido relaciona a cultura com os bens culturais. Por essa visão, a cultura seria um conjunto de produtos específicos advindos de certas atividades correlacionadas com aspectos intelectuais, morais e artísticos da vida humana. Assim, do ponto de vista da Economia, para existir um bem cultural, seria necessário que esse bem preenchesse três características: envolver criatividade na produção, ter um significado simbólico e a capacidade de gerar direitos de propriedade intelectual. Nos termos de Throsby (2001, p. 4): "That the activities concerned involve forme of creativity in their production; – that they are concerned with the generation and communication of symbolic meaning, and – that their output embodies, at least potentially, some form of intellectual property".

Essa noção de bens culturais é de fundamental importância para o conceito de patrimônio cultural, a qual será aprofundada no capítulo concernente, especificamente, nas seções dedicadas aos bens culturais,

---

[17] Apesar de não ser uma visão de cultura amplamente aceita, nos dias atuais, é possível enxergar a cultura como um processo, um fenômeno evolutivo, mutável, diversificado e multifacetado. "Furthermore, concepts of culture as transactional emphasise the fact that culture is not homogeneous and static, but an evolving, shifting, diverse and many-faceted phenomenon" (THROSBY, 2001, p. 6). Esse também é o pensamento de Schweitzer (2009 *apud* SILVA, 2001, p. 30), para o qual a cultura é um progresso matemático e espiritual do indivíduo e da coletividade: "A cultura é, pois, por natureza, de dupla manifestação. Para esse autor a cultura se caracteriza pelo predomínio da razão sobre as forças da Natureza e pelo predomínio da razão sobre os propósitos humanos". Existem também autores que definem a cultura para o direito como "a produção humana vinculada ao ideal de aprimoramento, visando à dignidade da espécie como um todo, e de cada um dos indivíduos" (CUNHA FILHO, 2018, p. 24), de modo que o direito deve disciplinar e proteger as relações culturais.

materiais e imateriais, componentes do patrimônio cultural, a saber, 3.5.1 e 3.5.2.

2.2 Conceito jurídico de cultura

Inicialmente, deve ser destacado que, para certos autores, como Silva (2007), não é possível definir juridicamente a cultura, razão pela qual o fenômeno cultural deve ser abordado de forma ampla e, portanto, transdisciplinar.

Contudo, outros doutrinadores apontam que é possível uma definição ou dimensionamento da cultura para o direito, adotando-se três parâmetros: limitar a amplitude do conceito; entender o direito como um fenômeno cultural; e compreender a cultura como objeto do direito (CUNHA FILHO, 2018).

Fixados esses parâmetros doutrinários, em primeiro lugar, por razões pragmáticas e axiológicas, o Direito não poderia usar a ampla definição cunhada pela Antropologia, pois dela não seria possível retirar valores a serem protegidos pela norma.

Estudando a cultura na Constituição Federal de 1988, Silva (2001, p. 20) partilha do entendimento de que nem tudo é cultura para o Direito, mas a cultura também não está restrita a uma criação artística ou intelectual específica. Por essa perspectiva, o conceito antropológico não é o melhor para o Direito devido à sua elasticidade. Assim, a restrição conceitual é necessária, para que a proteção jurídico-constitucional tenha um parâmetro de delimitação de incidência.

Nesse sentido, Coelho (2008, p. 17) afirma que "Cultura não é tudo. Nem tudo é cultura. [...] A ideia antropológica segundo a qual a cultura é tudo não serve para os estudos de cultura, menos ainda para os estudos e a prática da política cultural". Já o economista Throsby (2001) alerta que existem definições tão amplas [all-inclusive] de cultura que se tornam vazias analiticamente e sem significado operacional, assim como outras tão restritas que não alcançam o significado do termo.

Em segundo lugar, o Direito é um fenômeno cultural, pois o Direito e cultura se influenciam mutuamente, haja vista que "o direito depende da cultura que o cerca e a cultura sofre influências do direito" (CUNHA FILHO, 2018, p. 17).

Essa teoria é chamada de culturalismo jurídico, isto é, a visão, baseada na filosofia neokantiana, de que o direito é um produto da cultura e da história humana. Por essa corrente doutrinária, adotada no Brasil por grandes mestres, como Tobias Barreto e Miguel Reale (2000), o direito depende da cultura que o cerca, e a cultura sofre influências do Direito. Assim, o culturalismo jurídico tem por objetivo explicar a ciência jurídica como um produto da história e da cultura. A esse respeito, cabem as palavras de Cunha Filho (2018, p. 16-17):

> O direito só pode ser adequadamente compreendido se observadas as variantes fato-valor-norma. Isso traduz a ideia de que as prescrições jurídicas adquirem significado quando interpretadas de forma que sejam sopesados os eventos sobre os quais atuam, bem com a importância (o valor) que sobre eles (fatos e prescrições) jogamos. [...] De acordo com essa teoria, é desnecessário procurar um sentido diferenciador dos bens culturais, como uma frente a várias outras categorias de direitos, pois, antes de se firmar como ciência jurídica, Direito é cultura.

Costa (2012, p. 60) afirma que o culturalismo "nada mais é do que a compreensão complexa de várias correntes filosóficas, na qual o direito é um produto histórico-social, vinculado às produções culturais humanas de sentido, portanto, valorativa, com o fim de aperfeiçoar a si e a natureza".[18]

Certos autores chamam o estudo do Direito pela perspectiva da cultura como: cultura do direito. Häberle (1993 *apud* CUNHA FILHO, 2018) compreende que a análise do direito, com base na cultura, deve ser fundada em três vetores de orientação: tradição, inovação e pluralismo. Ele afirma, por exemplo, que as noções modernas que temos de Estado de Direito, democracia e constituição são realidades culturais, pertencentes ao modelo e à herança cultural do Ocidente. Portanto, conforme leciona Varella (2014), o direito será interpretado segundo a cultura, pois as instituições mais basilares do Direito, como os mecanismos de aplicação da norma jurídica, são fundadas em axiomas culturais.

Essa perspectiva do Direito é geralmente utilizada pelos teóricos dos direitos humanos, que enxergam tais direitos como fruto de uma construção histórica de lutas. Assim, quanto mais a cultura e o Direito evoluem, maior é o exercício dos direitos humanos, especialmente, dos direitos culturais, ocasionando o desenvolvimento do ser humano, formando, assim, um círculo virtuoso.

---

[18] Complementando a ideia de culturalismo, Stamatopoulou (2007) aduz que os direitos culturais, para serem bem compreendidos, devem ser contextualizados dentro da cultura e da realidade de cada sociedade. Esse é o ponto de contato conceitual entre cultura e direitos culturais, isto é, a cultura é o contexto dentro do qual os direitos culturais podem ser entendidos e implementados.

Em terceiro lugar, a cultura é objeto do Direito, devido à existência de um conjunto normativo cultural, que compreende "as relações jurídicas públicas e privadas no campo da cultura, dando origem a uma disciplina jurídica autônoma que compreende: doutrina, jurisprudência (do contencioso cultural) e legislação específica" (VARELLA, 2014, p. 25).

É o chamado Direito da Cultura, ramo específico do direito público, que se posiciona entre o Direito Internacional, Constitucional, Administrativo e Tributário, e possui quatro campos específicos: o direito do patrimônio cultural, o direito da criação e formações culturais, o mecenato cultural e a propriedade literária e artística.

O Direito da Cultura surge com o Estado Social, que passou a realizar políticas públicas de cultura, com o aspecto prestacional, mas também estrutural, permitindo a participação da iniciativa privada. É o que se pode depreender do trecho a seguir:

> [...] o desenvolvimento das políticas públicas de cultura levou à criação desse ramo do direito, por três motivos: a regulação dos serviços públicos de cultura; a necessidade de regulamentação do poder de polícia estatal, para o controle desses serviços; e o fato de existirem mais políticas culturais que levam ao surgimento de maiores fluxos culturais e litígios no campo da cultura, exigindo mais parâmetros para a sua solução. (VARELLA, 2014, p. 23)

Ademais, há um sistema administrativo da cultura, que dá origem às instituições culturais, através das quais são planejadas e executadas as políticas culturais e, assim, criadas as relações jurídicas culturais, as quais são regidas por um sistema normativo da cultura (VARELLA, 2014).

Da mesma forma que o Direito é objeto da Cultura e a Cultura é objeto do Direito, existe uma relação de similaridade entre Direito e Arte, duas manifestações culturais "que sempre mantiveram uma relação de proximidade" (FRANCA FILHO, 2011, p. 19).

Estudando a relação entre Direito e a Arte, por meio do estudo das obras pictóricas que contêm a imagem da "Justiça vendada", Franca Filho (2011), com o objetivo de apreender a compreensão da Justiça, do poder político e do fenômeno jurídico pela arte, elenca cinco[19] planos

---

[19] No livro *A Cegueira da Justiça*, Franca Filho (2011) fala em quatro planos de interação profunda entre direito e arte, mas, no artigo intitulado "A Fraternidade é Vermelha e o Direito também: fraternidade e democracia na construção dos direitos humanos", Franca Filho e Morais (2019, p. 152-153) acrescentam o quinto plano, ou seja, "obras de arte que falam ao Direito sem necessariamente falar do Direito".

de interação profunda entre o Direito e a Arte: (1) o Direito como objeto da Arte; (2) a Arte como objeto do Direito; (3) a Arte como um Direito (4) o Direito como uma Arte; e (5) obras de arte que falam ao Direito sem necessariamente falar do Direito.

Quando se reflete acerca do patrimônio cultural, é perceptível que ele flutua entre o segundo e o terceiro planos de interação entre Direito e Arte. Basta pensar que uma obra de arte pertence ao patrimônio cultural de um povo. Essa obra é, ao mesmo tempo, objeto do direito do patrimônio cultural – que, por sua vez, é espécie do gênero direito da arte – e um direito humano cultural.

O mencionado autor lembra que o Direito já foi definido pelo jurista romano Celso como *Ius est ars boni et aequo*, ou seja, "a arte do bom e do justo", existindo uma relação intensa entre o Direito e certas linguagens artísticas, como a poesia, a literatura, o teatro, as artes plásticas e o cinema, sendo que, em muitas culturas e durante muito tempo, "o jurisconsulto foi o poeta e o poeta, o único jurisconsulto". Por isso, muitas leis foram escritas em versos, como, por exemplo, as leis de Ísis, de Esparta e de Atenas (FRANCA FILHO, 2011, p. 22).

Por meio dessa análise do Direito e Arte, é possível observar a profundidade da relação do Direito com a Cultura e da Cultura com o Direito.

Após discorrer sobre os três parâmetros inicialmente referenciados (limitar a amplitude do conceito; entender o Direito como um fenômeno cultural e compreender a cultura como objeto do direito), cabe, neste ponto, buscar uma definição consentânea da cultura para a ciência jurídica.

Silva (2001) constrói sua concepção jurídica-constitucional da cultura através da semiótica, visão pela qual a cultura é um sistema de significações, acessível por meio do conhecimento, da compreensão, da expressão e da interpretação. Como o Direito é parte da cultura, é também um sistema de significações, "ao seu conhecimento se chega por via de interpretação compreensiva" (SILVA, 2001, p. 34).

Para o citado autor, a ordem jurídica constitucional não adotou a concepção antropológica de cultura, pois somente será cultura para o Direito aquilo que tiver um significado específico, ou seja, o bem material ou imaterial que tiver valores relacionados com a identidade, a ação e a memória da sociedade brasileira. Com isso, adota-se o segundo sentido de cultura apresentado por Throsby (2001), ou seja, identificá-la como os bens culturais, os quais são portadores dos valores culturais constitucionais.

Essa também é a visão de Cunha Filho (2018, p. 25) quando afirma que "não se pode olvidar que a cultura é identificável tão somente por seu patrimônio cultural; logo, a cultura é, em última análise, igual ao patrimônio cultural".

Nessa lógica, a Constituição Federal de 1988 impõe uma condição de pertencimento à cultura brasileira, traduzida nos bens culturais componentes do patrimônio cultural: a existência de valores culturais de referência à identidade, à ação e à memória dos grupos formadores da identidade brasileira.

Como será aprofundado no Capítulo 3 sobre o patrimônio cultural, os valores culturais relacionados à memória [*Erinnerungswert*] são aqueles presentes em "monumentos, e nesse caso revelado pelos traços de antiguidade, trata-se de um valor que nos é transmitido pelo autor ou é por nós atribuído e que transcende o valor histórico" (RIEGL, 2014, p. 25).

Eles são valores de rememoração, nas palavras de Choay (2017, p. 18), os quais têm o propósito de relembrar "acontecimento, sacrifícios, ritos e crenças", tocando as pessoas pela emoção, unindo-as em torno de um passado comum, e, em momentos de crises e incertezas, para acalmá-las e tranquilizá-las. Além disso, tal valor cultural tem por objetivo manter e preservar a identidade de uma comunidade.

Desse modo, nem tudo que é produzido pelo homem pode ser considerado cultura para o Direito. Na verdade, o direito vai se importar apenas com os valores culturais que estão previstos na norma. Tais valores vão gerar certa "situação jurídica em favor dos interessados, que lhes dão a faculdade de agir, para auferir vantagens ou bens jurídicos que sua situação produz, ao subsumir-se à norma" (SILVA, 2008, pág. 805). Por isso, o que conecta o direito à cultura é o "elo valorativo" (VARELLA, 2014, p. 18).

Assim, a cultura para o Direito pode ser definida como o conjunto de valores culturais de representatividade e significação, protegidos pela norma jurídica, que poderá gerar situações jurídicas positivas aos seus titulares, que poderão se opor contra quem os desrespeitar e exigir a sua tutela pelo Estado, inclusive, por meios administrativos e judiciais cabíveis.

Assim, cotejando o conceito jurídico com o conceito econômico, observa-se que eles têm como ponto de convergência o valor cultural ínsito ao bem cultural, decorrente do seu significado, de modo que é esse valor cultural que importa tanto à Economia, quanto ao Direito. É esse bem cultural, material ou imaterial, possuidor de valor cultural que deve ser objeto da norma jurídica e protegido pelos sistemas de proteção aos direitos culturais.

Cabe ressaltar que, no século XIX, não se enquadravam no conceito de patrimônio cultural os bens decorrentes da cultura popular, que eram considerados de mau gosto, rudes, deselegantes, como, por exemplo, as casas antigas da Paris medieval, que foram destruídas nos *travaux du Baron* Haussmann, para abrir grandes e excepcionais *boulevards,* mesmo que aquelas *maisons* fossem testemunho de grandes acontecimentos históricos. Daí a relevância, para o presente estudo, da conceituação de cultura, posto que esta é refletida no dimensionamento dos direitos culturais e do espectro jurídico-estatal de proteção do patrimônio cultural, tendo em vista, justamente, a salvaguarda desses bens culturais, sejam materiais, sejam imateriais.

2.3 Direitos culturais como direitos humanos

Após apresentar os vários significados dados à cultura de acordo com o momento histórico, a concepção atual de cultura para a antropologia, a definição econômica e jurídica de cultura, passa-se a analisar os direitos culturais como direitos humanos.

Nesta seção específica, são estudados o processo histórico de construção dos direitos humanos, seu conceito e suas características, destacando a divisão meramente pedagógica desses direitos em gerações ou dimensões. Em seguida, são apresentados e discutidos os principais instrumentos de proteção internacional dos direitos humanos e as críticas que tais direitos sofrem, especialmente, pela falta de efetivação.

Tudo isso com o objetivo de construir uma fundamentação teórica dos direitos culturais como direitos humanos, sem a pretensão de exaurir a temática.

2.3.1 Origem dos direitos humanos

Antes de adentrar no estudo dos direitos culturais, é necessário tecer certas considerações sobre os direitos humanos, as suas origens e fontes, a sua concepção contemporânea, críticas e as suas características. Tais reflexões não têm o intuito de serem exaustivas, mas objetivam completar as noções acerca dos direitos culturais, os quais fazem parte do rol de direitos humanos.

Os principais documentos jurídico-filosóficos que deram origem às normas de direitos humanos atuais são a Constituição Americana de 1787, especialmente, as dez primeiras Emendas, denominadas *Bill of Rights* estadunidense, de 1791,[20] e la *Déclaration des droits de l'homme et du citoyen*, 1789.

Essas normas são resultado da filosofia iluminista e das revoluções burguesas do século XVIII, especialmente, da Revolução Francesa de 1789-1799, sendo documentos históricos basilares à construção jurídica e filosófica do princípio da liberdade e da dignidade humana. Assim, os direitos do homem, ou direitos humanos, nascem no âmbito das revoluções liberais[21] (NEVES, 2009).

Nesse sentido, Bobbio (2004), com fundamento em Kant e Hegel, afirma que a Revolução Francesa entrou na imaginação da humanidade como um evento político extraordinário que rompeu com a continuidade do curso histórico, assinalou o fim de uma época e deu início a outra. Ademais, Bobbio afirma que a Declaração dos Direitos do Homem e do Cidadão surgiu em uma época de "entusiasmo de espírito '(*Enthusiasmos des Geistes*)' pelo qual o mundo foi percorrido e agitado, 'como se então tivesse finalmente ocorrido a verdadeira conciliação do divino com o mundo'", cuja meta foi firmar os direitos humanos, especialmente o direito a liberdade e a igualdade (2004, p. 40-41).

Parte da doutrina aponta que o ponto fulcral do desenvolvimento dos direitos fundamentais foi a promulgação do *Bill of Rights* americano, quando ocorre a "positivação dos direitos tidos como inerentes ao homem, até ali, mais afeiçoados a reivindicações políticas e filosóficas do que a normas jurídicas obrigatórias, exigíveis judicialmente" (MENDES; BRANCO, 2017, p. 134).

Bonavides (2019) discorda parcialmente dessa afirmação, pois, para ele, a declaração americana ganhava em concretude, mas perdia em abrangência, pois era dirigida às classes sociais dominantes. Já a declaração francesa tinha por destinatário todo o gênero humano, sendo, portanto, mais irrestrita e abstrata. Ele afirma: "os direitos do homem ou

---

[20] O *Bill of Rights* foi antecedido e teve como fonte a Declaração de Direitos do Bom Povo de Virgínia de 1776, de modo que existem autores, como BULOS (2009) que afirmam que o primeiro instrumento que assegurou os direitos humanos foi a Declaração de Direitos do Bom Povo de Virgínia, de 12 de janeiro de 1776.

[21] Todas as constituições brasileiras apresentavam a previsão de uma declaração de direitos (BULOS, 2009). Inclusive a Constituição Imperial de 1824, no seu artigo 179, continha o rol de inviolabilidade de direitos dos cidadãos brasileiros, dentre os quais destacamos: a liberdade de locomoção, de ações, de pensamento e de culto (apesar de a religião católica ser a oficial); garantias legais, judiciais, processuais e contra penas cruéis; ambiente limpo e salubre dos presídios; garantia da propriedade privada; proibição de privilégios; liberdade de cultura, trabalho e ofício, desde que não sejam contrários aos costumes, segurança e saúde públicas; propriedade intelectual ("Os inventores terão a propriedade das suas descobertas"); contra o abuso de autoridade; direito de petição; garantia dos socorros públicos; instrução primária e gratuita a todos.

da liberdade, se assim podemos exprimi-los, eram ali 'direitos naturais, inalienáveis e sagrados', direitos tidos por imprescritíveis, abraçando a liberdade, a propriedade, a segurança e a resistência à opressão" (BONAVIDES, 2019, p. 576).

No século XX, com o declínio do liberalismo clássico e fortalecimento dos ideais sociais, surgem outras importantes fontes normativas para os direitos humanos, como a Constituição do México de 1917 e a Constituição de Weimar de 1919, as quais positivaram direitos sociais, econômicos e humanos. A Constituição do México de 1917 buscou deslegitimar práticas de exploração do trabalho e do trabalhador, que eram permitidas pelo liberalismo clássico, em nome de uma falsa liberdade de contratar. Já a Constituição de Weimar apresentou o compromisso por uma renovação democrática na Alemanha pós-Primeira Guerra[22] (FEITOSA; PEREIRA, 2012).

No cenário econômico daquele momento histórico, começa a emergir um capitalismo de bases sociais, apoiado nas políticas keynesianas, o que representou o fim do Estado Liberal, baseado no liberalismo clássico, e o surgimento do Estado Social (FEITOSA; PEREIRA, 2012). Conforme Feitosa e Pereira (2012, p. 25) esclarecem:

> Pela primeira vez na história da civilização ocidental, o Estado passou a encarar a obrigação de agir positivamente, por intermédio de políticas públicas e de programas de governo, no campo dos direitos sociais, tais como educação, trabalho, previdência, podendo também interferir no funcionamento do mercado para garantir a concorrência. [...] Os dois textos constitucionais indicados (México e Weimar) instituíram o chamado 'novo constitucionalismo social', garante dos direitos sociais ou de proteção, ligados o princípio da igualdade material.

No âmbito jurídico, ocorre o declínio da escola juspositivista,[23] a qual pregava uma ciência jurídica livre de valores morais. Esse declínio

---

[22] A República de Weimar durou até 1933, dando lugar ao nazismo de Adolf Hitler.
[23] "Seguindo a tradição kantiana e na tentativa de manter o seu status de conhecimento autônomo e relevante perante as ciências naturais e as ciências sociais emergentes, os juspositivistas entenderam ser necessário desenvolver independência metodológica e estabelecer objeto próprio, a norma. A estratégia adotada foi a incorporação de uma perspectiva formalista segundo a qual o direito seria (a) o resultado de uma ação volitiva humana; (b) seu conteúdo independeria da moral ou de outros campos do conhecimento e, por isso, (c) seria um sistema lógico fechado e coerente de regras da qual a decisão jurídica correta sempre poderia ser inferida lógica e autonomamente do direito posto. Nascia o ordenamento jurídico. [...] Por outro lado, o direito perde o seu caráter sacro e passa a ser compreendido e trabalhado como o resultado de uma opção humana e não como uma ordem imutável e universal. Como conseqüência, percebe-se que as estruturas sociais

ocorreu devido à utilização do direito positivado como fundamentação para o cometimento de atrocidades contra o ser humano, durante a Segunda Guerra Mundial. Villey (2007, p. 3) afirma que a função do juspositivismo seria "legitimar, sob o capitalismo liberal, excessivas desigualdades, que se perpetuam em numerosas regiões do globo, e, diversamente acentuado conforme os países e as épocas, a sujeição do Poder".

Como o direito desvinculado dos valores morais e éticos não era mais aceito, acontece a retomada das ideias do jusnaturalismo.[24] Então, como antídoto ao positivismo, surgiu a figura dos "direitos humanos" advinda da Escola de Direito Natural. A esse respeito, Gico Júnior (2010, p. 8) apresenta o seguinte acréscimo:

> De um ponto de vista histórico-epistemológico, principalmente após a Segunda Guerra Mundial e a ocorrência do Holocausto, a reação dos juristas romano-germânicos ao juspositivismo do século XIX foi um retorno ao direito enquanto valor, próximo ao jusnaturalismo, mas fixado em princípios constitucionais, tendo seus praticantes não apenas abandonado a idéia de ciência jurídica, mas efetivamente se afastado das demais ciências naturais e sociais na medida em que elas teriam falhado em fornecer uma Teoria do Valor que pudesse racionalizar decisões jurídicas. A solução implicitamente adotada estaria na filosofia.

Após a Segunda Guerra mundial, é criada a Organização das Nações Unidas (1945) e promulgada a Declaração Universal dos Direitos Humanos (DUDH) (1946), norma que prevê os direitos humanos econômicos, sociais e culturais, internacionalmente reconhecidos, a partir dos princípios da liberdade, da dignidade da pessoa humana, da

---

podem ser alteradas pelo direito, agora concebido como um instrumento de mudança social consubstanciado na lei. O direito, portanto, não necessariamente é racional, mas pode e deve sê-lo" (GICO JÚNIOR, 2010, p, 11).

[24] Acerca da noção de jusnaturalismo, cita-se a lição de Gico Júnior (2010, p. 9-10): "De acordo com a tradição ocidental, foram os gregos os primeiros a associar ao direito uma natureza dúplice, parte decorrente da opinião dos homens e dela dependente, e parte decorrente da própria natureza e, portanto, universal e independente da opinião dos homens, sendo que o direito natural se sobreporia ao direito dos homens, constituindo uma ordem limítrofe permanente e imutável. [....] É importante salientar que dentro do paradigma jusnaturalista não existe diferença entre análise positiva (o que é) e normativa (o que deve ser) do direito, pois se uma lei contradiz o direito natural, não decorre da razão (natureza) ou de deus (intelecto divino) e, portanto, não é justa, logo, não é direito. Nesse sentido, a discussão jurídica será sempre e necessariamente uma discussão idiossincrática de valores morais e éticos do observador intérprete ou aplicador, salvo se o interlocutor acreditar em uma moral universalista, o que é cada vez mais raro em uma sociedade que se deseja e reconhece pluralista e multivalorativa".

igualdade e da defesa dos direitos coletivos. Esses direitos, "até então abafados pelo Estado Liberal", completaram os direitos civis e políticos (DAMASCENO, 2018, p. 279).

Piovesan (2014) esclarece que o esforço internacional do pós-guerra tem duas consequências: o surgimento do Direito Internacional dos Direitos Humanos, especialmente com a DUDH (que lhes confere lastro axiológico e unidade valorativa); e um Direito Constitucional aberto aos direitos humanos, aos princípios e aos valores, de modo que a dignidade humana passou a ser concebida como um superprincípio.

A atual noção de direitos humanos, cujas características mais marcantes são a universalidade e a indivisibilidade, é fruto da sua internacionalização, ocorrida em resposta às atrocidades cometidas pelos Estados durante a Segunda Guerra mundial, muitas das quais encontravam guarida nos ordenamentos jurídicos internos.[25] Destarte, a comunidade internacional resultante da Segunda Guerra transforma os direitos humanos em paradigmas e referenciais éticos norteadores da ordem jurídica internacional,[26] de modo que a pessoa humana se tornou o valor primeiro do direito.

Nessa perspectiva, os direitos humanos atuais surgem como arquétipos e limitadores éticos da ação dos Estados, para impedir novos cenários internacionais de barbárie, de brutalidade e de institucionalização do desrespeito à dignidade humana. O resultado disso é que os direitos humanos internacionalmente reconhecidos passam a ser paradigmas limitadores da soberania dos Estados e condição de validade dos ordenamentos jurídicos (PIOVESAN, 2014).

Outra consequência é que a proteção dos direitos humanos deixa de ser assunto doméstico, ou seja, concernente apenas ao Estado com o seu cidadão, e passa a ter caráter universal. Dessa forma, a esfera internacional tem legítimo interesse em proteger a pessoa humana, que passa a ser vista como cidadão universal (PIOVESAN, 2014), existindo uma verdadeira "agenda, no cenário internacional, de reconhecimento

---

[25] Villey (2007) afirma que os instrumentos de proteção aos direitos humanos sempre surgem como armas de defesa, contra o colonialismo, o absolutismo monárquico, ou o fantasma do nazismo.

[26] "Toma-se por 'ordem mundial' ou 'ordem internacional' o conjunto formal ou informal de princípios, normas, instituições e procedimentos decisórios que, refletindo a correlação de forças em plano mundial, regulam as relações internacionais. É, portanto, a 'ordem internacional' o grande sistema mundial de relações de poder, constituídos por princípios, regras e atores próprios, bem assim por diversos outros subsistemas peculiares" (FRANCA FILHO, 2002, p. 13).

e de proteção aos direitos humanos" (BORGES, 2015, p. 211). Ainda nessa senda, Mendes e Branco (2017, p. 134) fazem o seguinte acréscimo:

> Os direitos fundamentais assumem posição de definitivo realce na sociedade quando se inverte a tradicional relação entre Estado e indivíduo e se reconhece que o indivíduo tem, primeiro, direitos, e depois deveres perante o Estado, e que os direitos que o Estado tem em relação ao indivíduo se ordenam ao objetivo de melhor cuidar das necessidades dos cidadãos.

Além disso, tem-se que a teoria dos direitos humanos bebe muito na filosofia, principalmente, na filosofia kantiana (PIOVESAN, 2014), em que as pessoas possuem um valor intrínseco absoluto, por serem únicas e insubstituíveis, não sendo meios, mas fins em si mesmas.

2.3.2 Conceito, características e gerações dos direitos humanos

os direitos humanos[27] são aqueles voltados a criar e manter os pressupostos elementares de uma vida com liberdade e com dignidade humana, segundo ensina Bonavides (2019). Já Bulos (2009, p. 428) define tais direitos como o "conjunto de normas, princípios, prerrogativas, deveres, institutos, inerentes à soberania popular, que garante a convivência pacífica, digna, livre e igualitária, independentemente de credo, raça, origem cor, condição econômica ou *status* social".

Os direitos humanos possuem características que lhes são ínsitas e que são reconhecidas pela maior parte da doutrina, a saber: a cumulatividade, haja vista que podem ser exercidos no mesmo tempo; a imprescritibilidade e a inalienabilidade, pois os direitos humanos não prescrevem e nem são disponíveis; a irrenunciabilidade, posto que podem não ser exercidos, mas nunca renunciados; a relatividade, pois nenhum direito pode ser exercido de modo absoluto (BULOS, 2009).

---

[27] Neves (2009, p. 252) aponta a diferença entre direitos humanos e direitos fundamentais. Apesar de os conteúdos serem praticamente idênticos, a diferença residiria no âmbito das suas pretensões de validade. Por essa teoria, os direitos fundamentais seriam aqueles válidos "dentro de uma ordem constitucional estatalmente determinada", enquanto os direitos humanos valeriam para "o sistema jurídico mundial de níveis múltiplos, ou seja, para qualquer ordem jurídica existente na sociedade mundial (não apenas para a ordem jurídica internacional". Já Bulos (2009) vê os direitos humanos e os direitos fundamentais como expressões sinônimas. Neste trabalho, adotou-se a expressão "direitos humanos", incluindo os direitos reconhecidos dentro do ordenamento jurídico brasileiro, como os reconhecidos nos tratados e pactos internacionais.

Além das características apresentadas acima, os direitos humanos têm duas características que merecem destaque neste trabalho: a historicidade e a universalidade. São essas características que fundamentam a teoria das gerações ou dimensões dos direitos humanos, bem como a construção de um sistema internacional[28] de proteção aos direitos humanos.

A característica da historicidade mostra que os direitos humanos foram construídos por meio de um processo de lutas e conflitos sociais e surgiram para atender aos anseios da sociedade mundial, no sentido de preservar e promover a liberdade e a dignidade humana. Bulos (2009, p. 428) escreve ainda que a teoria geral dos direitos e garantias fundamentais não nasceu "da noite para o dia", mas que foram "fruto[s] de lenta e gradual maturação histórica, das lutas, das dificuldades, alegrias e tristezas que circundam a própria existência terrena". Ademais,

> Como realça Norberto Bobbio, os direitos humanos não nascem todos de uma vez e nem de uma vez por todas. Para Hannah Arendt, os direitos humanos não são um dado, mas um construído, uma invenção humana, em constante processo de construção e reconstrução. Compõe um construído axiológico, fruto da nossa história, de nosso passado, de nosso presente, a partir de um espaço simbólico de luta e ação social. No dizer de Joaquim Herrera Flores, os direitos humanos compõem uma racionalidade de resistência, na medida em que traduzem processos que abrem e consolidam espaços de luta pela dignidade humana. Invocam, nesse sentido, uma plataforma emancipatória voltada à proteção da dignidade humana. Para Carlos Santiago Nino, os direitos humanos são uma construção consciente vocacionada a assegurar a dignidade humana e a evitar sofrimentos, face da persistência da brutalidade humana. Para Luigi Ferrajoli, os direitos humanos simbolizam a lei do mais fraco contra a lei do mais forte, na expressão de um contrapoder em face dos absolutismos, advindos do Estado, do setor privado ou mesmo da esfera doméstica. (PIOVESAN, 2014, p. 16)

Assim, a característica da historicidade é importante para a compreensão da divisão dos direitos humanos em dimensões ou

---

[28] Sistema internacional ou sistema mundial, segundo o que diz Wallerstein (1995 apud FRANCA FILHO, 2002, p. 13-14), "é um sistema social, um sistema que possui limites, estruturas, grupos, membros, regras de legitimação e coerência. Sua vida resulta das forças conflitantes que o mantêm unido por tensão e o desagregam, á medida que cada um dos grupos busca sempre reorganizá-lo em seu benefício. Tem as características de um organismo, á medida que tem um tempo de vida durante o qual suas características mudam em alguns dos seus aspectos, e permanecem e outros. Suas estruturas podem definir-se como fortes ou débeis em momentos diferentes, em termos da lógica interna de seu funcionamento".

gerações, isso porque os direitos humanos não surgiram no mesmo momento histórico, nem no mesmo lugar. Eles nasceram impulsionados por lutas para obtê-los, alicerçá-los e ampliá-los "em defesa de novas liberdades em face de poderes antigos" (MENDES; BRANCO, 2017, p. 142). Por isso, cada geração ou dimensão de direitos humanos que desponta não invalida a anterior. Não há ruptura, mas um acréscimo, uma ressignificação e adaptação ao novo momento histórico e aos novos anseios sociais, sempre com o objetivo de alcançar ou preservar a dignidade humana, em especial, das pessoas mais vulneráveis.

Os autores dividem os direitos humanos em dimensões ou gerações apenas para demonstrar a sua evolução e situá-los na história. Alguns, inclusive, preferem utilizar o termo dimensões a gerações, para transmitir a ideia de adição, e não de substituição de um direito por outro.[29]

Além disso, a classificação dos direitos humanos em gerações gera como consequência a visão de tais direitos como frutos de um processo cumulativo e qualitativo rumo a uma universalidade concreta (BONAVIDES, 2019). Essa classificação foi atribuída ao jurista tcheco Karel Vasak, que, inspirado na bandeira francesa e por ocasião de uma aula inaugural dos cursos do Instituto Internacional dos Direitos do Homem em 1979, dividiu os direitos humanos em três gerações: *la liberté* [azul], *l'égalité* [branca] *et la fraternité* [vermelha]. A esse respeito, Marmelstein (2016, p. 42) apresenta o seguinte esclarecimento:

> a) primeira geração dos direitos seria a dos direitos civis e políticos, fundamentados na liberdade (liberté), que tiveram origem com as revoluções burguesas; b) a segunda geração, por sua vez, seria a dos direitos econômicos, sociais e culturais, baseados na igualdade (égalité), impulsionada pela Revolução Industrial e pelos problemas sociais por ela causados; c) por fim, a última geração seria a dos direitos de solidariedade, em especial o direito ao desenvolvimento, à paz e ao meio ambiente, coroando a tríade com a fraternidade (fraternité), que ganhou

---

[29] O jurista Trindade (1993 *apud* DIAS; MACHADO, 2017, p. 187) aduz que "a fantasia nefasta das chamadas 'gerações de direitos', histórica e juridicamente infundada, na medida em que alimentou uma visão fragmentada ou atomizada dos direitos humanos, já se encontra devidamente desmistificada. O fenômeno de hoje testemunhamos não é o de sucessão, mas antes, de uma expansão, cumulação e fortalecimento dos direitos humanos consagrados, consoante uma visão necessariamente integrada de todos os direitos humanos. As razões histórico-ideológicas da compartimentalização já há muito desapareceram. Hoje podemos ver com clareza que os avanços nas liberdades públicas em tantos países nos últimos anos devem necessariamente fazer-se acompanhar não de retrocesso – como vem ocorrendo em numerosos países – mas de avanços paralelos no domínio econômico-social".

força após a Segunda Guerra Mundial, especialmente após a Declaração Universal dos Direitos Humanos, de 1948. (MARMELSTEIN, 2016, p. 42)

Essa classificação dos direitos humanos foi bastante difundida internacionalmente devido à obra de Norberto Bobbio, *A Era dos Direitos*, conforme destacado por Dias (2016) e, no Brasil, pela obra de Paulo Bonavides. Bonavides (2019) aponta que a liberdade, a igualdade e a fraternidade são, ao mesmo tempo, os três princípios cardeais do conteúdo dos direitos humanos e a sua sequência histórica de institucionalização.

Os direitos de primeira geração referem-se às liberdades individuais do homem "individualmente considerado" (MENDES; BRANCO, 2017). Essa primeira geração de direitos humanos é considerada a geração de direitos fundamentais genuínos, ou seja, "os direitos do homem livre e isolado que possui em face do Estado", os quais são absolutos, só limitados excepcionalmente pela lei (BONAVIDES, 2019, p. 575). Esses direitos apresentam as seguintes características: ter o indivíduo como o titular, ser oponível ao Estado e fazer parte do rol de direitos negativos.

Os direitos de primeira geração advêm dos ideais liberais do século XIX, cuja maior preocupação era manter a liberdade de negociação e a propriedade. São os direitos civis e políticos os primeiros a constarem no instrumento normativo constitucional, na fase inicial do constitucionalismo ocidental, e que continuam pacificados atualmente na codificação política. Esses direitos conheceram um processo dinâmico e ascendente, visando à sua concretização, "até ganhar a máxima amplitude nos quadros consensuais democráticos do poder" (BONAVIDES, 2019, p. 577).

Os problemas sociais decorrentes da Revolução Industrial, a exemplo do abismo social entre o trabalhador e o capitalista, fizeram emergir lutas sociais. Tais lutas fizeram com que o Estado, até então, liberal e absenteísta, saísse da inércia e assumisse um papel atuante em prol da redução dos problemas sociais e em busca de uma igualdade material. Acerca dessa situação, Mendes e Branco (2017, p. 135) apresentam o seguinte esclarecimento:

> Daí o progressivo estabelecimento pelos Estados de seguros sociais variados, importando intervenção intensa na vida econômica e a orientação das ações estatais por objetivos de justiça social. Como consequência, uma diferente pletora de direitos ganhou espaço no catálogo de direitos fundamentais – direitos que não mais correspondem a uma pretensão de

abstenção do Estado, mas que o obrigam a prestações positivas. São os direitos de segunda geração, por meio dos quais se intenta estabelecer uma liberdade real, igual para todos, mediante a ação corretiva dos Poderes Públicos.

Assim, surgem os direitos de segunda geração, cuja tônica é a ação: ação dos Poderes Públicos em prol da igualdade material, da justiça social e da liberdade, cujo objetivo é proporcionar às pessoas condições de atingir sua plenitude, por meio da implementação de políticas públicas que garantam acesso à saúde, à educação, ao trabalho, ao lazer e à cultura.

Ao contrário dos direitos humanos de primeira geração, que demandam uma ação negativa do Estado, um *laissez-faire*, os de segunda geração impõem uma atuação do Estado no sentido de reduzir as desigualdades sociais, promovendo a justiça social (SARLET, 2012). É nesse rol de direitos humanos que estão os direitos culturais. Conforme esclarecimento dado por Bonavides (2019, p. 578):

> São os direitos sociais, culturais e econômicos, bem como os direitos coletivos ou de coletividades, introduzidos no constitucionalismo das distintas formas de Estado social, depois que germinaram por obra da ideologia e da reflexão antiliberal deste século. Nasceram abraçados ao princípio da igualdade, do qual não se podem separar, pois fazê-lo equivaleria a desmembrá-los da razão de ser que os ampara e estimula.

Por exigirem uma atuação estatal nem sempre possível, devido às limitações financeiras e orçamentárias, os direitos sociais surgiram com baixa normatividade, motivo pelo qual foram, inicialmente, considerados meros direitos programáticos.

No começo, eram concebidos como direitos que tinham a juridicidade questionada, pois não possuíam os instrumentos processuais de garantia e proteção, típicos dos direitos de primeira geração. Contudo, esses direitos evoluíram, firmaram-se em todas as constituições democráticas e, agora, luta-se para que haja a sua observância, execução e aplicabilidade imediata.

Os direitos de terceira geração, por sua vez, são os direitos de fraternidade ou de solidariedade, que visam à proteção do gênero humano. São "dotados de altíssimo teor de humanismo e universalidade" (BONAVIDES, 2019, p. 583) e não buscam a proteção de um homem isolado ou de uma coletividade, mas de todos os homens.

Fraternidade e solidariedade, por vezes, são usadas como sinônimos, mas Baggio (2008) traz uma distinção entre solidariedade e fraternidade, quando afirma que a solidariedade pressupõe uma relação vertical, uma ação voltada do forte ao fraco, enquanto a fraternidade exige uma relação horizontal, de pessoas que se veem como iguais e que se ajudam mutuamente.

Com esse panorama, tem-se que os direitos da fraternidade dizem respeito a cinco grandes temas: direito ao desenvolvimento, à paz, ao meio ambiente, à propriedade e conservação do patrimônio comum da humanidade e à comunicação (BONAVIDES, 2019; MENDES; BRANCO, 2017). Destarte, o direito ao patrimônio cultural é um direito de terceira geração, o qual leva em consideração a humanidade coletivamente, tanto as gerações presentes quanto as futuras, de modo que é considerado um direito transindividual.

Certos doutrinadores sustentam que o direito ao patrimônio cultural é um direito, ao mesmo tempo, de segunda e terceira geração, devido ao seu caráter difuso. Contextualizando o assunto, Pires (2015, p. 63) traz o seguinte esclarecimento:

> Nesse quadro, o direito ao patrimônio cultural como o conjunto de bens de cunho histórico, artístico, cultural, paisagístico e arqueológico dotado de especial valor para um determinado povo, ou mesmo para todos os povos e tomado em dimensão imaterial – insere-se no rol dos direitos humanos, tanto de segunda quanto de terceira geração, dependendo da forma e do grau de tutela exigidos.

Ainda sobre esse assunto, Gomes (2015, p. 17) acrescenta que "Direitos de terceira geração são aqueles que têm como finalidade o gênero humano como valor supremo, visando à proteção da coletividade, com base no princípio da solidariedade (citem-se, como exemplos, o direito ao meio ambiente natural e ao patrimônio cultural)".

A principal característica dos direitos de terceira dimensão é a universalidade, pois demandam uma ação global por parte de toda a comunidade de Estados. A universalidade significa que o único requisito para se exercerem esses direitos é ser pessoa. "Universalidade porque clama pela extensão universal dos direitos humanos, sob a crença de que a condição de pessoa é o requisito único para a titularidade de direitos, considerando o ser humano como um ser essencialmente moral, dotado de unicidade existencial e dignidade" (PIOVESAN, 2014, p. 18).

Foi a universalização dos direitos humanos que permitiu a formação de um sistema internacional de proteção, o qual é considerado pelos doutrinadores com o maior legado da "Era dos Direitos", e permitiu "a humanização do Direito Internacional contemporâneo" (PIOVESAN, 2006, p. 5).

2.3.3 Sistemas internacionais de proteção dos direitos humanos culturais

Fora o sistema interno, a doutrina internacionalista considera que existem dois tipos de sistemas internacionais, complementares e instrumentais, de proteção aos direitos humanos: o sistema global e o sistema regional, os quais foram criados e são normatizados pelos tratados internacionais.

O sistema global de proteção aos direitos fundamentais foi criado a partir da Carta da ONU em 1945, desenvolvendo-se, especialmente, após a proclamação da Declaração Universal dos Direitos Humanos (DUDH), em 1948.[30] Em seguida, a DUDH foi complementada (material e processualmente) pelo Pacto Internacional dos Direitos Civis e Políticos (PIDCP) (ONU, 1966a)[31] e pelo Pacto Internacional dos Direitos Econômicos, Sociais e Culturais (PIDESC) (ONU, 1966b).[32] "Ao conjunto desses textos dá-se o nome de Carta Internacional dos Direitos Humanos, que nada mais é que o conjunto de todos esses instrumentos internacionais que compõem o sistema global de proteção" (MAZZUOLI, 2011, p. 13).

Assim, conforme Stamatopoulou (2007) informa, o primeiro normativo internacional a reconhecer os direitos culturais, como espécie do gênero direitos humanos, foi a Declaração Universal dos Direitos Humanos[33] (ONU, 1948). Seguindo uma evolução normativa em prol dos direitos culturais, foram editados o Pacto Internacional sobre Direitos Civis (ONU, 1966a), que assegura o direito humano ao gozo das liberdades individuais, civis e políticas, bem como os direitos econômicos, sociais e culturais; e o Pacto Internacional sobre Direitos Econômicos, Sociais e Culturais (ONU, 1966b), prevendo o direito

---

[30] A Carta da ONU não explicitava, particularmente, a proteção dos direitos humanos, nem trazia a previsão dos direitos econômicos sociais e culturais.
[31] Adotado pelo Brasil através do Decreto nº 592, de 6 de julho de 1992.
[32] Adotado pelo Brasil através do Decreto nº 591, de 6 de julho de 1992.
[33] Stamatopoulou (2007) aduz que a história do reconhecimento do direito fundamental à cultura, na Declaração da ONU de 1948, mostra a dificuldades em lidar com direitos culturais devido à ausência, neste normativo internacional, de um dispositivo que se propusesse a tratar de direitos de minorias e grupos específicos, contra a discriminação e contra a assimilação, especialmente, étnica e de linguagem.

à cultura, à participação cultural, à liberdade cultural e à fruição da cultura, das artes e da ciência.[34]

Stamatopoulou (2007), analisando a evolução normativa dos direitos culturais nessas normas internacionais, aduz que os direitos culturais começaram como direitos individuais, na Declaração Universal dos Direitos Humanos, e adquiriram *status* de direitos de grupos ou transindividuais, nos pactos internacionais.[35]

A Organização das Nações Unidas (ONU) e seus Organismos Internacionais de Cooperação Social (Organização Internacional do Trabalho – OIT, Organização das Nações Unidas para a Educação, a Ciência e a Cultura – UNESCO, Organização Mundial da Saúde – OMS) emitem apenas recomendações, ou seja, os seus atos e decisões não integram imediatamente e diretamente o ordenamento jurídico dos Estados-membros, devendo ser reconhecidos e aceitos por eles.

Desse modo, os mecanismos de solução de conflitos da ONU não são dotados de forte eficácia. Por isso, bem como pelas características culturais peculiares de cada região do mundo, surgiram os sistemas regionais de proteção. Entre os sistemas regionais, existem: o Conselho da Europa (sistema europeu), a Organização dos Estados Americanos (sistema interamericano) e a União Africana (sistema africano), destacando-se, para este trabalho, o sistema europeu e o interamericano.

O sistema europeu surge com a criação do Conselho da Europa em 1949, com sede em Estrasburgo, na França, e da Convenção Europeia de Direitos Humanos (CE, 1950), a qual é ratificada atualmente pelos 47 Estados-Membros que compõem o Conselho da Europa. Inicialmente,

---

[34] Em mais duas oportunidade essa norma internacional reconhece os direitos culturais: no seu artigo 1º (Parte I), quando certifica o direito à autodeterminação, que significa o direito ao desenvolvimento econômico, social e cultural; e no artigo 27 (Parte I), que garante às minorias o direito de ter sua própria vida cultural, de professar e praticar sua religião e sua língua. Ademais, no artigo 15 desse Pacto, há o dever dos Estados-partes de reconhecerem a todos o direito de participar da vida cultural, a desfrutar do progresso científico e os direitos dos autores de beneficiarem-se com a sua produção. Também existe a previsão das medidas, que deverão ser adotadas pelos Estados, com vistas a assegurar o pleno exercício desses direitos, o respeito à liberdade indispensável à ciência e às atividades criadoras, esta última, somente limitada por razões de segurança nacional, ordem pública e moralidade (STAMATOPOULOU, 2007).

[35] Devem ser acrescentados outros instrumentos internacionais que reconhecem direitos culturais, a saber: Convenção Internacional sobre a Eliminação de todas as Formas de Discriminação Racial (ONU, 1965, artigo 5º), Convenção sobre a Eliminação de todas as Formas de Discriminação contra a Mulher (ONU, 1979, artigo 13.3), Convenção sobre os Direitos da Criança (ONU, 1989, artigo 31), Convenção Internacional sobre a Proteção dos Direitos de todos os Trabalhadores Migrantes e Membros de suas Famílias (ONU, 1990, artigos 43 e 45), Convenção sobre os Direitos das Pessoas com Deficiência (ONU, 2006, artigo 30) (SOARES; CUREAU, 2015).

esse sistema previa apenas os direitos humanos chamados de primeira geração (RAMOS, 2002). Após, sofreu alterações, evoluindo para incluir direitos humanos econômicos, sociais e culturais, principalmente, após a Carta Social Europeia (CE, 1996). Em seguida, houve a criação da Corte Europeia de Direitos Humanos, por meio do Protocolo nº 11 de 1998, completando-se, assim, a formatação do atual sistema regional europeu.

Já o sistema interamericano surge com a criação da Organização dos Estados Americanos (OEA), na 9ª Conferência Interamericana ocorrida em Bogotá, por meio da Carta de Organização dos Estados Americanos (OEA, 1948), atualmente ratificada por 35 Estados. Nesse mesmo momento, também foi aprovada a Declaração Americana dos Direitos e Deveres do Homem (OEA, 1948) (RAMOS, 2002). Ainda sobre esse sistema, Curtis (2015, p. 11) traz a seguinte informação:

> O sistema Interamericano de Direitos Humanos tem uma longa tradição de reconhecimento dos direitos culturais. A pioneira Declaração Americana dos Direitos e Deveres do Homem, de 1948, que antecede a DUDH por alguns meses, praticamente antecipou a formulação de instrumentos relativos aos direitos culturais, estipulando em seu art. 13 que: "Toda pessoa tem direito de participar da vida cultural da comunidade, de desfrutar das artes e de participar dos benefícios resultantes do progresso intelectual, especialmente das descobertas científicas". Ela também tem os direitos à proteção de seus interesses morais e materiais no que diz respeito às invenções ou a qualquer obra literária, científica ou artística de que seja autora.

Entre os propósitos da Carta da OEA estão a promoção da justiça, da proteção aos direitos humanos e do desenvolvimento econômico, social e cultural dos Estados das Américas e Caribe.

Com relação aos direitos culturais,[36] a Carta prevê a "unidade espiritual do Continente" (artigo 3º, *m*), o respeito à personalidade cultural dos Estados americanos, a colaboração para as altas finalidades da cultura humana e o direito de cada Estado desenvolver livre e espontaneamente a sua vida cultural, política e econômica, respeitando a liberdade e os direitos da pessoa humana (DAMASCENO, 2018).

---

[36] A Carta da OEA intenciona que os Estados deverão cooperar entre si para atender às suas necessidades no tocante à educação, à promoção da pesquisa científica e à impulsão do progresso tecnológico para seu desenvolvimento integral. O artigo 48 da Carta da OEA estabelece que "considerar-se-ão individual e solidariamente comprometidos a preservar e enriquecer o patrimônio cultural dos povos americanos". Assim, os Estados devem assegurar "a toda a população", o gozo dos bens da cultura e "promoverão o emprego de todos os meios de divulgação para o cumprimento de tais propósitos".

Dentre os organismos criados no âmbito da OEA está a Comissão Interamericana de Direitos Humanos, cuja principal função é "promover o respeito e a defesa dos direitos humanos além de servir como órgão consultivo da Organização em tal matéria" (artigo 106) (DAMASCENO, 2018).

Em 1969, houve a promulgação da Convenção Americana sobre Direitos Humanos, o Pacto de San José da Costa Rica (OEA, 1969), que entrou em vigor em 1978, após a ratificação mínima pelos Estados-membros da OEA.[37] Destaca-se a previsão dos direitos culturais no artigo 26 desse Pacto, os quais remetem "aos mesmos padrões estabelecidos na Carta da OEA" (COURTIS, 2015, p. 11).

Completando o sistema interamericano, tem-se a Corte Interamericana de Direitos Humanos, prevista no Pacto de San José da Costa Rica (OEA, 1969), que entrou em vigor em 1980, quando houve a ratificação mínima pelos membros da OEA. Tal Corte possui competência consultiva e contenciosa, sendo considerada por muitos doutrinadores um Tribunal Internacional Supranacional (MELLO, 2014).

O Brasil reconheceu a jurisdição da Corte Interamericana de Direitos Humanos por meio do Decreto Legislativo nº 89, de 3 de dezembro de 1998, ressalvando que somente anuiria com a atuação dessa Corte sobre fatos posteriores à aceitação da jurisdição, de modo que as denúncias sobre fatos anteriores não poderiam ser submetidos a julgamento (MELLO, 2014; MAZZUOLI, 2011), o que deixou de fora da jurisdição da Corte todos os fatos ocorridos durante o regime militar.

As causas são encaminhadas à Corte pela Comissão Interamericana de Direitos Humanos, que tem a competência de receber e processar as denúncias que lhes são encaminhadas. A Corte Interamericana produz sentenças declaratórias e condenatórias, as quais têm as seguintes características: são definitivas, inapeláveis e capazes de indicar as medidas que o Estado-parte deve cumprir e a indenização que deve pagar (MELLO, 2014).

Desse modo, percebe-se que os direitos humanos perpassam, atualmente, "todos os níveis de ordens jurídicas no sistema jurídico mundial de níveis múltiplos: ordens estatais, internacionais, supranacionais, transnacionais e locais", o que lhes confere o caráter transconstitucional e pluridimensional, pois "cortam transversalmente ordens jurídicas

---

[37] O Pacto de San José está, atualmente, ratificado por 25 Estados-membros da OEA, tendo sido ratificado pelo Brasil apenas em 1992, por meio do Decreto nº 678.

dos mais diversos tipos, instigando, ao mesmo tempo, cooperação e colisões" (NEVES, 2009, p. 256).

A importância do estudo desses sistemas globais e regionais de proteção dos direitos humanos no campo do patrimônio cultural é apresentada por Lixinski (2018), no seu artigo intitulado "Regional and International Treaties on Intagible Cultural Heritage: between tradition and compeporary culture", no qual ele estuda as vantagens e desvantagens do tratamento jurídico do patrimônio dado por esses dois sistemas. Para o autor, enquanto o sistema global apresenta dificuldade em chegar a um consenso em matéria de patrimônio devido às diversidades política, cultural e jurídica, os sistemas regionais apresentam mais facilidade, em razão da proximidade cultural e tradições similares, conseguindo, com isso, elaborar instrumentos mais efetivos de proteção patrimonial. Contudo, tais sistemas regionais tendem a limitar a abrangência do "patrimônio autorizado", sendo muito mais seletivos que o proposto pela UNESCO (LIXINSKI, 2018, p. 48).

Essas questões serão devidamente analisadas no tópico referente às principais normas internacionais de salvaguarda do patrimônio, quando serão estudadas a Convenção para a Proteção do Patrimônio Mundial, Cultural e Natural de Paris (UNESCO, 1972), a Convenção Internacional para a Salvaguarda do Patrimônio Cultural Imaterial (UNESCO, 2003), ambas do sistema global de proteção; e a Convenção Quadro do Conselho da Europa Relativa ao Valor do Patrimônio Cultural para a Sociedade (CONSELHO DA EUROPA, 2005), do sistema regional europeu.

2.3.4 Críticas aos direitos humanos

Apesar do protagonismo dos direitos humanos atualmente, existem autores que criticam a sua eficácia e consideram-nos construções ocidentais, etnocêntricas e que não refletem a filosofia e a cultura dos outros Estados, de modo que não teriam qualquer caráter universal.

A crítica de Marx aos direitos humanos da sua época (os direitos humanos de primeira geração) dizia respeito à ausência de liberdade pela dominação econômica, a qual permitiria tiranizar aqueles que estavam em condição de absoluta precariedade econômica, pois "a desigualdade de condições econômico-sociais dissolve a liberdade" (DAMASCENO, 2018, p. 276). Assim, para Marx, os direitos humanos são os direitos do membro da sociedade burguesa, "do homem egoísta, do homem separado do homem/humanidade e da comunidade" (DAMASCENO, 2018, p. 277), de modo que esses direitos seriam voltados apenas à liberdade de empreender, à proteção da propriedade, estando atrelados aos interesses próprios do burguês.

Outro autor que critica os direitos humanos é Villey (2007), o qual reconhece a dificuldade em apresentar críticas aos direitos humanos, pois "quem pretendia ficar alheio a essas justas causas e não teria vergonha de se dissociar da *Anistia Internacional?* [...] Para combatê-la, só se encontrariam imbecis reacionários" (VILLEY, 2007, p. 4). Ele fundamenta a sua crítica em autores como Croce, que chamou a DUDH de inepta, e como Burke, quando afirmou que a *Déclaration de Droits de L'homme et du Citoyen* (1789) nunca impediu "os confiscos das propriedades dos inimigos da Revolução, nem lhes salvou as cabeças da guilhotina" (VILLEY, 2007, p. 5).

Para Villey (2007), os direitos humanos seriam irreais e sua impotência seria manifesta, até mesmo na Europa Ocidental, quanto mais em Estados pobres da África. Ele chama os direitos de participar dos negócios públicos, das eleições livres, dos lazeres e da cultura de "fórmulas indecentes" e inaplicáveis à maior parte do mundo, sendo o maior erro desses direitos o fato de prometerem demais (VILLEY, 2007, p. 6). E essas promessas contidas nas Declarações seriam impossíveis de serem cumpridas, por serem formulações incertas, indeterminadas e inconsistentes. "É delicioso ver-se prometer o infinito: mas, depois disso, surpreenda-se se a promessa não for cumprida", aduz Villey (2007, p. 6).

Ademais, ele afirma que os direitos humanos não são "direitos", mas um ideal etnocêntrico e utópico de liberdade individual e igualdade, "o sonho de universalizar o *way of life* americano: o regime das eleições livres das democracias chamadas ocidentais não parece ser exportável a Uganda" (VILLEY, 2007, p. 6-7). E arremata, aduzindo que os DH são contraditórios, pois "cada um dos pretensos direitos humanos é a negação de outros direitos humanos, e, praticados separadamente, são geradores de injustiças" (VILLEY, 2007, p. 8).

Há outros autores que criticam a forma de elaboração da Declaração Universal dos Direitos Humanos. Tais autores afirmam que existiu a prevalência do sistema jurídico e filosófico europeu ocidental na confecção dessa declaração. E essa crítica leva à reflexão sobre a eficácia jurídica e social dessa norma nos Estados africanos e asiáticos. Para eles, apesar dos esforços da ONU em contemplar o pensamento de outras culturas na DUDH, as tradições e filosofias africanas ou asiáticas não foram devidamente consideradas. Embora as diferenças culturais estivessem na agenda, houve a prevalência da percepção ocidental dos direitos humanos, conforme esclarecem Veer e Dezentje (2018, p. 36), *ipsis litteris*:

> Baseia-se na filosofia política do liberalismo e concentra-se nos direitos naturais do indivíduo e não da sociedade e cultura. Ademais, o processo de reivindicar e implementar esses direitos está enraizado na cultura jurídica ocidental, na qual os estados e os legisladores desempenham papéis importantes. Os atuais debates sobre a ausência virtual de ideias não ocidentais nos padrões de direitos humanos – que indicam o desconforto sentido por uma parte da população mundial – ilustra que a discussão, iniciada pela UNESCO em 1947, foi prematuramente descartada, e que merece ser reaberta atualmente.

Rebatendo as críticas de que os direitos humanos seriam uma espécie de "invenção da Europa ocidental", uma utopia dos Estados desenvolvidos do ocidente, Stamatopoulou (2007) apresenta um estudo feito pela UNESCO durante o processo de elaboração da Declaração Universal dos Direitos Humanos.

Esse organismo internacional reuniu um comitê de filósofos para analisar o direito chinês, islâmico, hindu, consuetudinário, americano, europeu ocidental e europeu oriental (socialista). A conclusão dessa pesquisa foi no sentido de que os princípios que serviram de base para a elaboração da DUDH, ou seja, direitos e valores básicos, estavam presentes em quase todas as tradições estudadas, muito embora nem sempre expressos em termos de direitos.

Assim, existem dados objetivos de que os direitos humanos consagrados na DUDH correspondem aos anseios da maioria dos povos no mundo, de maneira que possuem, verdadeiramente, a característica da universalidade.

Contudo, apesar de não se concordar no presente estudo com as críticas apresentadas por Villey e outros, elas servem de alerta para que a diversidade cultural sempre seja levada em consideração no pensamento jurídico internacional dos direitos humanos. Por essa razão, os direitos humanos, especialmente, os direitos humanos culturais, devem ser concebidos, tendo em conta as diferentes culturas, e não apenas o pensamento ocidental. Somente assim a DUDH terá a eficácia desejada no contexto das diferentes culturas.

Já no tocante à crítica de Marx, o problema apontado foi parcialmente resolvido com o surgimento dos direitos de segunda e terceira gerações, pois o Estado passou a atuar para a inclusão social das camadas sociais vulneráveis. Nesse sentido, Neves (2009, p. 253) apresenta a seguinte afirmação:

> Quanto maior a exclusão em determinados âmbitos da sociedade mundial, tanto mais será limitada a realização funcional nos respectivos contextos sociais. Daí resultará a fragilidade da afirmação dos direitos humanos nas correspondentes áreas territoriais ou esferas funcionais debilmente diferenciadas. Dessa maneira, tanto os direitos humanos quanto os direitos fundamentais dizem respeito à inclusão da pessoa e a diferenciação da sociedade.

Assim, os direitos humanos são "expectativas normativas de inclusão jurídica generalizada nas condições de dissenso estrutural da sociedade mundial" (NEVES, 2009, p. 255). Nessa perspectiva existiriam dois tipos de direitos humanos: os direitos humanos fortes e os direitos humanos frágeis. Os direitos humanos frágeis seriam aqueles que "não atravessaram a fronteira do sistema jurídico no âmbito abrangente da sociedade mundial", pois lhes faltam, minimamente: institucionalização jurídica, positivação e condições de implementação. Já os direitos humanos fortes possuem institucionalização jurídica e positivação, lutam apenas para a concretização e efetivação (NEVES, 2009, p. 256).

Destarte, observa-se que não existe unanimidade quanto à eficácia dos direitos humanos, nem sobre a sua universalidade e importância, sendo necessário atribuir importância às críticas, para haver correção e aperfeiçoamento do sistema jurídico internacional desses direitos.

2.4 Direitos culturais

Para entender o direito ao patrimônio cultural e sua tutela, é necessário compreendê-lo como espécie de direito cultural e subespécie de direito humano, transitando entre a segunda e a terceira geração desses direitos, ou seja, ao mesmo tempo, um direito social e um direito de fraternidade.

Com isso, é essencial entender a evolução da efetividade dos direitos culturais, a partir da compreensão da cultura para a ciência jurídica, que possibilitou a identificação das espécies de direitos culturais, seguida da sua efetivação, da sua proteção, cujo objetivo é o seu pleno exercício, de modo que o ser humano atinja a ampla dignidade e liberdade.

Dessa forma, inicia-se o estudo das espécies de direitos culturais com a análise do multiculturalismo, que é uma abordagem baseada no direito à diversidade cultural, no respeito às diferentes culturas e na compreensão de que não existem culturas superiores, nem inferiores. Após, são analisados os direitos culturais em espécie e os inerentes ao patrimônio.

2.4.1 Multiculturalismo

Antes de adentrar nos direitos culturais em espécie, é necessário compreender o que é o multiculturalismo, pois foi o seu fundamento filosófico que permitiu a compreensão de que inexistem culturas superiores e inferiores, bem como possibilitou a ampliação do entendimento acerca dos bens culturais, os quais deixaram de ser definidos pelo padrão estritamente eurocêntrico de cultura.

O multiculturalismo é uma abordagem metodológica que possibilitou o reconhecimento dos direitos à diversidade cultural, ao respeito, ao incentivo, ao diálogo, à convivência e à troca entre as muitas culturas. O multiculturalismo é fundamental à percepção de que cada cultura pode contribuir para o desenvolvimento e a dignidade de toda a humanidade.

Um importante documento para a consolidação do multiculturalismo foi gerado pela Conferência Mundial sobre as Políticas Culturais, realizada pelo Conselho Internacional de Monumentos e Sítios [*International Council of Monuments and Sites* – ICOMOS] em 1982.[38] Esse documento apresentou importantes definições sobre a diversidade cultural e a identidade cultural, entendendo esta última como uma riqueza que "dinamiza as possibilidades de realização da espécie humana ao mobilizar cada povo e cada grupo a nutrir-se de seu passado e a colher as contribuições externas compatíveis com a especificidade e continuar, assim, o processo de sua própria criação" (ICOMOS, 1982).

Assim, esse documento trouxe a percepção de que identidade cultural e diversidade cultural são noções indissociáveis. Será o resultado da soma das identidades culturais que construirá a diversidade cultural, marca característica da riqueza e da complexidade cultural da humanidade. Pelegrini e Funari (2017, p. 35) chamam essa soma de identidades culturais de pluriculturalismo, ou seja, "o reconhecimento de múltiplas identidades culturais onde coexistissem diversas tradições".

---

[38] Esse documento serviu de base para a Recomendação sobre a Salvaguarda da Cultura Tradicional e Popular (UNESCO, 1989), primeiro documento internacional a reconhecer o patrimônio imaterial (PELEGRINI; FUNARI, 2017).

O documento gerado pela Conferência Mundial sobre as Políticas Culturais do ICOMOS demandava a implementação de políticas culturais multiculturalistas, isto é, políticas que promovessem a identidade cultural dos povos, com respeito e apreço pelas culturas das minorias, bem como alertava para o empobrecimento cultural mundial ocasionado pela destruição das culturas minoritárias (PELEGRINI; FUNARI, 2017).

A perspectiva multiculturalista acabou, assim, com a visão de que existem culturas inferiores e superiores, pois todas as culturas são percebidas como riquezas que se complementam, mutuamente. Nesse sentido, Varella (2014, p. 27) apresenta o seguinte ensinamento:

> O multiculturalismo relaciona-se diretamente com a ideia de estímulo e preservação da diversidade cultural, um dos princípios basilares das políticas públicas de cultura assentadas nos tratados e convenções internacionais de direitos humanos, tal qual a Convenção da Diversidade Cultural da Unesco, de 2005. [...] Nessa esteira, Roberto Fernandez traz uma definição conceitual pertinente de multiculturalismo, como a coexistência enriquecedora de diversos pontos de vista, interpretações, visões, atitudes, provenientes de diferentes bagagens culturais. [...] Sob esta abordagem, o multiculturalismo significa a valorização das diferenças, das particularidades simbólicas constitutivas de cada agrupamento étnico ou regional. Implica, assim, uma 'não homogeneidade-cultural e étnica'.

O multiculturalismo é fundamentado no princípio da fraternidade, por meio do qual os seres humanos se veem como iguais e agem motivados pela empatia, reconhecendo-se no outro "como um outro de si mesmo; um outro eu que não sou eu, mas, ao mesmo tempo, sou eu integrando a Sociedade" (BRANDÃO; SILVA, 2012), existindo, nesses termos, uma relação horizontal de respeito e ajuda mútuos. Assim, pelas lentes do princípio da fraternidade, não há cultura superior; todas as culturas estão no mesmo nível e são enxergadas como igualmente importantes e ricas.

Os direitos culturais previstos na Constituição Federal de 1988 estão baseados no multiculturalismo, o qual advém da própria concepção do Estado Democrático de Direito e dos objetivos da República Federativa do Brasil, ou seja, a construção de uma sociedade livre, justa e solidária, em que haja a promoção do bem de todos, independentemente de cor, raça, origem, sexo, idade, devendo ser repelida qualquer forma de preconceito e discriminação.

Nessa lógica, Soares (2009, p. 106) aduz que a dimensão multicultural constitucional está "consagrada pela interação sociedade-Estado na realização das tarefas que promovam tanto o exercício desses direitos [culturais], como na proteção e fruição dos bens culturais materiais e imateriais que lhe dão suporte". Completando esse entendimento, Santilli (2004 *apud* SOARES; CUREAU, 2015, p. 106) afirma que o multiculturalismo está impregnado em todos os dispositivos constitucionais que versam sobre a proteção do patrimônio cultural, devido à seguinte razão:

> Está presente na obrigação do Estado de proteger as manifestações culturais dos diferentes grupos sociais e étnicos, incluindo indígenas e afro-brasileiros, que formam a sociedade brasileira, e de fixar datas representativas para todos esses grupos. Vislumbra-se a orientação pluralista e multicultural do texto constitucional no conceito de patrimônio cultural, que consagra a ideia de que este abrange os bens culturais referenciadores dos diferentes grupos formadores da sociedade brasileira, e no tombamento constitucional dos documentos e sítios detentores de reminiscências históricas dos antigos quilombos. É a valorização da rica sociodiversidade brasileira, e o reconhecimento do papel das expressões culturais de diferentes grupos sociais na formação da identidade cultural brasileira.

Todavia, existem tentativas de deturpação da noção de multiculturalismo, como, por exemplo, o seu uso como desculpa para o isolamento cultural ou para a realização de práticas atentatórias a outros direitos humanos, sob o signo das diferenças culturais e da tradição. Throsby (2001, p. 5) alerta para o perigo da utilização do multiculturalismo como instrumento de "brutalidade e opressão". Ele utiliza como exemplos: a forma como a "cultura soviética" foi imposta a artistas como o músico Shostakovich, o fundamento cultural do nazismo, as guerras religiosas, as limpezas étnicas, a cultura da corrupção, entre outros exemplos.

Stamatopoulou (2007) estudou esse fato apontado por Throsby, tentando responder ao seguinte questionamento: se um contexto cultural específico incitar valores e práticas que contradizem as normas de direitos humanos internacionais, esse contexto cultural, por sua vez, pode ser considerado um direito cultural? Com esse propósito, ela utiliza como premissa a ideia de que toda cultura produz valores específicos, os quais podem ser transformados em leis. Essas leis, por sua vez, definem o que é "certo" ou "errado", mas tais normas podem contrariar direitos humanos reconhecidos e criados por meio de consenso internacional.

Se isso ocorrer, não haverá outra saída, afirma Stamatopoulou (2007), deverá existir a prevalência dos direitos humanos, conforme estabelecem a jurisprudência e os instrumentos normativos internacionais.

Desse modo, o respeito às diferenças culturais e às tradições culturais devem atender a padrões éticos universalmente aceitos, que seriam, segundo Throsby (2001, p. 6): "fairness, democracy, human rights, free speech and freedom from violence, war and oppression, as basic human values". Nessa perspectiva, todas as manifestações culturais que não atendam aos valores de justiça, de democracia, de direitos fundamentais, de liberdade de expressão, de não violência, guerra ou opressão aos valores humanos básicos não podem ser aceitas como tradições culturais protegidas pelo direito cultural à diversidade cultural, a qual é baseada na abordagem do multiculturalismo. Acrescente-se a isso a seguinte consideração:

> A base da universalidade dos direitos humanos protege a toda a humanidade, incluindo grupos especiais, tais como mulheres, crianças, minorias e populações indígenas, trabalhadores, refugiados pessoas deslocadas, as pessoas com deficiência e os idosos. Enquanto defendem o pluralismo cultural, aquelas práticas culturais que destoam dos direitos humanos aceitos universalmente, incluindo os direitos das mulheres, não devem ser tolerados. Como os direitos humanos são uma preocupação universal e um valor universal, a defesa dos direitos humanos não pode ser considerada uma ingerência sobre a soberania nacional. (STAMATOPOULOU, 2007, p. 20, tradução livre nossa)

A utilização dessas balizas axiomáticas resolveria o problema da chamada "cultura negativa" e evitaria que práticas opressivas e bárbaras fossem justificadas como meras práticas decorrentes das tradições culturais. Como exemplo,[39] cita-se a negação do direito à herança para as mulheres no Quênia (vide relatório da *Human Rights Watch* – HRW, *Double Standards*, 2003), a negativa do direito de participar de práticas esportivas na Arábia Saudita (vide relatório da *Human Rights*

---

[39] Optou-se por citar casos de desrespeito aos direitos e garantias fundamentais das mulheres, pois, como entende Stamatopoulou (2007, p. 23), "Women's human rights have always been the site of the most virulent expressions of cultural relativism". Assim, os Estados sempre reagiram contrários à intervenção internacional no que diz respeito ao tratamento dado a suas mulheres, como se o tema fosse intrínseco e íntimo àqueles Estados. O Comitê de Direitos Econômicos, Sociais e Culturais, cuja missão é monitorar a implementação dos tratados de direitos humanos, criticou sistematicamente práticas que violam os direitos humanos das mulheres, em especial contra: "[...] estupro e outras violências na família, mutilação genital feminina, discriminação em herança ou propriedade, discriminação na educação, incluindo altos níveis de analfabetismo, casamentos prematuros de meninas, casamentos forçados de viúvas com irmão do falecido marido, sequestro de noiva, formas discriminatórias de lidar com mulheres e o adultério conduzindo-o como "crime de honra", poligamia, assédio sexual, discriminação contra a mulher no local de trabalho, e cultura de superioridade do homem sobre a mulher" (STAMATOPOULOU, 2007, p. 26).

Watch – HRW, Steps of the Devil, 2012), a abolição da idade mínima para o casamento, fazendo com que meninas, de tenra idade, casem-se com homens muito mais velhos no Iêmen (vide relatório da *Human Rights Watch – HRW, How Come You Allow Little Girls to Get Married?*, 2011).

Desse modo, "as tradições não podem ser invocadas para justificar práticas contrárias à dignidade humana ou que violem o direito internacional e os direitos humanos"[40] (REID, 2013), uma vez que as manifestações culturais não podem sobrepujar os direitos humanos e a dignidade humana, pois, segundo dispõe o artigo 4º da Declaração Universal sobre a Diversidade Cultural (UNESCO, 2001), ninguém pode invocar a diversidade cultural para infringir ou limitar direitos humanos.

2.4.2 Direitos culturais em espécie

Inicialmente, deve-se destacar que a identificação dos direitos culturais somente é possível com a definição de cultura para o direito (VARELLA, 2014). Se há uma definição de cultura para o direito, é possível precisar e delimitar os direitos culturais, possibilitando a sua efetivação e proteção. Por isso, na primeira parte deste trabalho, dedicou-se tanto a achar um conceito de cultura consentâneo com a ciência jurídica.

Os direitos culturais, anteriormente negligenciados, estão sendo compreendidos, reposicionados e reconhecidos, e segundo afirma Pragmácio (2018a, p. 7), estão emergindo das "profundezas da indiferença e se [deslocando] para o centro dos grandes acontecimentos", de modo que a sociedade e o mundo jurídico perceberam a importância dos direitos culturais e busquem o seu conteúdo e exercício, apesar de não se saberem exatamente a sua dimensão e seus contornos exatos.[41]

Mas, por muito tempo, os direitos culturais foram negligenciados. Nesse sentido, Varella (2014) aponta o pensamento de Donders e Pedro (2011) quando afirmam que os direitos culturais, durante longo período, foram considerados os "primos pobres" dos direitos humanos. Segundo esses autores, isso ocorria pela falta de desenvolvimento conceitual e doutrinário da própria ideia de cultura, o que representava um óbice à própria delimitação e desenvolvimento dos direitos culturais.

---

[40] Ban Ki-moon quando Secretário da ONU afirmou: "nenhum costume ou tradição, nenhum valor cultural ou crença religiosa pode justificar a privação de um ser humano de seus direitos" (KI-MOON, 2012 *apud* REID, 2013).

[41] Varella (2014) sustenta que não há uma conceituação definitiva dos direitos culturais em nenhum instrumento internacional de direitos humanos.

Fora a falta de definição conceitual, outro fator que contribuiu para o desinteresse jurídico mundial pelos direitos culturais foi a ausência da criação de garantias nos ordenamentos jurídicos internos e internacionais, conforme acrescenta Courtis (2015). Por esse ângulo de pensamento, a dificuldade no desenvolvimento dos direitos culturais não é resultado apenas do sistema internacional de proteção. Houve também um impasse na ordem jurídica interna, ocasionado pela demora no reconhecimento dos direitos culturais na ordem constitucional (VARELLA, 2014).

No Brasil, por exemplo, a autonomia dos direitos culturais só aconteceu com a Constituição Federal de 1988. A doutrina considera que a CF/88 avançou muito quanto aos direitos culturais, conferindo-lhes um tratamento abundante, de modo que é chamada por certos culturalista de "Constituição cultural" (SOARES; CUREAU, 2015).

Ademais, com as Emendas Constitucionais nº 42/2003, nº 48/2005 e nº 71/2012, o texto constitucional evoluiu de forma que é considerada uma norma de vanguarda (MIRANDA 2017). Nessa perspectiva, esclarece Pragmácio (2018a, p. 7): "No Brasil, a Constituição Federal avançou significativamente em relação ao texto original de 1988, expandindo e colocando os direitos culturais já consagrados como eixo central das políticas culturais e do desenvolvimento humano".

Existem dois fatores apontados pela doutrina como responsáveis pela superação dessa indiferença quanto aos direitos culturais. O primeiro fator foi o fenômeno da globalização e da migração, que permitiu a coexistência entre pessoas de vários Estados e culturas, obrigando "o direito a desenvolver dispositivos jurídicos aptos ao diálogo, proteção e promoção das culturas" (VARELLA, 2014, p. 48), cuja consequência foi o desenvolvimento do multiculturalismo.

O segundo, e mais importante, foi a percepção da importância da cultura para o desenvolvimento, em todos os seus aspectos. Nessa linha de pensamento, Varella (2014, p. 49) completa que isso se deu "a partir da constatação da relevância da cultura na expansão do fazer simbólico e nos processos sociais, políticos e econômicos, tornando-se também 'um produto e um objeto de consumo' e 'suscitando relações jurídicas', que se traduzem em direitos e obrigações".

Já Courtis (2015) aponta mais dois fatores para essa mudança quanto ao tratamento dos direitos culturais no âmbito internacional. O primeiro foi o trabalho do procedimento especial chamado "perito independente na área dos direitos culturais" desempenhado pelo

Conselho de Direitos Humanos das Nações Unidas em 2009.[42] O segundo foi a adoção do Comentário Geral nº 21, sobre o direito de participação na vida cultural, pelo Comitê de Direitos Econômicos, Sociais e Culturais das Nações Unidas, que visou esclarecer o conteúdo do direito cultural à participação na vida cultural[43] e, com isso, acabou contribuindo para a solidificação do entendimento acerca de todos os direitos culturais.

Stamatopoulou (2007) afirma que, por meio de um exame cuidadoso das normas jurídicas, é possível obter os elementos normativos dos direitos culturais. Nesse sentido, é possível extrair os direitos culturais da Constituição Federal de 1988, a "Constituição cultural", como anteriormente mencionado.

Examinando-se a CF/88, merecem destaque os seguintes normativos que contêm direitos culturais: a busca da integração cultural com os demais povos da América Latina (artigo 4º, parágrafo único); a previsão de ação popular contra ato lesivo ao patrimônio histórico e cultural (artigo 5º, LXXIII); competência concorrente para legislar sobre a proteção do patrimônio cultural e cultural (artigo 24, VII); determinação de que o ensino deve levar em conta a contribuição das diferentes culturas e etnias que formam o povo brasileiro (artigo 231, §1º); a garantia dos direitos culturais (artigo 215); a compreensão constitucional do patrimônio cultural (artigo 216); o Sistema Nacional de Cultura (artigo 216-A); a atividade econômica voltada ao desenvolvimento cultural (artigo 219); o dever da família, sociedade e Estado de assegurar às crianças e aos adolescentes o exercício da cultura (artigo 227).

Cunha Filho (2018) aduz que os direitos culturais se referem a três núcleos essenciais: às artes, à memória coletiva e aos fluxos de saberes, pensamento que é compartilhado com Soares e Cureau (2015), que consideram a elaboração de um rol taxativo de direitos culturais um modelo antigo, não consentâneo com a celeridade e dinâmica da sociedade atual.

Nesses parâmetros, Cunha Filho (2018, p. 28) define os direitos culturais como direitos "relacionados às artes, à memória coletiva e ao

---

[42] Tal perito tem o trabalho de preparar relatórios técnicos com o objetivo de esclarecer e aumentar a conscientização acerca dos direitos e obrigações culturais sobre os direitos culturais; realizar visitas a Estados e receber alegações de violações. Em 2010, a perita Farida Shaheed apresentou relatório oferecendo uma visão detalhada sobre as principais questões conceituais, o quadro jurídico internacional, conteúdo normativo, as obrigações dos estados e possíveis limitações de direitos (SOARES; CUREAU, 2015).

[43] O Comentário Geral nº 21 caracteriza o conteúdo normativo do direito, inclui definições, aplicação da proibição de discriminação e grupos que merecem atenção especial, bem como as obrigações dos Estados-membros, exemplos de violação e medidas que devem ser adotadas para sua implementação (SOARES; CUREAU, 2015).

fluxo de saberes que asseguram a seus titulares o conhecimento e uso do passado, interferência ativa no presente e possibilidade de previsão e decisão referentes ao futuro, visando sempre à dignidade da pessoa humana".

Já Häberle (1993 apud CUNHA FILHO, 2018) trabalha com um sentido estrito dos direitos culturais, os quais estão emparelhados com os demais direitos de segunda geração, elencando o seguinte rol de direitos:

> liberdade de prática da ciência e da arte, liberdade de ensino, direito à instrução, liberdade para aprender, liberdade dos pais para educar a prole, liberdade de ação das associações culturais, tutela da propriedade intelectual, alfabetização de adultos, participação da radiodifusão, proteção ao patrimônio histórico e artístico e proteção da natureza. (HÄBERLE apud CUNHA FILHO, 2018, p. 26)

Por seu turno, Silva (2001) aduz que os diretos culturais possuem núcleos concretos que lhes dão substância. Assim, esse autor divide os direitos culturais em cinco categorias: direito à criação, direito ao acesso à cultura, direito à difusão cultural, direito à liberdade cultural, dever estatal de formação e proteção ao patrimônio. Nessa perspectiva, Silva (2001, p. 51-52) identifica os direitos culturais, como aqueles referentes à/ao:

> (a) liberdade de expressão da atividade intelectual, artística, científica; (b) direito de criação cultural, compreendidas as criações artística, científicas e tecnológicas; (c) direito de acesso às fontes de cultura nacional; (d) direito de difusão das manifestações culturais; (e) direito de proteção à manifestação das culturas populares, indígenas e afro-brasileiras e de outros grupos participantes do processo civilizatório nacional; (f) direito-dever estatal de formação do patrimônio cultural brasileiro e de proteção dos bens de cultura – que assim ficam sujeitos a um regime jurídico especial, como forma de propriedade de interesse público.

Assim, neste trabalho, dedicar-se-á à última categoria de direitos culturais proposta por Silva (2001), a saber: o dever estatal de formação e proteção do patrimônio cultural.

A doutrina aponta várias consequências decorrentes do florescimento dos direitos culturais, como a evolução do princípio da universalidade dos direitos humanos, pelo desenvolvimento da teoria do multiculturalismo, o que gerou a possibilidade de convivência, a aceitação e a troca cultural entre diversas culturas.

Contudo, o resultado mais marcante do desenvolvimento dos direitos culturais foi a percepção de que eles são essenciais ao exercício de outros direitos, inclusive, atuando como ampliadores desses outros direitos. Nesse sentido, Varella (2014, p. 47) entende que os direitos culturais avançaram "em sua configuração de categoria (secundarizada) de direitos humanos para se constituírem, paradoxalmente, nas próprias garantias ("ferramentas") para que tais direitos se concretizem, a exemplo, do respeito à dignidade humana".

De fato, quando se tem acesso à cultura, à educação, à liberdade cultural, ao patrimônio cultural, a pessoa pode se desenvolver espiritualmente, florescendo como ser humano e tornando-se plenamente digna e livre, com sua capacidade de autodeterminação ampliada.

A plena autonomia de vontade somente advém do conhecimento e da compreensão das origens do ser humano. Essa ampla compreensão, dada pelo exercício dos direitos culturais, amplia o exercício dos outros direitos, concedendo liberdade material e dignidade. Ademais,

> Nessa perspectiva, os direitos culturais permitem o respeito à dignidade mais profunda, a partir do reconhecimento da identidade do indivíduo e do aproveitamento de todas as suas capacidades. Dessa forma, tais direitos funcionam como ferramenta para que o indivíduo reconheça essas capacidades que possui, em consonância com as capacidades externas do ambiente, potencializando a apropriação de recursos que vão lhe possibilitar o exercício dos demais direitos. Direitos estes, como saúde, moradia, educação, que se tornarão inescapáveis caso as capacidades dos direitos culturais já tenham sido assimiladas e apropriadas (MEYER-BISCH, 2011, p. 38-39). Sob esta ótica, os direitos culturais, entendidos como "capacidades de capacidades", possuem "um 'efeito desencadeador' sobre os demais direitos humanos" (MEYER-BISCH, 2011, p. 38). (VARELLA, 2014, p. 50)

O que há de mais precioso no estudo dos direitos culturais é a visão desses direitos como "capacidades das capacidades", ou seja, como ponto de partida para o exercício de todos os outros direitos. É até possível exercer um direito que não é conhecido, mas dificilmente é possível reivindicar o que não se conhece. Nessa perspectiva, o avanço no processo histórico de construção dos direitos fundamentais, que envolve lutas, depende muito do conhecimento e da compreensão dados pelos direitos culturais.

Nesse sentido, Stamatopoulou (2007, p. 37) aduz que os direitos culturais estão intimamente ligados à dignidade humana, ao respeito à identidade cultural, despertando emoções profundas nas diversas culturas, nestes termos:

> A review of international standards and literature regarding cultural rights demonstrates that these rights are inextricably linked to the concept of human dignity, to people's sense of their own self-respect and identity, therefore stirring some of the most profound emotions, whether in individuals or in groups with a distinct cultures.

Assim, os direitos culturais são voltados ao pleno exercício da liberdade, pois o ser humano só é totalmente livre quando ele possui todas as ferramentas para saber quem é, de onde veio, e para onde quer ir. Ou seja, o ser humano é completamente livre para escolher seu destino, seu caminho e, com isso, desenvolver-se.

2.5 Direitos culturais relacionados ao patrimônio

Os direitos relacionados ao patrimônio cultural são direitos humanos classificados como de segunda e de terceira geração ou dimensão dos direitos humanos, pois, ao mesmo tempo, demandam uma ação positiva por parte do Estado, no sentido de sua promoção, e possuem características de fraternidade, solidariedade, transindividualidade.

Nesse sentido, Miranda (2019, p. 21) aduz que "não pode dizer-se que quem quer que seja possua um único, genérico e determinado direito à proteção do patrimônio cultural", mas, na verdade, esses direitos são interesses difusos e dispersos por toda a comunidade. A consequência primordial desse pertencimento aos direitos fundamentais são as garantias para o seu exercício.

A principal garantia é o dever de dupla atuação do Poder Público, o qual tem a obrigação de proteção e de fomento ao patrimônio cultural, havendo como consequência: uma atuação negativa, caracterizada pela proteção contra violações por particulares ou pelo próprio Estado; e uma atuação positiva, caracterizada pelo fomento, incentivo e promoção (COSTA; TELLES, 2017; MIRANDA, 2019).

Dessa forma, o Estado brasileiro tem deveres quanto à efetivação dos direitos culturais do patrimônio cultural, conforme prescrito nos artigos 215 e 216 da Constituição Federal, no sentido de realizar: acesso, apoio, incentivo, valorização e difusão. Sobre o dever do Estado, Cunha Filho (2015, p. 31) ainda faz o seguinte acréscimo:

A serventia é mostrar que o Estado ao garantir o exercício dos direitos culturais, exerce múltiplos papéis, ajustáveis conforme o direito a que se refere. Em gênero, podem consistir em abstenções e atuações; estas podem ser divididas em prestações e estímulos que, por seu turno, são positivas ou negativos, conforme queira incrementar ou inibir práticas. Quando e trata de liberdades culturais, a abstenção é recomendada; se o foco é assegurar possibilidades equânimes de criação e difusão, atuações são necessárias.

Assim, as pessoas têm direito fundamental à formação do patrimônio cultural, a sua promoção e proteção, à educação cultural e à participação na gestão desse patrimônio. Nesse sentido, decidiu recentemente o Supremo Tribunal Federal:

> A proteção jurídica do patrimônio cultural brasileiro, enquanto direito fundamental de terceira geração, é matéria expressamente prevista no Texto Constitucional (art. 216 da CRFB/1988). A ordem constitucional vigente recepcionou o DL 25/1937, que, ao organizar a proteção do patrimônio histórico e artístico nacional, estabeleceu disciplina própria e específica ao instituto do tombamento, como meio de proteção de diversas dimensões do patrimônio cultural brasileiro. (BRASIL, 2017)

O direito ao patrimônio cultural é um gênero que se desdobra em diversos tipos de direitos culturais atinentes ao patrimônio. Pode-se enumerá-los, exemplificativamente, como Miranda (2019) e Soares e Cureau (2015): a) direito de acesso *stricto sensu* aos bens culturais, com conexão com o direito de liberdade de locomoção, liberdade de criação e de pesquisa, sem restrições aos condicionamentos desproporcionais; b) direito à produção de bens culturais; c) direito de livre fruição ou direito de escolhas dos bens culturais a fruir, visitar, conhecer, gozar; d) direito ao respeito às diversidades étnica e regional; e) direito à identidade com o patrimônio; f) direito de formação de associações civis de defesa do patrimônio cultural; g) direito à informação, participação e controle sobre o patrimônio cultural; h) direito de promover a prevenção ou cessação de atos de degradação do patrimônio; i) direito de participar na proteção, valorização e promoção do patrimônio cultural; j) direito à participação democrática na gestão do patrimônio.

O órgão de controle externo, Tribunal de Contas ou Controladoria, presente em todos os Estados democráticos, com pequenas diferenças de competência, pode atuar efetivamente no sentido de promover a realização direta de pelo menos quatro desses direitos relativos ao patrimônio cultural, a saber: o direito à informação, participação e controle sobre o patrimônio cultural; o direito de promover a prevenção ou cessação de atos de degradação do patrimônio; o direito de participar na proteção, valorização e promoção do patrimônio cultural; o direito à participação democrática na gestão do patrimônio.

Assim, o objetivo deste trabalho é justamente estudar como o Tribunal de Contas pode ser peça fundamental na proteção e na promoção do patrimônio cultural, bem como pode ser o órgão público que tornará possível o exercício dos mencionados direitos atinentes ao patrimônio cultural, estudo esse que será feito no quarto capítulo, após o estudo do patrimônio cultural propriamente dito.

CAPÍTULO 3

O PATRIMÔNIO CULTURAL E O DIREITO

Patrimônio é uma palavra muito antiga que, na sua origem, é ligada às estruturas familiares, econômicas e jurídicas de uma sociedade estável e enraizada no tempo e no espaço. O conceito de patrimônio cultural flutua no tempo e no espaço de tal modo que Babelon e Chastel (2005) afirmam que a palavra é antiga, a noção é imemorável e o termo que usamos atualmente é fruto de uma longa e caótica história.[44] Choay (2007) aduz que o conceito é nômade e, atualmente, adquiriu grande sucesso pela sua requalificação por diversos adjetivos como patrimônio genético, natural, histórico, estético, entre outros.

Barbosa (2015) alerta que a análise do conceito de patrimônio é complexa. Ao estudar o patrimônio cultural, é necessário enfrentar diversas questões, muitas delas de natureza política, como significado simbólico, definições de "o que", "como", "para quem", materialidades e imaterialidades, problemas técnicos relativos à identificação, documentação, registro, tombamento, revitalização, restauração, entre outros.

Pragmácio (2018b, p. 30), citando Choay (2006) e Chagas (2005), aduz que, no século XX, as portas do domínio do patrimônio cultural foram "forçadas", o que ocasionou: consequências positivas, no sentido de que houve a ampliação exponencial dos estudos e da importância jurídica do patrimônio; e consequências negativas, quando a "inflação do patrimônio" tornou esse domínio um terreno de fronteiras imprecisas, opaco e nebuloso.

---

[44] Os autores afirmam que "au sens où on l'entend aujourd'hui dans le langage officiel et l'usage commun, est une notion toute récente, qui couvre de façon nécessairement vague tous les biens, tous les 'trésors' du passé. En fait, cette notion comporte un certain nombre de couches superposées qu'il peut être utile de distinguer. Car elle intervient au terme d'une longue et chaotique histoire du domaine français, des biens français, de la sensibilité française au passé" (BABELON; CHASTEL, 2005, p. 11).

O citado autor, analisando o conceito de patrimônio cultural, aduz que a doutrina jurídica brasileira não reflete profundamente sobre tal conceito, pois, quando enfrenta o tema, aceita, "incautamente, como se fossem óbvias ou dadas" (PRAGMÁCIO, 2018b, p. 31), as definições trazidas nas normas jurídicas, formando-se, assim, um consenso teórico equivocado. Ademais, Pragmácio (2018b, p. 31) completa que as definições normativas, como a trazida pelo art. 216, da CF/88, não explicam devidamente o patrimônio cultural, sendo essencial uma abordagem interdisciplinar, "pois o Direito, isolado, não possui ferramentas para compreender esse universo".

Essa também é a análise de Soares (2018), quando afirma que o Direito tem dificuldades de conceituar o patrimônio cultural pela insuficiência de critérios próprios da ciência jurídica. Ademais, Soares (2018), corroborando o pensamento de Pragmácio (2018), declara que as definições legais de patrimônio cultural sejam as domésticas, sejam as internacionais, estão incompletas, carecendo de integração e diálogo interdisciplinar para serem preenchidas.

Muito dessa dificuldade advém da tentativa de separar a ciência jurídica dos valores, da filosofia, da moral, isto é, de outros saberes e ciências, em razão da adesão à teoria do juspositivismo, que "aceitou e difundiu a ideia de que a ciência jurídica seria, acima de tudo, uma ciência lógica de interpretação cartesiana de textos racionais e objetivos, em que não haveria lugar para incertezas semânticas, a emocionalidade e até certa irracionalidade da arte e da estética" (FRANCA FILHO, 2011, p. 18). Nesse mesmo sentido, Prinz (2009 *apud* FRANCA FILHO, 2011, p. 19) apresenta a seguinte ideia:

> Durante muito tempo o direito foi compreendido com uma ciência exclusivamente textual (*Textwissenschaft*) cujo ponto alto residiria na mais pura interpretação de textos legais, sem qualquer espaço para a abertura conceitual, a plurivocidade, a polissemia, a anarquia e até certa irracionalidade das artes.

Diante disso, seria improvável obter uma dimensão jurídica de patrimônio cultural sem uma interdisciplinaridade com outros campos do saber humano, como a Arte, a Filosofia, a Sociologia, a História, a Antropologia, a Economia, entre outros. Como identificar o belo, o excepcional, os valores, sem beber do conhecimento de outras ciências, apenas da análise cartesiana de textos de leis, decisões e teorias eminentemente jurídicas? Essa análise seria vaga, simplória, não alcançaria um objetivo satisfatório.

Assim, para se chegar a uma definição jurídica adequada de patrimônio, alcançando com isso o dimensionamento constitucional adequado de patrimônio cultural, é essencial uma integração entre o Direito e outros saberes e ciências.

3.1 Interdisciplinaridade necessária para a compreensão jurídica do patrimônio cultural

Na visão da Economia, o patrimônio cultural é um conjunto composto por diversos bens, tangíveis e não tangíveis, cuja base comum é a referência à história ou à arte, estando em incessante processo de transformação, formando-se pela relação entre a sociedade e sua história. Desse modo, o patrimônio "depende do passado, conta a sua história e nos traz até o presente, cuja criatividade nutre" (BENHAMOU, 2016, p. 22).

Segundo o que diz o economista e historiador Guerzoni (1997, p. 107, tradução livre nossa)[45], o patrimônio cultural pode ser concebido como um "conjunto heterogêneo de bens que, ao longo do tempo e de um processo histórico, transportam valores e tradições específicas". Benhamou (2016), por sua vez, afirma que o patrimônio possui uma diversidade de valores, estéticos, históricos, científicos e econômicos, que são decorrentes da diversidade conceitual, de modo que o patrimônio seria uma "palavra-ônibus" de noção polissêmica.

Completando a visão econômica do patrimônio, Throsby (2001) aduz que o patrimônio cultural seria um conjunto de bens que possuiriam as seguintes características: envolver criatividade na produção, ter um significado simbólico e a capacidade de gerar direitos de propriedade intelectual.[46]

Para se obter a visão antropológica de patrimônio, tem-se a visão de doutrinadores como o museólogo francês Varine (2013) que afirmam que o patrimônio é constituído de três elementos: o meio ambiente, o conhecimento humano e artefatos. Na perspectiva antropológica, o homem usa o seu conhecimento sobre o meio ambiente para produzir

---

[45] "The notion of cultural heritage encompasses a heterogeneous set of goods that, in the course of time and in a process of historicization, comes to be recognized as the conveyor of specifc cultural traditions" (GUERZONI, 1997, p. 107).
[46] "That the activities concerned involve forme of creativity in their production; – that they are concerned with the generation and communication of symbolic meaning, and – that their output embodies, at least potentially, some form of intellectual property" (THROSBY, 2001, p. 4).

artefatos que viabilizem a sua sobrevivência, subsistência, conforto e prazer. Todos esses objetos, frutos do conhecimento, são componentes do patrimônio cultural humano e podem ser objeto de preservação.

Para a Sociologia, o patrimônio cultural é uma construção social. Por meio do patrimônio, a sociedade reflete sobre ela própria, encara a sua existência e cria ligações, no tempo e no espaço, entre os grupos sociais por meio das tradições. A função do patrimônio é, segundo o que diz Palisse (2006, p. 5), "faire exister une entité collective, laquelle est toujours abstraite, en la rendant visible métaphoriquement par l'exposition des biens qu'elle aurait en commun". Então, o patrimônio tem a função de unir um grupo, em torno de um passado de memórias comuns, tendo uma função integradora.

Já a Arquitetura vê o patrimônio cultural como uma expressão que designa um bem destinado ao gozo de uma comunidade (patrimônio cultural de determinado Estado), ou, até, do mundo inteiro (patrimônio cultural mundial), constituído pela acumulação contínua de uma diversidade de objetos que pertencem ao passado comum, a saber: obras, obras-primas de belas-artes, artes aplicadas, trabalhos e produtos de todos os saberes e *savoir-faire* da humanidade (CHOAY, 2007).

Choay (2007), historiadora da arquitetura e do urbanismo, estudou o desenvolvimento do conceito de patrimônio cultural, afirmando que esse sofreu diversas mudanças de sentido. Patrimônio cultural já foi sinônimo de monumento excepcional, ampliando gradativamente o seu sentido até abarcar diversos bens e formas, chegando a incluir os monumentos históricos, naturais e paisagísticos.[47]

Para entender essa evolução no conceito de patrimônio para a Arquitetura, é necessário recorrer a certos estudiosos da História da Arte, como E. G. Gombrich (2015), Stefhen Farthing (2011) e Tobias G. Natter (2018), pois a Arquitetura era considerada, classicamente, arte material maior, junto com a escultura e a pintura[48] (NATTER, 2018).

Essa visão evolutiva do mundo das artes também serve ao Direito, pois "direito e arte sempre mantiveram uma grande proximidade ao longo da história" (FRANCA FILHO, 2011, p. 18). Ademais, a maior parte dos instrumentos jurídicos de proteção ao patrimônio cultural foi fortemente influenciada pelas Cartas Patrimoniais, especialmente, as Cartas de Atenas (1931; 1933), a Carta de Veneza (ICOMOS, 1964) e a Carta de Burra (ICOMOS, 1980).

---

[47] Choay (2017) explica que, quando da criação na França da primeira Comissão de Monumentos Históricos em 1837, existiam apenas três grandes categorias de monumentos históricos: as ruínas da antiguidade, os edifícios religiosos e alguns castelos.

[48] "Les trois arts majeurs que sont l'architecture, la sculture et la peinture constituaient la base de la formation dispensée à L'École des arts appliqués" (NATTER, 2018, p. 17).

Os historiadores da arte afirmam que houve uma grande revolução no mundo das artes, a partir do século XIX, momento em que também se intensificaram os movimentos de preservação do patrimônio, como será visto oportunamente na seção 3.4. A "Era da Razão" do século XVIII impulsionou as revoluções que se seguiram, como a Revolução Francesa, a Revolução Industrial, a Revolução de 1848, que culminou com o voto universal masculino na França, e a revolução da forma de o homem enxergar a arte. Nesse sentido, Gombrich (2015, p. 476) aduz que "a Grande Revolução tem suas raízes na 'Era da Razão', também, nesse tempo, originaram-se as mudanças nas ideias do homem sobre a arte".

O século XIX foi prolífico em transformações econômicas, sociais, culturais, políticas e tecnológicas. Os espaços urbanos modificavam-se, como resultantes da revolução industrial. As cidades transformavam-se, com a chegada dos trens, a intensificação das indústrias e a aceleração da urbanização, que agudizou os problemas decorrentes do povoamento desordenado. Surgiram vários inventos tecnológicos, como o cinema, a fotografia e o tubo de tinta, capazes de influenciar a visão sobre a arte. Já no campo político, a tônica era a liberdade, e o homem do século XIX estava ávido por liberdade de criação e expressão, em todos os aspectos da sua vida, especialmente, na arte.

O sistema judiciário francês também passou por uma grande transformação em decorrência da Revolução Francesa. Nos seus primeiros anos, sob o governo do Diretório (1795-1799), um novo sistema judiciário liberal foi inaugurado na França, cujo objetivo, segundo seus idealizadores, era realizar a síntese entre a necessidade de proteger as liberdades individuais e o dever público de manter a ordem. Contudo, esse sistema não funcionou, desaparecendo em razão das reformas realizadas durante o Consulado e o governo de Napoleão I (BERGER, 2007).

Assim, todas essas transformações e efervescência social, política e econômica, afetaram a arte, notavelmente, em Paris, que, no século XIX, era o centro artístico que influenciava toda a arte ocidental.

Na Arquitetura, as regras estabelecidas no livro de Palladio, que garantia o modo correto e elegante para a construção, foram questionadas, havendo a retomada da arquitetura gótica e grega (GOMBRICH, 2015).

Na pintura, à época, eram as academias[49] que ditavam as regras, as técnicas da pintura e as temáticas das obras. Desde o século XV até o

---

[49] A palavra academia "deriva do nome do bosque onde o filósofo Platão ensinava seus alunos" (GOMBRICH, 2015, p. 480). As primeiras academias surgiram na Itália no século XVI em substituição às corporações de ofício. Nelas, os artistas estavam seguros para aprender,

século XIX, a técnica de pintura da arte acadêmica exigia "acabamento esmerado, pinceladas imperceptíveis e cores acetinadas" (FARTHING, 2011, p. 276). Quanto ao tema, existia uma hierarquia: em primeiro lugar, estava a pintura histórica, que incluía temas bíblicos, clássicos e mitológicos; em segundo, os retratos e paisagens; e, em último lugar, as naturezas-mortas e obras de gênero, as quais deveriam ser sempre idealizadas, respeitando o código do estilo neoclássico e romântico (FARTHING, 2011; GOMBRICH, 2015). Farthing (2011) aduz que a obra que exibe com perfeição as exigências acadêmicas é a obra intitulada "O nascimento da Vênus" de William-Adolphe Bouguereau:

Figura 2 – *O Nascimento de Vênus*, William-Adolphe Bouguereau, 1879, óleo sobre tela, 3 m x 2,15 m, *Museu d'Orsay, Paris*

Fonte: Farthing (2011, p. 278).

participar de exposições e concursos, pois eram "instituições que incentivavam, avaliavam, e representavam as artes" (FARTHING, 2011, p. 276). Eram, geralmente, financiadas pelos Estados monárquicos.

Contudo, os artistas iluminados queriam liberdade para pintar temas sociais e cotidianos, os quais refletiam a cultura, os sentimentos, os sofrimentos, os problemas urbanos e a exploração do trabalho pelo capital.

Por essa razão, durante todo o século XIX, surgiram movimentos artísticos libertários, tanto quanto aos temas, como quanto às técnicas de pintura. Esses artistas eram, geralmente, apresentados como revolucionários "contre les forces conservatrices et les styles démodés" (NATTER, 2018, p. 71).

Na França, os artistas queriam se libertar, tanto das regras acadêmicas, quanto da necessidade de agradar ao público no *Le Salon* de Paris.[50] Eles, inclusive, passaram a criticar o uso de cenas melodramáticas, exagero nas cores, que eram formas de chamar a atenção do público nos Salões.

Destaca-se como movimentos de artistas libertários do século XIX na França, entre outros, a escola de Barbizon de Millet, que buscava retratar o campo, a vida campesina, os trabalhadores rurais e a agricultura, o realismo de Gustave Courbet e de Honoré Daumier que se propunham a pintar a realidade, o feio e as mazelas sociais urbanas; Eduard Manet, preenchendo a lacuna entre o realismo e o impressionismo, pintava cenas do cotidiano, mendigos, prostitutas e pessoas ébrias em cafés; o impressionismo de Monet e Renoir, que buscava pintar as luzes e as cores de um determinado momento do dia; o pós-impressionismo de Van Gogh, que retratava a realidade segundo o sentimento do artista; o movimento secessionista vienense *d'avant-garde* de Gustav Klimt, que queria se expressar livre das amaras da Künstlerhaus, e, em consonância com a vida moderna e industrial, propondo "l'aube d'une ère nouvelle grâce au pouvoir régénérateur de l'art – le printemps sacré" (NATTER, 2018, p. 73).

Essa liberdade iconográfica almejada no século XIX é amplamente alcançada nos séculos XX e XXI, quando a arte passa a ser marcada pela experimentação. Hoje, valoriza-se cada vez mais a liberdade de expressão do artista, do que o mero uso da técnica.

Assim, expressões pictóricas, anteriormente, consideradas vandalismo, como o grafite, ganham cada vez mais prestígio e espaço em galerias e museus, virando, inclusive, atração turística[51] (FRANCA FILHO, 2016b). Essas expressões galgam espaço cada vez mais importante

---

[50] Os Salões eram exposições organizadas pelo Estado. Só eram aceitas, no Salão, obras selecionadas e aprovadas pela Academia.

[51] A exemplo do artista do grafite conhecido como Banksy (FRANCA FILHO, 2016b).

na cultura urbana, em razão das suas características de espontaneidade, efemeridade, marginalidade e transitoriedade, que refletem a liberdade da cultura contemporânea. Exemplo dessa arte que reflete a cultura urbana é a do artista do grafite conhecido como Banksy, cuja arte é estudada por Franca Filho (2016b) em artigo intitulado "O grafite e a preservação de sua integridade: a pele da cidade e o *"droit au respect"* no direito brasileiro e comparado".

Figura 3 – *Girl with Balloon*, Banksy, 2002, estêncil, Londres

Fonte: WikiArt (2020).

Essa liberdade artística influenciou a ampliação da concepção de bem cultural e patrimônio cultural, especialmente na Arquitetura. Porém, essa liberdade conceitual de patrimônio cultural foi gradativa, atingindo seu ponto culminante, até o momento, na segunda metade do século XX, com o reconhecimento do patrimônio cultural imaterial.

Dessa forma, até a metade do século XX, com o apoio em documentos como as Cartas de Atenas (EIMSN, 1931; CIAM, 1933), o conceito de patrimônio cultural era conservador e restrito, abarcando apenas os bens considerados monumentos de excepcional valor artístico, estético, histórico e de memória, segundo o ideal eurocêntrico de monumentalidade, excepcionalidade e beleza (OLIVEIRA, 2012).

Todavia, como nas artes, esses valores de beleza, de excepcionalidade e de estética, segundo padrões europeus, foram ultrapassados, de modo que, após a metade do século XX, o conceito de patrimônio expandiu-se e passou a designar um conjunto de bens culturais que possuem referência a um passado comum e são portadores de valores históricos, estéticos, paisagísticos, ecológicos, genéticos e de memoração, que o povo concernente, ou seja, que está radicalmente [no sentido de raiz] ligado a certo bem cultural, possuindo sentimento de pertencimento em relação a esse bem, pretende preservar para as gerações presentes e futuras.[52]

Na Arquitetura, por exemplo, ele passou a abarcar "toutes les formes de l'art de bâtir, savantes et populaires, urbaines et rurales, toutes les catégories d'édifices, publics et privés, somptuaires et utilitaires ont été annexées",[53] sob novas denominações: "architecture mineure, pour désigner les constructions privées, architecture vernaculaire pour distinguer les édifices marqués par les terroirs, architectures industrielle",[54] não sendo mais um edifício exclusivo, mas um quarteirão inteiro, um centro, uma cidade ou um conjunto de cidades (CHOAY, 2007, p. 10).

3.2 A escolha do patrimônio cultural

Fernando Pessoa (1930 *apud* FRANCA FILHO, 2011) aduz que cada obra de arte contém uma frase silenciosa, que pode ser um poema, um romance ou um drama. Franca Filho (2011, p. 15), por sua vez, declara que toda arte é um texto, que, por isso, pode dar lugar "a uma leitura do discurso pictórico, a uma hermenêutica do texto plástico ou mesmo a uma retórica da imagem artística".

Da mesma forma que as obras de arte, todos os bens culturais possuem uma mensagem silenciosa, uma linguagem específica pronta para ser decifrada. Essa mensagem se manifesta nos valores culturais, que é a parte imaterial de todo bem cultural, os quais são expressão das mutações históricas, das paixões e dos argumentos de um determinado povo e de uma determinada época.

Conforme Throsby (2001, p. 74) pontua, o mundo é inundado com o patrimônio cultural [*the world is awash with heritage*]. "Cada cidade e vila tem algum edifício histórico ou sítio, alguma coleção ou artefato,

---

[52] Pragmácio (2018) aduz que essa expansão se deu em razão da emersão da noção de patrimônio cultural material, que combateu o eurocentrismo da noção do patrimônio cultural, com forte viés político, a partir de uma pressão dos Estados periféricos, como resposta pós-colonial.

[53] "todas as formas da arte de construir, eruditas e populares, urbanas e rurais, todas as categorias de construções, públicas e privadas, suntuosas e utilitárias, foram anexadas" (CHOAY, 2007, p. 10, tradução livre nossa).

[54] "arquitetura menor, para designar construções particulares, arquitetura vernacular para distinguir edifícios marcados por *terroirs*, arquitetura industrial" (CHOAY, 2007, p. 10, tradução livre nossa).

ou algum local de tradição ou costume, cuja preservação fornece uma conexão dos habitantes com o seu passado" (THROSBY, 2001, p. 74, tradução livre nossa). Portanto, existem dois questionamentos essencialmente importantes: como escolher os bens culturais que comporão o patrimônio cultural? E quem são os responsáveis por tal escolha?

A resposta a esses questionamentos é de fundamental importância, pois a definição de patrimônio é bastante elástica, de modo que, em sentido amplo, tudo o que vem do passado pode fazer parte do patrimônio (THROSBY, 2001). Esse fato pode ocasionar consequências negativas, como, por exemplo, a chamada "inflação do patrimônio".[55] Assim, diante da grandeza do patrimônio cultural, como decidir o que deve ser preservado, restaurado e/ou apresentado ao público?

Para responder a esse questionamento, parte-se da premissa de que não é possível preservar tudo, o que representaria, além de dificuldades práticas, em última análise, o congelamento da vida cultural (RODRIGUES; MIRANDA, 2012), que precisa se renovar constantemente, sob pena de empobrecimento do patrimônio cultural humano. Nessa perspectiva, Riegl (2014) aduz que é impossível conservar a imensa massa de acontecimentos históricos, de modo que é necessário fazer uma escolha do que deve ser conservado, resguardando, assim, "apenas os testemunhos que nos parecem representar etapas mais evidentes de evolução de um determinado ramo da atividade humana".

Então, deve-se tentar conciliar a necessidade de se preservar com a dinâmica renovadora da cultura, que impede a conservação de todos os elementos culturais.

Tentando lançar luzes sobre o que deve ser preservado, Palisse (2006) aponta uma interessante relação entre o patrimônio cultural, o tempo e o espaço. Para a mencionada autora, o patrimônio está ligado ao passado, pois grande parte advém dele; ao futuro, haja vista que a justificativa, geralmente, invocada para a sua preservação, são as gerações futuras; e ao presente, pois é o momento da tomada de consciência sobre a importância da sua preservação (PALISSE, 2006). O patrimônio cultural também está relacionado com o espaço, pois toda a patrimonialização deve estar relacionada com um determinado local. O patrimônio é sempre "o patrimônio de", como aponta Palisse (2006, p. 5), de modo que o patrimônio expressa as ligações de um determinado grupo com um lugar. Nesse sentido, Palisse (2006, p. 53) completa:

---

[55] "Gonçalves (2007) afirma que é imprescindível impor limites ao patrimônio, sob pena de se perder a força explicativa [...]" (SOARES; PRAGMÁCIO, 2018, p. 35).

Dans notre société contemporaine sans cesse en mouvement, en transformation, certains éléments sont choisis pour échapper à la destruction, voire même à l'évolution. Ils accèdent donc à un statut qui les place en rupture avec les flux qui semblent désormais régir la plus grande partie de nos existences. Il suffit pour s'en persuader de s'intéresser à ce que l'on pourrait appeler la face cachée du patrimoine, c'est-à-dire à tous les éléments qui ne font pas l'objet d'un tel processus et qui par conséquent disparaissent lorsqu'ils ne remplissent plus leur vocation première.

Como não é possível preservar tudo do passado, é necessário escolher certas testemunhas que nos conectem a uma memória, a uma história, a uma tradição e nos lembrem dos valores que fundaram o grupo e os mantêm unido. Essa escolha é feita por meio de uma decisão acerca do bem que se quer preservar, seguida da justificação sobre a importância da sua preservação. Nesse sentido, Palisse (2006, p. 6) afirma que o patrimônio é uma seleção de modo que "certains éléments sont retenus pour faire l'objet d'une préservation, d'autres disparaissent sans apparemment susciter de regrets particuliers".

E os critérios[56] de escolha dos objetos a serem preservados variam com o tempo, pois "ce qui nous paraît aujourd'hui digne d'être conservé ne l'aurait pas forcément été autrefois" (PALISSE, 2006). Exemplo apresentado por Palisse foi o desaparecimento de boa parte da Paris medieval devido aos "grands travaux d'Haussmann". Outro exemplo é a conservação do Bauges la "chartreuse d'Aillon", o qual não representa um décimo dos prédios originais que sobreviveram à Revolução.

Barbosa (2015) afirma que as decisões sobre o que deve ser preservado, ou seja, os componentes do patrimônio cultural, devem ser tomadas pelos envolvidos em sua gestão e administração, com a participação social.[57] Para ele, muitas definições formais acerca do patrimônio cultural são apresentadas nas leis, nos regulamentos e nas convenções, que tentam fixar uma referência [benchmark] de julgamento

---

[56] Benhamou (2016) aduz que o primeiro critério histórico foi adotado pela Assembleia Constituinte de 1791, que ordenou que todo monumento anterior a 1300 deveria ser conservado.

[57] Barbosa (2015, p. 74) propõe retirar a análise do direito ao patrimônio cultural, bem como dos outros direitos culturais, do espaço dos valores abstratamente universalizantes, lugar que não soluciona dificuldades sociais e institucionais da efetivação e realização desse direito, e colocá-los no campo da história, da luta e da política, pois "o patrimônio cultural é espaço de lutas simbólicas". Para ele, o apelo aos ideais superiores como dignidade humana e os direitos econômicos, sociais e culturais, obrigam moralmente, mas não juridica e institucionalmente, pois não garante a efetividade das políticas relacionadas ao patrimônio.

do *status* de patrimônio, tentando criar critérios objetivos para uma interpretação inequívoca.

Porém, como afirma Barbosa (2015, p. 76), apesar dessa tentativa de fixação de critérios objetivos, a subjetividade não pode ser evitada para a definição do que é o patrimônio. Ele apresenta como exemplo a Convenção de Paris (UNESCO, 1972), a qual apontaria critérios objetivos para a definição dos monumentos componentes do patrimônio cultural material universal, mas a subjetividade persistiria parcialmente na fórmula "valor universal excepcional".

Contudo, na mencionada Convenção de Paris (UNESCO, 1972), a fórmula "valor universal excepcional", contida no artigo primeiro, é qualificada pela expressão "do ponto de vista da história, da arte ou da ciência", de modo que esse valor excepcional é retirado da História, da Arte ou da Ciência. Isso significa que o valor excepcional não é retirado da norma, do Direito, mas, obviamente, advém da História, da Arte ou da Ciência.

Com isso, tem-se que os critérios trazidos pela norma precisam ser integrados, ou seja, complementados por valores que só podem ser extraídos de outros ramos do conhecimento humano, diferentes do Direito. A consequência disso é que a decisão sobre o patrimônio cultural não pode advir exclusivamente das normas jurídicas, do Direito. Ademais, como será sustentado no tópico relativo ao conceito jurídico, o patrimônio cultural como objeto do direito é limitado ao patrimônio reconhecido ou em processo de reconhecimento, sendo o patrimônio latente objeto de descobrimento por outros ramos do conhecimento humano, como a Antropologia, a História, a Filosofia, a Sociologia, a Arquitetura, entre outros.

Para chegar ao que deve ser preservado, Barbosa (2015) faz uma análise das políticas públicas relacionadas ao patrimônio, dividindo-as em três planos que se imbricam: o plano cognitivo, o plano normativo e o plano instrumental ou operacional. Para ele, essa análise patrimonial, pelo ponto de vista das políticas públicas,[58] é fundamentalmente importante, visto que "são o elo institucional mais forte, que garantem a realização dos direitos relacionados ao patrimônio" (BARBOSA, 2015, p. 74).

O plano cognitivo é a parte mais abstrata das políticas, sendo o lugar onde é afirmado o que é ou não patrimônio cultural. Barbosa

---

[58] "As políticas culturais relacionam patrimônio, com desenvolvimento, democracia e participação social", formando uma rede conceitual que está no cerne dos direitos fundamentais (BARBOSA, 2015, p. 74).

(2015, p. 73) afirma que as políticas patrimoniais são seletivas, sendo necessário escolher, dentro de um conjunto de objetos, o que será patrimônio cultural, para realizar o "ato mágico de adicionar, subtrair, multiplicar, enfim, de produzir significados, legitimar ou excluir grupos, camadas e classes sociais".

Exemplo disso é uma igreja barroca escolhida para compor o patrimônio cultural, devido às "técnicas construtivas utilizadas, os ideais estéticos, a religiosidade, os ciclos econômicos que originam e simbolizam o patrimônio, os grupos que são valorizados como artífices dessa história" (BARBOSA, 2015, p. 74). Já outras igrejas podem não ser escolhidas para comporem o patrimônio cultural, por serem julgadas construções cotidianas, comuns, ou ordinárias, ou seja, que não possuem os valores culturais necessários.

O plano normativo representa o resgate da narrativa histórica de determinado bem, o qual já é considerado pertencente ao patrimônio cultural no plano cognitivo. Assim, nesse plano, há a busca pelo significado de determinado bem cultural, para a história e a memória coletiva de um povo. Esse plano é um aprofundamento técnico do plano cognitivo, sendo estudado, por exemplo, o modo de construção, os personagens relacionados, as restaurações passadas (BARBOSA, 2015).

O terceiro plano é o operacional, são os orçamentos, as instituições, os planos, as normas jurídicas, ou seja, os instrumentos e ferramentas que permitem a materialização da "realização dos valores e das crenças presentes nos outros planos", como "planos de preservação, registro, catalogação, documentação, tombamento, restauração, pesquisa, documentação, licitação [...]" (BARBOSA, 2015, p. 74).

Observe-se que os dois primeiros planos, tanto o cognitivo, quanto o normativo, fogem ao campo da ciência jurídica, sendo objetos da Antropologia, da História, da Filosofia, da Sociologia, da Arquitetura, sendo que o Direito vai começar a atuar no plano operacional, ou seja, a partir do processo de declaração do patrimônio.

Como dito anteriormente, a escolha do patrimônio cultural é uma decisão seletiva,[59] baseada em valores que se quer preservar para as gerações presentes e futuras.[60] Nesse sentido, Riegl (2014, p. 43) aduz

---

[59] Soares e Cureau (2015, p. 75) afirmam que a decisão sobre o patrimônio também tem um viés ideológico, na medida em que representa uma escolha de "imagens e justificativas: narrar o nacional e sua unidade, a democracia, o pluralismo e a diversidade, as relações de poderes e contrapoderes".

[60] Soares (2009) aduz que, hoje, no Brasil, os bens culturais devem ser selecionados segundo os valores constitucionais previstos no artigo 216, ou seja, nos valores de referência ligados à identidade, à memória ou à ação dos grupos formadores da sociedade brasileira. Esses

que o patrimônio cultural é um conjunto de matéria e imatéria que possui determinados valores que se deseja e espera preservar, sendo uma escolha, que "nós, sujeitos modernos" realizamos.

Nessa perspectiva, conclui-se que o que difere o patrimônio cultural de outros bens, o que torna esses bens especiais e aptos a receberem a proteção estatal materialmente, são os valores culturais neles presentes. E esses valores mudam segundo o momento histórico, de modo que as pessoas de uma determinada época escolhem bens culturais materiais e imateriais que detenham certos valores culturais, que podem ser ampliados ou reduzidos segundo a época.

Por exemplo, hoje, no Brasil, os valores culturais[61] são dimensionados no plano constitucional, devendo ter referência à identidade, à memória ou à ação dos grupos formadores da sociedade brasileira segundo estabelece o artigo 216. Assim, esses valores são os norteadores de toda a escolha dos bens culturais no Estado brasileiro hoje, mas tais valores podem ser modificados com o decurso do tempo, como já ocorreu.

Mas o que são e de onde surgem os valores culturais? Essa resposta não pode ser dada pelo Direito, devendo-se recorrer a outros campos do conhecimento humano.

Riegl (2014) faz uma análise dos valores culturais do patrimônio em sua obra *O culto moderno dos monumentos: a sua essência e a sua origem*. O autor adota uma concepção subjetivista dos valores, quando afirma que eles são dados pelos indivíduos, sendo, portanto, subjetivos e frutos das emoções humanas. Para a concepção subjetivista, os valores seriam qualidades "das ações ou dos objetos voltados para satisfazer essas inclinações, propósitos ou tendências da psique humana" (BEZERRA NETO, 2018, p. 34). Fukuyama (2003, p. 177) também adepto da corrente subjetivista, faz o seguinte destaque:

> [...] o que é mais importante para nós, como seres humanos, não tem nenhum propósito aparente no esquema das coisas pelo qual nos tornamos humanos. Pois é a gama de características humanas de emoções que produz os propósitos, metas, objetivos, vontades, necessidades,

---

valores de referência são, portanto, os norteadores de toda a escolha dos bens culturais no Estado brasileiro, os quais podem ser divididos, por essa autora, em quatro grandes grupos: associativos, estéticos, econômicos e informativo-científicos; ou três grandes categorias: valor de uso, valor de forma e valor de símbolo.

[61] Soares (2009) divide os valores culturais em quatro grandes grupos: associativos, estéticos, econômicos e informativo-científicos; ou três grandes categorias: valor de uso, valor de forma e valor de símbolo.

desejos, medos e aversões do homem, sendo, portanto, a fonte dos valores humanos.

Desse modo, adotando-se a concepção subjetivista dos valores, tem-se que o estágio da evolução humana determinará os valores culturais,[62] porque, como os valores advêm da emoção e sentimentos humanos, consequentemente, têm como fontes a natureza humana e a sua essência, que são universais. Para entender os sentidos de natureza e de essência humana, recorrem-se aos conceitos apresentados por Fukuyama (2003), quando ele aduz que a natureza humana "é a soma do comportamento e das características que são típicos da espécie humana, originando-se de fatores genéticos em vez de ambientais" (FUKUYAMA, 2003, p. 139) e a essência humana é obtida "quando despimos uma pessoa de todas as suas características contingentes e acidentais" (FUKUYAMA, 2003, p. 158).

Por outro lado, a corrente objetivista dos valores, incluindo a teoria sociológica, advoga que os valores advêm da sociedade, que é caracterizada, não por ser a soma dos indivíduos, mas por ser um "fenômeno com dinâmica própria, cuja existência não se confunde com a das pessoas que a compõe" (BEZERRA NETO, 2018, p. 37-38).

Émile Durkheim, classificado por Bezerra Neto (2018) como pertencente à corrente objetivista de valores, na obra *As regras do método sociológico*, estuda os fatos sociais como fatos que existem independentemente do indivíduo e fora da sua consciência. Dentre esses fatos sociais há a moral, a religião, o direito, o sistema monetário, os quais "apresentam características muito especiais: consistem em maneiras de agir, de pensar e de sentir, exteriores ao indivíduo, e que são dotadas de um poder de coerção em virtude do qual esses fatos se impõem a ele" (DURKHEIM, 2007, p. 3).

Os fatos sociais repetem-se e viram hábitos coletivos que são transmitidos pela educação (oralmente ou pela escrita). Essas práticas coletivas e repetidas são a origem e a natureza "das regras jurídicas, morais, dos aforismos e dos ditos populares, dos artigos de fé em que as seitas religiosas ou políticas condensam suas crenças, dos códigos de gosto que as escolas literárias estabelecem, etc." (DURKHEIM, 2007, p. 7). E os fatos sociais são transmitidos pelas gerações, sendo uma "obra

---

[62] Nesse sentido, Choay (2017, p. 18) aduz que a natureza afetiva dos monumentos é essencial: "não se trata de apresentar, de dar uma informação neutra, mas de tocar, pela emoção, uma memória viva".

coletiva e secular", investida de autoridade que "a educação nos ensinou a conhecer e a respeitar" (DURKHEIM, 2007, p. 9).

Do conceito durkheimiano de fato social, retira-se o conceito de consciente coletivo, que seria o conjunto dos fatos sociais, os quais seriam uma herança dessa sociedade, a qual persiste no tempo e é transmitida de geração a geração: "as maneiras de agir, de pensar, e de sentir são exteriores às pessoas, porque as precedem, transcendem e a elas sobrevivem" (LAKATOS; MARCONI, 2008 *apud* BEZERRA NETO, 2018, p. 36).

Observe-se a aproximação da ideia de consciente coletivo com a ideia de patrimônio cultural, especialmente, de patrimônio intangível, que seria o consciente coletivo escolhido para ter proteção jurídica especial, por ter valores culturais específicos, que também são criados por esse consciente,[63] sendo transmitido pelas gerações de forma escrita ou oral.

Já Wittgenstein (2008 *apud* BEZERRA NETO, 2018, p. 42), autor responsável pela virada linguística, aduz que os valores são fatos que precisam ser percebidos, transformando-se em uma imagem no pensamento, para, em seguida, transformarem-se em proposição, ou seja, em linguagem. Para esse autor, a linguagem não é um instrumento, mas a própria matéria que constitui a realidade. Portanto, para Wittgenstein, os limites do mundo para o homem são "os limites do dizível". Transportando a teoria de Wittgenstein para o patrimônio cultural, tem-se que quanto maior a linguagem do patrimônio, maior ele será, crescimento que é alcançável por meio da meditação, dos estudos, das discussões, das atuações do Estado sobre o patrimônio.

Nesse cenário, observe-se que, adotando qualquer das duas correntes, ou a corrente subjetivista ou objetivista de valores, uma coisa é inegável: os valores mudam conforme o momento histórico e a evolução humana. E será essa mudança de valores que explica também a mudança no sentido do patrimônio cultural.

Influenciado pelo darwinismo, Riegl (2014), contrariamente à doutrina clássica vigente no final do século XIX e início do século XX, aduz que não existe um valor absoluto,[64] pois os valores são relativos,

---

[63] Pela perspectiva antropocêntrica de patrimônio cultural, os bens culturais são ligados aos sentimentos e valores que transmitem (PIRES, 2015, p. 71).

[64] "Valor de arte absoluto: seria aquele que seguisse um cânone universalmente considerado como objetivamente válido" (RIEGL, 2014, p. 24). Assim, não existe "um valor artístico eterno, isso significa que a avaliação do monumento não repousa na memória e sim em valores presentes, que deverão ser levados em conta na definição de uma política de preservação" (RIEGL, 2014, p. 12).

sofrendo modificações e transformações, de acordo com o período histórico. Por essa perspectiva, como os valores culturais mudam e evoluem, o patrimônio cultural seguirá essa transformação, tornando-se o testemunho de uma determinada época, conforme o estágio evolutivo do ser humano e dos valores.[65] [66]

Pelegrini e Funari (2017, p. 54) apontam essa mudança histórica dos valores culturais como resultante de um processo social evolutivo e biológico, *ipsis litteris*:

> [...] os valores patrimoniais e os juízos de preservação se alteram com o passar do tempo, pois ambos são construídos social e historicamente. Se o indivíduo no decorrer da sua vida passa por transformações biológicas, culturais e sociais que o levam a vincular-se a grupos com diferentes faixas etárias, distintas categorias profissionais ou díspares opções religiosas; de fato, as coletividades convivem com permanentes processo de interação e mudança.

Portanto, pela análise dos valores e entendendo-os como decorrentes da natureza humana, que surgem e se modificam segundo as evoluções social, moral, intelectual, física e biológica do ser humano, é possível compreender a mudança de concepção acerca do patrimônio cultural.[67]

Nesse ponto, é oportuno responder ao segundo questionamento, a saber: quem faz essa escolha?

A decisão sobre o que é patrimônio cultural evoluiu, na mesma medida que o conceito de patrimônio cultural. Inicialmente, era exclusiva do governante; depois, passou a ser dos *experts* tutelados pelo Estado; agora, deve-se buscar a participação da comunidade afetada.

No começo, eram os governantes, reis e imperadores que decidiam o que deveria ser ou não preservado. Em seguida, tal decisão passou a ser de especialistas, os *experts*, os quais detinham notórios conhecimentos

---

[65] "De acordo com os conceitos mais modernos, acrescentaremos a isso a ideia mais ampla de que aquilo que foi não poderá voltar a ser nunca mais e tudo o que foi forma o elo insubstituível e irremovível de uma corrente de evolução ou, em outras palavras, tudo que tem uma sequência, supõe um antecedente e não poderia ter acontecido da forma como aconteceu se não tivesse sido antecedido por aquele elo anterior" (RIEGL, 2014, p. 11).

[66] Riegl (2014) é contrário à ideia de preservação eterna dos monumentos, por entendê-los como organismos que possuem um tempo de vida e devem seguir a evolução humana.

[67] Na verdade, esse fenômeno também pode ser visto em outros objetos do Direito, como os direitos humanos, pois as gerações de direito surgem em razão da descoberta de novos valores ligados à dignidade humana que vão sendo incorporados ao direito por um processo histórico e de lutas sociais.

e decidiam, sob o respaldo estatal, o que fazia parte do patrimônio cultural (RODRIGUES; MIRANDA, 2012).

Throsby (2001, p. 74) afirma que, atualmente, muitas vezes, a decisão final sobre o que é patrimônio ainda é dos experts, como "archaeologists, art historians, museologists, architects, conservationists, museum directors, urban planners and so on", os quais são verdadeiros árbitros. Esse processo é autorreferencial, e quando economistas ousam entrar no "solo sagrado" das decisões de conservação, sua intromissão é ressentida (THROSBY, 2001).

Essa decisão acerca de patrimônio pelos especialistas é confirmada, quando se analisa a definição de patrimônio cunhada pelo lorde Charteris (1980), primeiro presidente do *National Heritage Memorial Fund*, citado por Benhamou (2016, p. 18), o qual afirma que patrimônio é "tudo o que quiserem".[68]

Atualmente, nos Estados democráticos, a decisão sobre o que é ou não patrimônio deve contar com a participação social. A sociedade deve participar dessa decisão política, com o apoio das informações prestadas pelos *experts* e demais órgãos estatais, conforme se pode depreender do trecho a seguir:

> Tal decisão não deve caber apenas ao Estado, nem somente a dotados de notório saber. A participação da comunidade é fundamental, pois ele, como legítima produtora e beneficiária dos bens culturais, apresenta mais do que ninguém legitimidade para determinar a importância de um bem cultural, que não precisa ser apenas artística, arquitetônica ou histórica, mas pode também ser estética ou simplesmente afetiva. A identificação ou simpatia da comunidade por determinado bem pode representar uma prova de valor cultural bastante superior àquela obtida através de dezenas de laudos técnicos plenos de erudição, mas muitas vezes vazios de sensibilidade. Além de significar, por si só, uma maior garantia para a sua efetiva preservação. (RODRIGUES E MIRANDA, 2012, p. 96)

Nessa mesma lógica, Soares e Cureau (2015, p. 66) aduzem: "Na linha de densificação do princípio democrático, a CF 1988 erige o patrimônio cultural sobre o tripé Estado-sociedade-cidadão. Nessa

---

[68] "[...] Não podíamos definir o heritage nacional mais do que podíamos definir, por exemplo, a beleza e a arte. Deixamos o heritage definir-se a si mesmo. Aguardamos que nos peçam assistência os que consideram possuir uma parte do heritage nacional digno de ser salvaguardado" (CHARTERIS, 1980 *apud* BENHAMOU, 2016, p. 18).

perspectiva, não será algo dado, mas (re)construído de forma compartilhada".

A participação social, além de legitimar a declaração de um bem como patrimônio cultural, dará efetividade na sua proteção. Quando uma comunidade reconhece um bem como patrimônio cultural, ela estará mais propensa a cobrar ações da Administração Pública, no sentido de proteger e promover determinado bem.

Mas a participação da sociedade só será eficaz se houver informação e educação cultural,[69] "pois a participação sem informação adequada não é crível nem eficaz, mas mero ritual" (RODRIGUES; MIRANDA, 2012, p. 97). Assim, a educação cultural ou uma sensibilização para o patrimônio é o primeiro passo para a efetivação do direito ao patrimônio cultural. A esse respeito, Rodrigues e Miranda (2012, p. 97) fazem o seguinte acréscimo:

> A educação patrimonial cresceu como uma importante dimensão de formação dos cidadãos na democracia moderna, uma vez que estimula o fortalecimento da consciência do caráter público do patrimônio e a identificação e manutenção dos laços de memória com significantes coletivos portadores das memórias sociais dos diferentes grupos que compõem a sociedade.

Soares (2009) alerta para o fato de que, no Brasil, há a falta de recursos humanos e financeiros para o desenvolvimento de uma política cultural de proteção aos bens culturais. Mas a autora aduz que fator tão importante quanto a falta de recursos é a ausência de mecanismos participativos da sociedade, que deem acesso aos cidadãos às informações e ao conhecimento acerca do patrimônio cultural, permitindo a sua participação nas tomadas de decisões, falha que pode ser corrigida com o fortalecimento dos órgãos e institutos ligados à cultura e à proteção dos bens culturais.

Acrescente-se à visão de Soares (2009) a falta de exercício das competências culturais pelos órgãos que compõem a Administração Pública. Se eles cooperarem para a execução de tal mister, não seria

---

[69] Deve-se ter cuidado com esse processo, pois a "a educação patrimonial pode ser usada tanto para afirmar a dominação social vigente como para desenvolver o senso crítico para compreensão da diversidade cultural" (CERQUEIRA, 2005, p. 98). O ideal é uma sensibilização para o patrimônio, aduz o citado autor, pois educação cultural pressupõe uma intervenção na interpretação que o grupo social faz do mundo que o rodeia, através de uma rede simbólica, que se manifesta em expressões materiais e imateriais (CERQUEIRA, 2005).

necessário um aumento de recursos, mas apenas uma melhor alocação e aproveitamento dos recursos existentes.

Nessa linha de pensamento, o exercício das competências constitucionais culturais pelo Tribunal de Contas poderá auxiliar a preencher essa lacuna de ausência de informação, pois uma das principais funções dessa Corte é informar os cidadãos. Destarte, quando o Tribunal de Contas informa acerca das ações da Administração Pública concernentes ao patrimônio cultural, está proporcionando à sociedade o conhecimento sobre as políticas públicas patrimoniais e viabilizando a sua participação na tomada de decisão acerca da gestão cultural.

Assim, quando o Tribunal de Contas fiscaliza e informa acerca das políticas culturais, ações administrativas de uso, aproveitamento, conservação e preservação do patrimônio cultural, ou a ausência dessas ações, o volume de recursos despendidos, o custo do patrimônio para a sociedade, está proporcionando o *cultural accountability* e viabilizando a tomada de decisão acerca de determinado patrimônio cultural e, consequentemente, o exercício pleno dos direitos culturais relacionados ao patrimônio cultural.

3.3 O conceito jurídico de patrimônio cultural

Inicialmente, como ocorre com a cultura, existem diversos conceitos sobre o patrimônio cultural.[70] Certos doutrinadores entendem que o conceito de patrimônio cultural pode ser extraído diretamente das normas jurídicas. Rodrigues e Miranda (2012) aduzem que o conceito de patrimônio cultural está na Constituição Federal de 1988, sendo tal conceito vanguardista e em sintonia com as normas internacionais mais modernas.

Fora a Constituição Federal de 1988, outras normas internacionais também trazem definições acerca do patrimônio cultural, destacando-se: a Convenção para a Proteção do Patrimônio Mundial, Cultural e

---

[70] Soares (2009, p. 25) apresenta o conceito de patrimônio cultural como: "[...] o conjunto de bens materiais e imateriais, acumulados durante o tempo ou produzidos na atualidade, os quais os homens valorizam como fundamentais para a fruição da vida no momento presente e que conservam para representar a transposição entre o passado e o futuro. É, ao mesmo tempo, herança, fruição e memória. É, também, principalmente para os países em desenvolvimento, uma possibilidade de sustentabilidade. Para Soares (2018, p. 14), patrimônio cultural é o conjunto de bens "socioambientais, como os culturais, históricos, artísticos, arqueológicos, etnográficos, paisagísticos, bibliográficos, dentre outros. Possuem distintos valores e podem ser portadores de referência à identidade, à ação, à memória dos diferentes grupos formadores da sociedade brasileira".

Natural de Paris (UNESCO, 1972);[71] a Convenção para a Salvaguarda do Patrimônio Cultural Imaterial (UNESCO, 2003);[72] e a Convenção-Quadro do Conselho da Europa Relativa ao Valor do Patrimônio Cultural para a Sociedade[73] (CONSELHO DA EUROPA, 2005).

Outros doutrinadores entendem que as normas jurídicas não encerram um conceito de patrimônio cultural, mas apenas apresentam um dimensionamento e critérios para a declaração de pertencimento a esse patrimônio. Nesse sentido, Saldanha e Cunha Filho (2018, p. 113) aduzem que a Constituição Federal de 1988 "não trouxe uma definição clara de patrimônio cultural, porém oferta um direcionamento para uma concepção que abarque a multiplicidade que lhe é pertencente".

Esse é também o pensamento de Pragmácio (2018b, p. 31), como já foi exposto no início deste capítulo, o qual critica parte da doutrina por não refletir profundamente sobre o conceito de patrimônio cultural, aceitando, "incautamente, como se fossem óbvias ou dadas" as definições trazidas nas normas jurídicas, formando-se, assim, um consenso teórico equivocado. Ademais, Pragmácio (2018b) e Soares (2018) aduzem que as definições legais de patrimônio cultural são incompletas, pois o

---

[71] "ARTIGO 1 Para os fins da presente Convenção, são considerados 'patrimônio cultural': – os monumentos: obras arquitetônicas, esculturas ou pinturas monumentais, objetos ou estruturas arqueológicas, inscrições, grutas e conjuntos de valor universal excepcional do ponto de vista da história, da arte ou da ciência, – os conjuntos: grupos de construções isoladas ou reunidas, que, por sua arquitetura, unidade ou integração à paisagem, têm valor universal excepcional do ponto de vista da história, da arte ou da ciência – os sítios: obras do homem ou obras conjugadas do homem e da natureza, bem como áreas, que incluem os sítios arqueológicos, de valor universal excepcional do ponto de vista histórico, estético, etnológico ou antropológico".

[72] "Artigo 2º. Definições [...] 1. Entende-se por 'património cultural imaterial' as práticas, representações, expressões, conhecimentos e competências – bem como os instrumentos, objectos, artefactos e espaços culturais que lhes estão associados – que as comunidades, grupos e, eventualmente, indivíduos reconhecem como fazendo parte do seu património cultural. Este património cultural imaterial, transmitido de geração em geração, é constantemente recriado pelas comunidades e grupos em função do seu meio envolvente, da sua interacção com a natureza e da sua história, e confere-lhes um sentido de identidade e de continuidade, contribuindo assim para promover o respeito da diversidade cultural e a criatividade humana. Para efeitos da presente Convenção, só será tomado em consideração o património cultural imaterial que seja compatível com os instrumentos internacionais relativos aos direitos humanos existentes, bem como com a exigência do respeito mútuo entre comunidades, grupos e indivíduos, e de um desenvolvimento sustentável."

[73] "Artigo 2º – Definições [...] a) O patrimônio cultural constitui um conjunto de recursos herdados do passado que as pessoas identificam, independentemente do regime de propriedade dos bens, como um reflexo e expressão dos seus valores, crenças, saberes e tradições em permanente evolução. Inclui todos os aspectos do meio ambiente resultante da interação entre as pessoas e lugares através do tempo".

Direito não possui ferramentas ou critérios aptos a isso, carecendo de interdisciplinaridade com outros campos do saber.[74]

Contudo, apesar dessas lacunas do Direito, que devem ser preenchidas interdisciplinarmente, deve-se buscar um conceito consentâneo para o Direito, o que é possível pensando-se o patrimônio como objeto da ciência jurídica.

No tópico sobre a escolha do patrimônio, com base na doutrina de Barbosa (2005), observou-se que existem três planos políticos relativos ao patrimônio: o plano cognitivo, o plano normativo e o plano instrumental ou operacional. Os dois primeiros planos dizem respeito à descoberta do patrimônio e seu estudo técnico. O terceiro plano versa sobre o reconhecimento jurídico, proteção, administração e promoção do patrimônio.

Com isso, diante de uma infinidade de bens culturais, alguns são escolhidos ou descobertos para comporem o patrimônio cultural, serem preservados, protegidos e usufruídos pelas gerações presentes e futuras, em razão dos valores culturais de determinado momento histórico. Essa escolha ou descoberta ocorre nos planos cognitivo e normativo e obedecem a critérios técnicos advindos de outras ciências. Já no plano instrumental ou operacional, ocorre a declaração jurídica de determinado bem cultural como pertencente ao patrimônio, momento em que são observados os critérios estabelecidos na Constituição Federal de 1988 e demais normas jurídicas.

A consequência dessa perspectiva é que existem dois tipos de patrimônio cultural: o patrimônio latente, ou seja, o patrimônio que não foi declarado juridicamente e é objeto de outras ciências, e o patrimônio declarado, que é o patrimônio reconhecido pelo Direito.

A questão posta é se os dois patrimônios, patrimônio cultural latente e o patrimônio cultural reconhecido, são objetos da ciência jurídica. Para responder a essa questão, utiliza-se como suporte teórico as lições de Kelsen (2009, p. 79), quando esse autor evidencia as normas jurídicas como o objeto da ciência jurídica.

---

[74] "[...] tendo em vista a insuficiência de critérios puramente jurídicos para a delimitação dos conceitos de patrimônio cultural e de bens culturais, resta irrefutável que as respectivas políticas de preservação deverão não apenas considerar as definições adotadas pelos instrumentos legais que as inspiram, mas principalmente promover um diálogo transdisciplinar, para suprir e preencher os espaços deixados à interpretação, quando da implementação" (SOARES, 2018, p. 7); "pois o Direito, isolado, não possui ferramentas para compreender esse universo" (PRAGMÁCIO, 2018, p. 31).

Na afirmação evidente de que o objeto da ciência jurídica é o Direito, está contida a afirmação – menos evidente – de que são as normas jurídicas o objeto da ciência jurídica, e a conduta humana só o é na medida em que é determinada nas normas jurídicas como pressuposto ou consequência, ou – por outras palavras – na medida em que constitui conteúdo de normas jurídicas. Pelo que respeita à questão de saber se as relações inter-humanas são objeto da ciência jurídica importa dizer que elas também só são objeto de um conhecimento jurídico enquanto relações jurídicas, isto é, como relações que são constituídas através da norma jurídica.

Kelsen (2009) afirma que a conduta humana e as relações inter-humanas só têm importância para o direito quando forem "pressuposto" ou "consequência da norma jurídica", ou seja, quando constituírem-se objeto da norma jurídica. Para ele, o direito tem duas teorias: uma teoria estática e uma teoria dinâmica. A teoria estática tem por objeto o direito em vigor, o direito posto, produzido e aplicado. Já a teoria dinâmica tem por objeto a produção do direito, o direito em movimento.

Aplicando essa teoria kelseniana, observa-se que o patrimônio cultural só será objeto da ciência jurídica quando ele fizer parte da norma jurídica, ou seja, apenas o patrimônio cultural declarado (teoria estática) ou em processo de declaração (teoria dinâmica) importa ao Direito.

Nessa perspectiva, o patrimônio cultural latente, isto é, aquele que já foi descoberto por outras ciências como tal, mas não foi declarado ou não está em processo de declaração, não é objeto da ciência jurídica. Esse patrimônio cultural latente é estudado por essas outras ciências, como a Antropologia, a Arquitetura, a Sociologia, a Museologia, a História, as quais possuem ferramental teórico necessário para subsidiar a sua descoberta e escolha.

O Direito vai se ocupar do plano declaratório do patrimônio cultural, pois o plano constitutivo é objeto dos outros campos do saber humano. Por essa razão, os instrumentos jurídicos de proteção (tombamento e inventário, para bens materiais, e o registro, para os bens imateriais) são atos administrativos meramente declaratórios, pois o bem cultural já existe e pertence ao patrimônio *per si*, cabendo ao Direito o seu reconhecimento, através de declaração pelos órgãos competentes, após procedimento regulado em norma jurídica.

Mas, como já foi dito, é necessária a interdisciplinaridade entre a ciência jurídica e outras ciências, para que haja a correta produção da norma jurídica, tanto pelo legislador, que produz a norma geral, quanto pelo juiz, quando fixa uma norma jurídica individual, bem como a sistematização e a organização das normas jurídicas, produzindo-se um sistema unitário e isento de contradições.

A partir de todas as lições apresentadas, propõe-se um conceito jurídico de patrimônio cultural, como sendo um conjunto de bens tangíveis e intangíveis declarados pela norma jurídica ou em processo de declaração, como portadores de valores culturais, com relevância e continuidade histórica, para um determinado grupo de pessoas de um local definido, que é escolhido para ser preservado como herança das gerações presentes e futuras.

Esse conceito jurídico de patrimônio tem importância porque delimita o campo de proteção jurídica e estatal do patrimônio cultural, este restrito ao patrimônio reconhecido, bem como delimita o escopo do presente estudo, ou seja: o Tribunal de Contas atuará apenas na salvaguarda e promoção do patrimônio reconhecido.

3.4 Evolução jurídica do dever de salvaguarda do patrimônio cultural

A evolução do conceito de cultura e de patrimônio cultural fez com que o espectro de proteção jurídica do patrimônio aumentasse gradativamente, até chegar nos dias atuais, em que tal proteção está prevista nos ordenamentos internos e nos normativos internacionais, compreendendo tanto os bens culturais materiais, quanto os bens culturais imateriais, de um determinado povo ou de toda a humanidade.

Contudo, por um longo período na história, o homem tentava proteger seu patrimônio cultural e destruir o patrimônio dos povos conquistados, não existindo qualquer preocupação em manter a cultura desses povos dominados. O objetivo dos vencedores era impor a sua cultura aos vencidos, destruindo a cultura desses povos. Infelizmente, esse tipo de prática ainda persiste, sendo marcante nas políticas imperialistas e nos Estados totalitários, que subjugam as culturas dos povos conquistados.

Estudando a história da tutela jurídica dos bens culturais, Oliveira (2012) afirma que essa história está dividida em quatro fases: a fase do abandono, a fase da excepcionalidade, a fase da historicidade e a fase da imaterialidade.

A fase do abandono vai da pré-história até o século XIX. É marcada pela ausência de políticas públicas institucionalizadas de proteção e promoção dos bens culturais. Existiam manifestações pontuais, como em Roma, durante o império de Otávio Augusto, quando foi instituído o mecenato, "para incentivo às artes romanas", não havendo normas jurídicas disciplinando a matéria (OLIVEIRA, 2012). Ademais,

> Como não havia regras impondo o dever de proteger o bem cultural, em decorrência desse descaso, eram frequentes as condutas que resultavam na destruição do patrimônio cultural alheio pelos povos colonizadores, os quais, sempre que venciam uma guerra, costumavam apagar a memória cultural dos vencidos, destruindo todo o seu patrimônio cultural, seja vilipendiando obras artísticas, históricas e arquitetônicas, seja vedando as práticas e condutas consagradas na cultura vencida. (OLIVEIRA, 2012, p. 2)

O mecenato também foi adotado pela Igreja Católica, na baixa idade média, bem como pela nobreza e burguesia europeia ascendente.[75] Mas o mecenato era uma iniciativa precária e descontínua, devido a sua natureza privada, além de ser usado como arma de consolidação das ideologias da classe dominante (OLIVEIRA, 2012).

Em um estudo mais aprofundado acerca das origens da proteção do patrimônio cultural, Roseta (2019) afirma que os primórdios da proteção normativa do patrimônio surgiram no império Romano, com os éditos dos imperadores Teodósio, Valentiniano II e Arcádio 398 d. C. Ademais, na idade média, ele lembra o Decreto do Senado de Roma, que proibiu a mutilação da Coluna Trajano em 1162 d. C.

Na época do Renascimento, havia legislações protetoras do patrimônio, como as Bulas dos Papas Martinho V (1425) e Pio II (1462), e outras legislações adotadas por Cidades-Estados italianas, pela Inglaterra (1560) e pela Suécia (1666) (ROSETA, 2019).

Com a Revolução Francesa, no final do século XVIII, houve um movimento de destruição de todos os bens culturais que remetiam ao antigo regime, os quais eram considerados vestígios da tirania e da superstição. Como reação a essa destruição, surgiram vozes contrárias, como a do abade Henri Grégoire, que, inclusive, alcunhou a expressão "vandalismo" (OLIVEIRA, 2012; ROSETA, 2019). A atuação do abade Grégoire foi tão marcante que é considerada o embrião da proteção moderna do patrimônio cultural. Nesse momento, emergiram ações políticas voltadas à conservação de bens que "denotassem o poder, a

---

[75] Oliveira (2012, p. 2-3) afirma que o mecenato foi criado pelo romano Caio Clínio Mecenas, ministro do Império Romano entre 74 a.C. e 8 d.C. Ademais, cita como exemplo de mecenato, após a queda do império romano, a ação dos seguintes personagens: os Sforza de Milão, os Médicis de Florença, os Borghese de Roma e os Doria de Gênova, ou de papas como Nicolau V (1447-1455), Alexandre VI (1492-1503) ou Leão X (1513-1521).

grandeza da nação que os portava", sendo formadas as primeiras estruturas administrativas voltadas à elaboração de instrumentos jurídicos e técnicos para a salvaguarda do patrimônio cultural (ZANIRATO; RIBEIRO, 2006).

Contudo, a tutela jurídica estatal do patrimônio, como conhecemos hoje, só se deu com o Estado Moderno em meados do século XIX (MIRANDA, 2017; SOARES, 2018), após a consolidação da ideia de política pública[76] que transformou o Estado em um prestador de serviços educativos-culturais e em um desenvolvedor de políticas públicas culturais (OLIVEIRA, 2012). Nesse período histórico, em diversos Estados, são editados diplomas legais específicos sobre a proteção do patrimônio. Algumas dessas leis foram inspiradas no Édito do Papa Pio VII (1802), considerado "o mais completo instrumento legal em matéria de antiguidades e belas-artes até então redigido" (ROSETA, 2019, p. 97).

Em 1886, é promulgada a Convenção de Berna, primeira norma internacional voltada à proteção de interesses intelectuais e culturais (ROSETA, 2019). Essa norma foi fruto do trabalho da Association Littéraire et Artistique Internationale, criada em 1878, que, por sua vez, surgiu da Societé de Gens de Lettres e sob a influência do escritor Victor Hugo, presidente honorário do primeiro congresso, que aconteceu em Londres, em 1879 (WIPO, 1986). Tal convenção, mesmo após várias revisões,[77] continua em vigor, sendo administrada, atualmente, pela World Intellectual Property Organization (WIPO), criada com a revisão de Estocolmo de 1967, órgão da ONU desde 1974.

Contudo, é interessante destacar que, nesse período histórico, a proteção do patrimônio cultural não se limitava aos Estados europeus, pois pairava no pensamento jurídico mundial a consciência da necessidade de tal proteção. O Japão, por exemplo, em 1868, foi um dos primeiros Estados a editar leis protegendo obras arquiteturais e artísticas antigas (BENHAMOU, 2016).[78]

---

[76] Política pública é "um conjunto articulado e fundamental de decisões, programas, metas, recursos e instituições, a partir da iniciativa do Estado" (OLIVEIRA, 2012, p. 6-7).

[77] A Convenção de Berna sofreu as seguintes alterações e revisões: 9 de setembro de 1886, completada em Paris a 4 de maio de 1896, revista em Berlim a 13 de novembro de 1908, completada em Berna a 20 de março de 1914, revista em Roma a 2 de junho de 1928, em Bruxelas a 26 de junho de 1948, em Estocolmo a 14 de julho de 1967 e em Paris a 24 de julho de 1971. O Brasil tornou-se signatário dessa convenção com suas alterações, por meio do Decreto nº 75.699, de maio de 1975.

[78] Além disso, em 1950, o Japão passou a reconhecer a importância de artistas e artesãos, tidos como "tesouros nacionais vivos", por serem detentores e transmissores de saberes considerados bens culturais intangíveis, os quais são chamados de "Ningen Kokuhó" (BENHAMOU, 2016, p. 11).

Nesse período, contudo, a proteção jurídica do patrimônio cultural era limitada, pois o próprio conceito de patrimônio cultural era restrito, abarcando apenas os bens considerados de excepcional valor artístico ou estético, segundo o ideal eurocêntrico de monumentalidade, excepcionalidade, beleza e o ideal elitista de "refinamento de espírito" (OLIVEIRA, 2012). Ademais,

> A gênese do Estado-Nação, bem como as normas jurídicas de proteção aos monumentos e sítios históricos que o representavam, são, portanto, elementos medulares para se compreender não só o surgimento, mas como essa moderna categoria foi apropriada, com diversas flutuações semânticas, pelo mundo ocidental, numa perspectiva claramente eurocêntrica, até a metade do século XX. (PRAGMÁCIO, 2018b, p. 32)

Como a noção de patrimônio cultural era limitada, a proteção jurídica do patrimônio, estabelecida na norma, guardava a mesma limitação. Nesse período, as leis somente protegiam os grandes monumentos, que retrataram grandes feitos, e obras de valor histórico e artístico "indicados como importantes por grupos detentores de poder" (SOARES, 2009, p. 22). As consequências eram duas: tanto a atuação estatal era limitada, quanto os escassos recursos eram empregados "exclusivamente para a proteção de tais bens culturais" (OLIVEIRA, 2012, p. 7).

Exemplo disso é dado por Zanirato e Riberio (2006, p. 3), quando aduzem que, nas escavações arqueológicas realizadas nos séculos XVIII e XIX, vários objetos de uso cotidiano, principalmente, os oriundos das chamadas "classes subalternas", foram descartados, causando o perecimento de "inúmeros testemunhos da história", pois os escavadores só buscavam artefatos que se enquadrassem no conceito de "objeto de arte" da época.

Assim, apenas no século XX, começam a ser editados instrumentos jurídicos mais consistentes de salvaguarda do patrimônio, nos ordenamentos jurídicos internos (MIRANDA, 2017). Por exemplo, na França, a Comissão dos Monumentos Históricos foi criada em 1837, mas a lei francesa de tombamento só veio a ser promulgada em 31 de dezembro de 1913. No âmbito constitucional, a Constituição alemã de Weimar de 1919 reconheceu a titularidade pública do patrimônio cultural (SOARES, 2018), com a referida limitação aos bens culturais de valor monumental, histórico e artístico.

3.4.1 As cartas patrimoniais

Conforme informam Zanirato e Ribeiro (2006), no século XX, com o avanço da industrialização e o surgimento de cidades complexas e renovadas, surge uma inquietação internacional acerca da conservação dos bens históricos e culturais do passado. Foram realizados diversos eventos internacionais, após os quais passou-se a reconhecer que a salvaguarda do patrimônio era um assunto que extrapolava as fronteiras nacionais e que concernia a todos os Estados.

Com essa perspectiva, foi criada a Comissão Internacional de Cooperação Intelectual, dentro da Sociedade das Nações. Na década de 1930, essa Comissão organizou a Conferência Internacional de Atenas, cujo resultado foi a Carta de Atenas de 1931 (EIMSN, 1931), editada pelo Escritório Internacional dos Museus Sociedade das Nações. Em seguida, foi elaborada a Carta de Atenas de 1933 (CIAM, 1933),[79] fruto do Congresso Internacional de Arquitetura Moderna.

Após a confecção das cartas patrimoniais, a salvaguarda patrimonial passou a ser apoiada em tais normas, as quais são consideradas verdadeiras *soft law* (OLIVEIRA, 2012),[80] pois sintetizam diretrizes, baseadas em consenso técnico, em determinado período histórico, acerca da manutenção, conservação, restauração, aproveitamento e promoção do patrimônio cultural. Essas diretrizes apresentam indicações de caráter geral e não prescritivo, sendo normas de ordem deontológica (CARBONARA, 1995).

Certas diretrizes são consideradas *soft law*, pois têm natureza jurídico-normativa, sendo um tipo diferente de Direito, mas ainda assim direito. Explicando o que vem a ser *soft law*, Franca Filho e Franca (2005, p. 210) aduzem que são diretrizes que têm o seguinte objetivo:

> orientar a ação dos seus destinatários, deixando-lhes, porém, a responsabilidade pela execução dos atos. Desse modo, pode-se entender que a

---

[79] A Carta de Atenas de 1931 foi produzida pelo Escritório dos Museus das Nações. Já a Carta de Atenas de 1933 foi elaborada por ocasião do Congresso Internacional de Arquitetura Moderna. Outros exemplos desse tipo de diploma: a Carta de Burra e a Carta de Petrópolis.

[80] Certas diretrizes têm natureza jurídico-normativa, sendo um tipo diferente de Direito, mas ainda assim direito. Essas diretrizes são qualificadas como *soft law* (FRANCA FILHO; FRANCA, 2005). Marcílio Toscano Franca Filho e Nevita Maria Pessoa de Aquino Franca aduzem que as diretrizes "se destinarem a orientar a ação dos seus destinatários, deixando-lhes, porém, a responsabilidade pela execução dos atos. Desse modo, pode-se entender que a diretriz é um fenômeno heterônomo e apenas se concretiza por intermédio de outras medidas, de autoria de seus destinatários [...] as diretrizes têm juridicidade suficiente para servir de fundamento aos controles externos Judiciais, administrativos e sociais) da Administração Pública" (FRANCA FILHO; FRANCA, 2005, p. 210).

diretriz é um fenômeno heterônomo e apenas se concretiza por intermédio de outras medidas, de autoria de seus destinatários [...] as diretrizes têm juridicidade suficiente para servir de fundamento aos controles externos Judiciais, administrativos e sociais) da Administração Pública.

Como dito, as primeiras cartas patrimoniais foram as Cartas de Atenas (EIMSN, 1931; CIAM, 1933). São documentos de importância basilar pelas diretrizes que estabeleceram de utilização, conservação, manutenção, preservação e restauração do patrimônio cultural, e por marcarem a fase da excepcionalidade, na qual a concepção de patrimônio cultural era limitada aos bens considerados de valor excepcional (ROSETA, 2019).

Roseta (2019) aponta duas importantes consequências dessas cartas patrimoniais: a criação da Comissão Internacional dos Monumentos Históricos, que durou até a Segunda Guerra Mundial, e a Resolução da ONU sobre a Conservação de Monumentos Históricos e de Obras de Artes, primeiro documento de uma organização internacional a abordar a questão do patrimônio cultural da humanidade.

Em seguida, é editada a Carta de Veneza (ICOMOS, 1964), que é fundada na ideia de evolução dos valores humanos ligados à solidariedade, ao compromisso intergeracional de preservação e ao dever de transmissão, com autenticidade, do patrimônio. Ademais, o seu objetivo foi reexaminar e ampliar os princípios já estabelecidos nas Cartas de Atenas (EIMSN, 1931; CIAM, 1933), conforme também destacado em seu preâmbulo:

> Portadoras de mensagem espiritual do passado, as obras monumentais de cada povo perduram no presente como testemunho vivo de suas tradições seculares. A humanidade, cada vez mais consciente da unidade dos valores humanos, considera um patrimônio comum e, perante as gerações futuras, se reconhece solidariamente responsável por preservá-las, impondo a si mesma o dever de transmiti-las na plenitude de sua autenticidade. (ICOMOS, 1964)

O grande marco da Carta de Veneza (ICOMOS, 1964) foi a mudança de concepção acerca dos bens culturais, pois passou a evidenciar o valor histórico-documental, em detrimento do valor de monumentalidade e excepcionalidade. Esse documento amplia a própria ideia de monumento histórico para além do bem isolado, incluindo também o ambiente urbano ou rural, desde que deem testemunho de uma civilização particular, de uma evolução significativa ou de um acontecimento histórico.[81] Assim, analisando o artigo 1º dessa carta, é possível depreender que passam a ser vistos como bens culturais não somente as grandes obras monumentais e os bens isolados de valor excepcional, mas também as obras modestas e os conjuntos urbanos ou rurais, desde que dotados de significado histórico-documental.

Além disso, a Carta de Veneza (ICOMOS, 1964) foi responsável por duas percepções essenciais acerca do patrimônio: a compreensão de que a sua conservação é sempre favorecida quando lhe é dada uma função útil à sociedade (artigo 5º) e a concepção de que as obra de conservação e restauro[82] devem manter íntegros, tanto a obra de arte, quanto o seu testemunho histórico, ou seja, seus valores (artigo 3º).

Soares (2009) afirma que essa carta influenciou a Reunião sobre a Conservação e Utilização de Monumentos e Sítios de Valor Histórico e Artístico de Quito, que originou as Normas de Quito (OEA, 1967), documento que tem como pressuposto a concepção de que os bens culturais "representam um valor econômico e são suscetíveis de constituir-se em instrumento do progresso", para toda a região das Américas e Caribe.

As Normas de Quito (OEA, 1967) têm como fundamento a visão de que o patrimônio pertence a toda humanidade, razão pela qual todos são responsáveis por sua preservação. Essa normativa internacional propõe uma série de princípios internacionais, voltados à conservação e à restauração dos bens culturais, que devem ser respeitados pelos Estados-membros da OEA. Destacam-se: o princípio da manutenção permanente dos bens culturais; o princípio da conservação garantida pela afetação útil do bem a uma finalidade social; o princípio da proibição de obras que mudem as cores e os volumes dos bens culturais; o princípio do não deslocamento dos bens culturais; o princípio da não retirada dos

---

[81] "Art. 1º. A noção de monumento histórico compreende a criação arquitetônica isolada, bem como o sítio urbano ou rural que dá testemunho de uma civilização particular, de uma evolução significativa ou de um acontecimento histórico. Estende-se não só às grandes criações, mas também às obras modestas, que tenham adquirido, com o tempo, uma significação cultura" (ICOMOS, 1964).

[82] Segundo o que diz Carbonara (1996 *apud* REIS E CUNHA, 2010, p. 25), restauração consiste em: "S'intende per restauro qualsiasi intervento volto a tutelare ed a trasmettere integralmente al futuro, facilitandone la lettura e senza cancellarne le tracce del passaggio nel tempo, le opere d'interesse storico-artistico ed ambientale; esso si fonda sul rispetto della sostanza antica e delle documentazioni autentiche costituite da tali opere, proponendosi, inoltre, come atto d'interpretazione critica non verbale ma espressa nel concreto operare. Più precisamente come ipotese critica e proposizione sempre modificabile, senza che per essa si alteri irreversibilmente l'originale".

bens culturais acessórios; o princípio da excepcionalidade das obras de restauração, entre outros (OEA, 1967).

Outra carta patrimonial que deve ser destacada é a Carta de Burra (ICOMOS, 1980), também editada pelo Conselho Internacional de Monumentos Históricos. Essa carta apresenta, em seu artigo 1º, valiosos conceitos, destacando-se os seguintes: a) bem cultural, como um local, zona, edifício, obra construída, conjunto de edificações ou outras obras portadoras de significação cultural; b) significação cultural, que são os valores culturais (estéticos, históricos, científicos ou sociais) a serem transmitidos; c) substância cultural, sendo o conjunto de materiais que constituem o bem fisicamente; e d) uso adequado do bem cultural, isto é, uso que não ocasione mudança na significação cultural do bem, considerado fisicamente, ou modificações que sejam reversíveis e que causem impacto mínimo.

Ademais, conceitua, disciplina e atualiza as normas de conservação (artigos 2º ao 10º), manutenção (artigo 8º), preservação (artigos 11 e 12), restauração (artigos 13 ao 16) e reconstrução (artigos 17 ao 22) dos bens culturais, bem como a forma de procedimento (artigos 23 ao 29), evidenciando a necessidade de estudo prévio para qualquer obra de intervenção no bem cultural (ICOMOS, 1980).

Nesse ponto, é oportuno apresentar a definição de restauração, proposta por Giovanni Carbonara, a qual é consoante com os princípios da restauração estabelecidos na Carta de Burra (ICOMOS, 1980). Para ele, a restauração seria:

> [...] qualquer intervenção destinada a proteger e transmitir o futuro em sua totalidade, facilitando sua leitura e sem apagar os traços da passagem ao longo do tempo, as obras de interesse histórico, artístico e ambiental; baseia-se no respeito à substância antiga e na documentação autêntica constituída por essas obras, propondo-se também como um ato de interpretação não verbal crítica, mas expresso em operação concreta. Mais precisamente, como hipótese crítica e proposição sempre modificável, sem que o original seja irreversivelmente alterado. (GIOVANNI, 1996 *apud* REIS E CUNHA, 2010, p. 25, tradução livre nossa)[83]

---

[83] "S'intende per restauro qualsiasi intervento volto a tutelare ed a trasmettere integralmente al futuro, facilitandone la lettura e senza cancellarne le tracce del passaggio nel tempo, le opere d'interesse storico-artistico ed ambientale; esso si fonda sul rispetto della sostanza antica e delle documentazioni autentiche costituite da tali opere, proponendosi, inoltre, come atto d'interpretazione critica non verbale ma espressa nel concreto operare. Più precisamente come ipotese critica e proposizione sempre modificabile, senza che per essa si alteri irreversibilmente l'originale" (GIOVANNI, 1996 apud REIS E CUNHA, 2010).

Ainda sobre o tema restauração, grandes estudiosos do tema, como Chastel (1977) e Riegl (2014), são muito cautelosos, criticando fortemente a chamada restauração integral dos monumentos, como a feita pelo arquiteto francês Viollet-le-Duc no século XIX. Riegl (2014) afirmava que a restauração integral, que "pretendia apagar do monumento marcas da decadência, devolvendo-o a seu estado original", criava obras fictícias. Para Riegl (2104, p. 15), deveria haver a manutenção "das alterações sofridas pelo monumento ao longo dos séculos, causadas pelo surgimento de novos gostos artísticos, mesmo que elas tenham 'alterado a sua forma original'".

Essa visão geral das cartas patrimoniais, das regras e princípios que elas apresentam para as ações de preservação, conservação e restauração dos bens culturais, são de importância basilar a este estudo, pois serviram de fundamento diretivo e filosófico[84] para a cartilha, intitulada *Auditoria Cultural: intervenções em bens culturais afetados por proteção legal*, produzida pelo Tribunal de Contas do Estado de Pernambuco (TCE/PE, 2014), cujo objetivo foi orientar os gestores públicos quanto às ações públicas de manutenção, conservação e restauração dos bens imóveis tombados, que será detalhada no tópico referente ao trabalho dessa Corte de Contas na seção 4.6.1. Conforme exposto na Cartilha do TCE/PE (2014, p. 23), as cartas patrimoniais são:

> instrumentos teóricos que não têm a função de legislar sobre o patrimônio, mas, de fornecer embasamento filosófico com o intuito de uniformizar os discursos quanto aos cuidados que devem ser dispensados a um bem cultural e de prestar subsídios aos órgãos competentes na elaboração de suas leis. Servem, desta forma, de referência mundial para que os diversos países adotem métodos e ações convergentes para a preservação do patrimônio cultural.

Essa ação pedagógica do TCE/PE é de fundamental importância, haja vista que alerta os gestores públicos sobre a essencialidade do cumprimento dos princípios de conservação, manutenção e restauração de bens culturais prescritos nas cartas patrimoniais, evitando que a realização de obras públicas de restauro e conservação, nas quais,

---

[84] O papel da filosofia nas ações de conservação e restauro é discutido na obra de Giovanni Carbonara intitulada *Architettura d'Oggi e Restauro. Un confronto antico-nuovo* na qual "o autor reflete sobre o cenário atual, concluindo que há uma falta de unidade de método entre restauro e projeto do novo e enfocando que é necessário um conhecimento especializado das teorias de restauro, crítica arquitetônica e conceitos da filosofia para afrontar as ações de conservação" (NAHAS, 2017, p. 1).

geralmente, é despendido grande volume de recursos públicos, por falta de conhecimento das regras de técnicas necessárias, acabem por destruir os valores culturais dos bens do patrimônio cultural.

3.4.2 As principais normas internacionais de salvaguarda do patrimônio cultural

Desde a Primeira Guerra Mundial, surgiu um forte movimento internacional voltado à proteção do patrimônio cultural. Choay (2007) aduz que a primeira Conférence Internationale pour la Conservation des Monuments Historiques, em Atenas (1931),[85] somente contava com a participação de Estados europeus, situação que foi alterada ao longo século XX, havendo, atualmente, o envolvimento de quase todos os Estados do mundo.

A Organização das Nações Unidas para a Educação, a Ciência e a Cultura (UNESCO), agência especializada da ONU, foi criada em 1945, na Conferência de Londres,[86] passando a ter existência formal em 1946, com a aceitação da sua constituição jurídica. O objetivo estabelecido para a UNESCO foi "contribuir para a manutenção da paz e da segurança ao estreitar, pela educação, ciência e cultura, a colaboração entre as Nações, a fim de assegurar o respeito universal pela justiça, pela lei, pelos direitos do homem e pelas liberdades fundamentais" (UNESCO, 1945).[87]

A década de 1950 foi marcada por dois importantes fatos que impulsionaram a proteção do patrimônio cultural. O primeiro foi a edição da Convenção de Haia para a Proteção dos Bens Culturais em Caso de Conflito Armado (UNESCO, 1954),[88] um dos primeiros normativos

---

[85] "La première Conférence internationale pour la conservation des monuments historiques, tenue à Athènes en 1931, ne réunit que des Européens. La seconde, tenue à Venise en 1964, voit l'arrivée de trois pays non européens, la Tunisie, le Mexique et le Pérou. Quinze ans plus tard, quatre-vingts pays appartenant aux cinq continents avaient signé la Convention du patrimoine mondial" (CHOAY, 2007, p. 12).

[86] A Convenção de Criação da Organização das Nações Unidas para a Educação, a Ciência e a Cultura (UNESCO, 1945) sofreu alterações nas seguintes sessões: 2e, 3e, 4e, 5e, 6e, 7e, 8e, 9e, 10e, 12e, 15e, 17e, 19e, 20e, 21e, 24e, 25e, 26e, 27e, 28e, 29e, 31e e 40. Atualmente, a UNESCO conta com 193 Estados-membros e 11 Estados-associados (UNESCO, 2020).

[87] Artigo primeiro da Convention créant une Organisation des Nations Unies pour l'éducation, la science et la culture "L'Organisation se propose de contribuer au maintien de la paix et de la sécurité en resserrant, par l'éducation, la science et la culture, la collaboration entre nations, afin d'assurer le respect universel de la justice, de la loi, des droits de l'homme et des libertés fondamentales pour tous, sans distinction de race, de sexe, de langue ou de religion, que la Charte des Nations Unies reconnaît à tous les peuples".

[88] Adotada pelo Brasil por meio do Decreto Legislativo nº 32, de 1956.

internacionais da UNESCO voltados à proteção do patrimônio cultural. O segundo foi um acontecimento histórico, que fortaleceu o movimento de solidariedade internacional para a proteção do patrimônio, qual seja: a construção da barragem de Assuão, no Egito, que ocasionaria a inundação do vale onde estavam os dois templos de Abul-Simbel (UNESCO, 2020).

Para proteger os templos, o Egito e o Sudão solicitaram ajuda à UNESCO que, em 1959, lançou uma campanha internacional para o auxílio desses Estados. Tal campanha foi exitosa, pois contou com a participação de cinquenta Estados e arrecadou os recursos financeiros necessários a acelerar as pesquisas arqueológicas, a desmontar, a deslocar e a refazer os dois templos em um outro lugar, com segurança (UNESCO, 2020). Todo esse movimento e campanha voltados à salvaguarda dos templos de Abul-Simbel despertaram a conscientização mundial sobre a importância da solidariedade e cooperação internacional para a salvaguarda do patrimônio cultural mundial.

Após esses episódios, a agenda de cooperação internacional de proteção do patrimônio cultural fortaleceu-se, formando as bases para que a UNESCO, em conjunto com o Conselho Internacional dos Monumentos e Sítios (ICOMOS),[89] lançasse o projeto do que viria a ser a Convenção para a Proteção do Patrimônio Mundial, Cultural e Natural de Paris (UNESCO, 1972).

Sabendo do contexto internacional em que foi forjada, é possível compreender facilmente o caráter universal dado ao patrimônio cultural pela Convenção de Paris (1972), pois esse normativo internacional surge a partir de uma visão nova, humanista, solidária e universalista do patrimônio cultural, bem como da tomada de consciência acerca da necessidade de preservação, promoção e gestão desse patrimônio.

A motivação da Convenção de Paris de 1972 pode ser extraída de seu preâmbulo. Um dos motivos destacados é a situação de ameaça de destruição, degradação ou desaparecimento que se encontrava o patrimônio cultural e natural, tanto por causas naturais, como por fatores ligados aos desenvolvimentos social e econômico. E a consequência do perecimento do patrimônio seria o empobrecimento irremediável de todos os povos, haja vista que esses bens culturais são únicos e insubstituíveis, possuindo valor inestimável (UNESCO, 1972). Nessa

---

[89] Roseta (2019) ensina que o Conselho Internacional dos Monumentos e Sítios é uma organização não governamental criada em 1965, cujo objetivo é a conservação, proteção, utilização e valorização do patrimônio cultural, desempenhando um importante papel de consultoria junto à UNESCO.

perspectiva, Pires (2015, p. 68) aduz que a Convenção de Paris de 1972 nasce "como contraponto ao processo de alienação da sociedade decorrente da faceta deletéria da 'globalização' econômica e cultural", e preocupa-se com o empobrecimento de todos os povos, causado pelo perecimento do patrimônio cultural.

Outra motivação exposta no preâmbulo da norma internacional é a insuficiência de recursos financeiros, científicos e técnicos de muitos Estados em que se encontram os bens culturais, patrimônio da humanidade. Nessa situação, caberia à coletividade internacional participar, dando o auxílio e o suporte necessários. A UNESCO, por sua vez, ajudaria por meio do Fundo do Patrimônio Mundial, apoiando ações de conservação e de promoção do patrimônio universal.

Quando a Convenção estabelece o compromisso de ajuda mútua entre os Estados-partes, percebe-se o seu caráter solidário. Essa solidariedade proposta na Convenção de Paris (UNESCO, 1972) é baseada na denominada solidariedade ética ou solidariedade horizontal, ou seja, em uma solidariedade em que há o respeito ao multiculturalismo e não há a imposição cultural do Estado auxiliador ao Estado auxiliado (BAGGIO, 2008). Nessa linha de pensamento, Franca Filho e Morais (2019) esclarecem que existem dois tipos de solidariedade: a ética e a técnica. Na solidariedade técnica existe um componente de dominação cultural, com a padronização dos modos e dos costumes. Já na solidariedade ética, há a marca do respeito aos direitos culturais, especialmente, ao multiculturalismo.

Assim, é perceptível que o auxílio previsto na Convenção de Paris (UNESCO, 1972) deve se pautar na solidariedade ética, no respeito ao multiculturalismo e na não dominação cultural dos povos auxiliados.

Segundo o que diz Benhamou (2016), a Convenção para a Proteção do Patrimônio Mundial, Cultural e Natural de Paris (UNESCO, 1972) reúne dois objetivos principais: a proteção do patrimônio cultural e do patrimônio natural,[90] com a preservação da natureza (BENHAMOU, 2016). Roseta (2019) completa esse entendimento quando afirma que a Convenção de Paris (UNESCO, 1972) tem cinco objetivos: criar um sistema de proteção coletiva do patrimônio cultural e natural; definir as categorias de bens considerados pertencentes ao patrimônio cultural;

---

[90] Essa ideia de juntar a proteção dos patrimônios cultural e natural, na Convenção de Paris de 1972, veio a partir da Conferência de Washington de 1965, que resultou em uma solicitação para a criação da Fundação do Patrimônio Mundial que estimularia a cooperação internacional para a proteção de zonas naturais e paisagísticas, bem como de sítios históricos (ZANIRATO; RIBEIRO, 2006).

elencar as obrigações dos Estados na identificação, proteção, conservação, valorização e transmissão do patrimônio cultural; criar o Comitê do Patrimônio, responsável pela confecção da Lista Representativa do Patrimônio Cultural Imaterial da Humanidade, da Lista do Patrimônio Cultural Imaterial que Requer Medidas Urgentes de Salvaguarda e da Lista de Melhores Práticas de Salvaguarda.

Como característica, pode-se afirmar que, além do caráter universalista, anteriormente mencionado, esse normativo internacional utiliza a concepção tradicional de patrimônio cultural, isto é, como um conjunto de bens monumentais, excepcionais e/ou históricos, construídos e reconstruídos permanentemente (SOARES; CUREAU, 2015).

Outro aspecto importante da Convenção de Paris (UNESCO, 1972) é definir as categorias de bens culturais pertencentes ao patrimônio cultural material, a saber: os monumentos, os conjuntos e os sítios. É o que se pode depreender do trecho a seguir:

> Para os fins da presente Convenção, são considerados "patrimônio cultural":
> - os monumentos: obras arquitetônicas, esculturas ou pinturas monumentais, objetos ou estruturas arqueológicas, inscrições, grutas e conjuntos de valor universal excepcional do ponto de vista da história, da arte ou da ciência,
> - os conjuntos: grupos de construções isoladas ou reunidas, que, por sua arquitetura, unidade ou integração à paisagem, têm valor universal excepcional do ponto de vista da história, da arte ou da ciência,
> - os sítios: obras do homem ou obras conjugadas do homem e da natureza, bem como áreas, que incluem os sítios arqueológicos, de valor universal excepcional do ponto de vista histórico, estético, etnológico ou antropológico.

Como pode ser visto, a norma internacional de 1972 não traz qualquer previsão sobre os bens culturais intangíveis, ou seja, os saberes, habilidades, práticas religiosas, *savoir-faire*, modos, costumes, tradições que são transmitidos pelos povos do passado.

O reconhecimento jurídico internacional dos bens culturais imateriais só ocorreu em 1989, com a Recomendação sobre a Salvaguarda da Cultura Tradicional e Popular (UNESCO, 1989), que é fruto da evolução dos estudos e do próprio conceito de patrimônio (OLIVEIRA, 2012).

Em 2003, houve a "consagração dessa proteção" com a Convenção Internacional para a Salvaguarda do Patrimônio Cultural Imaterial

(UNESCO, 2003),[91] inaugurando a fase da imaterialidade, em que nos encontramos atualmente (OLIVEIRA, 2012, p. 10).

Com fundamento no marco teórico já apresentado, constata-se que a Convenção de Paris de 2003 não apresentou uma definição de patrimônio cultural imaterial, mas um dimensionamento, um norte para que os Estados-partes pudessem reconhecer e inventariar o seu patrimônio cultural. Ela contém uma lista não exaustiva de exemplos, fundada na responsabilidade intergeracional de transmissão desse patrimônio entre as gerações, possibilitando a sua preservação.

Tais exemplos não se referem a objetos culturais, mas a "processos culturais e sociais" cujos bens materiais são apenas produtos (LIXINSKI, 2018, p. 49). Essa mudança de foco em relação aos bens culturais é fruto dos estudos sobre o patrimônio cultural imaterial, iniciados trinta anos antes da aprovação da Convenção.

A Convenção de Paris (UNESCO, 2003) tem quatro objetivos, os quais são determinados no seu artigo 1º, a saber: salvaguardar o patrimônio cultural imaterial; garantir o respeito desse patrimônio advindo de comunidades, grupos e indivíduos; conscientizar; proporcionar cooperação e assistência mútua internacional (LIXINSKI, 2018).

Quanto aos meios, essa norma internacional prevê três: os mecanismos, um conjunto de listas e um fundo. Como mecanismos, foram criados dois órgãos, o Comitê Intergovernamental para a Salvaguarda do Patrimônio (artigo 5º), com o objetivo de dar a *expertise* exigida na área de patrimônio imaterial; e a Assembleia-Geral dos Estados-partes, autoridade máxima em questões relativas a esse patrimônio (artigo 4º). Além disso, foram criadas duas listas: a Lista Representativa do Patrimônio Cultural Imaterial da Humanidade[92] (artigo 16) e a Lista de Patrimônio Cultural Imaterial que Requer Medidas Urgentes de Salvaguarda (artigo 17). Finalmente, foi criado um Fundo para a Salvaguarda do patrimônio intangível, formado, primordialmente, por contribuições voluntárias dos Estados-partes, com o objetivo de prestar assistência financeira aos Estados que solicitarem, segundo previsão do artigo 23.

A Convenção de Paris (UNESCO, 2003) apresenta grande preocupação com a proteção do patrimônio imaterial em nível nacional, considerando que a maior ameaça ao perecimento desse patrimônio é a falta de educação, conscientização e participação do povo concernente,

---

[91] O Brasil ratificou essa convenção, por meio do Decreto nº 5.753/2006.
[92] Até o final de 2016, o Brasil havia inscrito oito bens nessa lista (FONSECA, 2018).

além da falta de conhecimento pelos Estados do seu próprio patrimônio imaterial (LIXINSKI, 2018). Para corrigir essas falhas, no artigo 12, prevê-se a obrigação dos Estados-partes de inventariarem seu patrimônio intangível e, no artigo 14, o dever de promoção da educação, da conscientização e da capacitação do patrimônio imaterial, o qual é uma "cultura viva" que necessita ser transmitida às gerações mais jovens, por meio da educação (LIXINSKI, 2018).

Lixinski (2018) aduz que a maior crítica à Convenção de Paris (UNESCO, 2003) é a proteção da soberania dos Estados-partes, pois não há qualquer previsão de proteção do patrimônio imaterial quanto aos danos causados pelos próprios Estados-partes, os quais têm a competência absoluta ("controle absoluto") em dizer o que faz parte ou não do seu patrimônio intangível, bem como afirmar o que merece ou não proteção.

Ademais, o referenciado autor aponta que o patrimônio cultural imaterial é uma questão altamente politizada, por versar sobre identidade (LIXINSKI, 2018). Assim, quando da elaboração da Convenção de Paris de 2003, certos Estados se preocuparam com o reconhecimento internacional de determinadas culturas em seus territórios, o que poderia ocasionar problemas separatistas internos, como reinvindicações de independência. Esse problema foi solucionado com a importante afirmação de que o "patrimônio cultural imaterial não é patrimônio cultural da humanidade", pois o interesse da ordem internacional é apenas na proteção do patrimônio, e não no patrimônio em si, de modo que esse interesse seria de ordem instrumental, e não substancial (LIXINSKI, 2018, p. 56).

Outro aspecto político é destacado por Pragmácio (2018b, p. 32), quando afirma que o reconhecimento do patrimônio intangível surgiu a partir de uma "pressão periférica e pós-colonial", no sentido de romper e libertar a perspectiva de patrimônio cultural dos padrões exclusivamente eurocêntricos.

Nessa perspectiva, Pelegrini e Funari (2017) aduzem que existe certa dicotomia entre o previsto na Convenção de Paris de 1972 com o previsto na Convenção de Paris de 2003. Na primeira, em razão da previsão do critério do valor de excepcionalidade, teria sido mantido um padrão cultural ocidental europeu. Prova disso é que mais de 60% dos bens materiais reconhecidos pela UNESCO se encontravam na Europa e América do Norte. Quanto aos bens imateriais, essa lógica era inversa, pois mais de 85% dos bens imateriais registrados pela UNESCO se encontravam na América Latina, Caribe, África, países árabes, da Ásia e do Pacífico (PELEGRINI; FUNARI, 2017).

Esse fato revela uma dicotomia entre os bens culturais dos países ricos *versus* bens culturais dos países periféricos, revelando uma luta dos países periféricos pela valorização do patrimônio imaterial que pode ser entendida como reveladora de uma "disjunção", entre "alta e baixa cultura", ou seja, a cultura arquitetônica e artística dos ricos e a cultura popular e simples do mundo periférico (PELEGRINI; FUNARI, 2017).

A Convenção de Paris de 2003, no campo do sistema global de proteção dos direitos humanos, influenciou a elaboração da Convenção-Quadro do Conselho Europeu Relativa ao Valor do Patrimônio Cultural para a Sociedade, também chamada Convenção do Faro ou Convenção-Quadro de 2005 (CONSELHO DA EUROPA, 2005), documento pertencente ao sistema regional europeu de proteção aos direitos humanos, a qual vem complementar a Convenção de Paris de 2003.[93]

Esse normativo internacional tem importância fundamental para a proteção do patrimônio, especialmente, quando define o patrimônio tangível em função do patrimônio intangível, ou seja, um conjunto de bens (patrimônio material) que existem como expressão dos valores, crenças, saberes e tradições herdadas pelo povo (patrimônio imaterial),[94] conforme demonstrado no trecho a seguir:

> Artigo 2º Definições [...]
> a) O patrimônio cultural constitui um conjunto de recursos herdados do passado que as pessoas identificam, independentemente do regime de propriedade os bens como um reflexo e expressão dos seus valores, crenças, saberes e tradições em permanente evolução. Inclui todos os aspectos do meio ambiente resultantes da interação entre as pessoas e os lugares através do tempo;
> b) Uma comunidade patrimonial é composta por pessoas que valorizam determinados aspectos do patrimônio cultural que desejam, através da iniciativa pública, manter e transmitir às gerações futuras. (CONSELHO DA EUROPA, 2005)

---

[93] Lixinski (2018) aduz que a Convenção de Paris de 2003 estabelece em seu artigo 3º o compromisso de complementaridade dos seus dispositivos pelos Estados-partes, por meio de outros tratados internacionais mais específicos.

[94] Interessante notar que, apesar de ser uma norma voltada aos Estados europeus, a Convenção-Quadro (2005) é amplamente compatível com as finalidades e os princípios culturais previstos na nossa Constituição Federal de 1988, especialmente, no reconhecimento da importância do patrimônio e no dever de toda a Administração Pública zelar pela salvaguarda e proteção do patrimônio (artigo 216, §1º), o que demonstra o vanguardismo do nosso texto constitucional.

O enfoque patrimonial dado pela Convenção-Quadro de 2005 (CONSELHO DA EUROPA, 2005) são nos valores culturais, os quais estão em permanente evolução, pois a cultura é viva (LIXINSKI, 2018).[95] Destarte, a Convenção do Faro contém a percepção mais abstrata do patrimônio cultural, sendo esse entendimento progressista o fator que causou resistência à sua ratificação pelos Estados europeus, de modo que ela só foi ratificada por um terço desses Estados, configurando-se, assim, como o tratado sobre patrimônio cultural menos ratificado do Conselho da Europa (LIXINSKI, 2018).

Apesar de ser uma norma aplicável apenas aos Estados europeus signatários, a Convenção do Faro é importante para o presente estudo, porque reconhece vários direitos culturais e impõe diversas obrigações e compromissos políticos, econômicos e sociais aos Estados-partes, relacionados ao patrimônio cultural, de modo que pode servir de fonte para outros normativos internacionais, que englobem toda a comunidade internacional. Ademais, percebe-se que tal normativo, apesar de ter sido editado quase vinte anos após a CF/88, é amplamente compatível como a ordem constitucional e com os princípios culturais constitucionais brasileiros.

Ela é uma norma programática que não cria direitos ou deveres autoexecutáveis ou coercíveis (LIXINSKI, 2018), segundo seu artigo 6º, mas pode induzir a criação desses direitos e deveres pelos Estados-partes, por meio de seu sistema jurídico interno. Esse aspecto da Convenção-Quadro de 2005 é criticado por Stamatopoulou (2007, p. 47), a qual entende que a "Convenção é fraca em termos de obrigações estatais", mas ela tem potencial para beneficiar os direitos culturais e as pessoas que vivem nos Estados europeus.

A Convenção do Faro incita os Estados-partes a: reconhecerem o interesse público no patrimônio cultural, em função de sua importância para a sociedade; e valorizarem o patrimônio, por meio de sua identificação, estudo, interpretação e proteção; tudo isso, por meio de medidas legislativas internas. Por essas previsões, não é difícil aos sistemas jurídicos internos dos Estados-partes europeus reconhecerem os bens componentes do patrimônio cultural como bens públicos, *lato sensu*, haja vista o reconhecimento do interesse público sobre eles. Desse modo, mesmo os bens privados, que fazem parte do patrimônio cultural,

---

[95] Nesse aspecto da Convenção-Quadro de 2005 apresentado por Lixinski (2018), reforça-se a visão evolucionista da cultura e dos valores culturais, apresentada no tópico acerca do conceito jurídico do patrimônio cultural, com o propósito de esclarecer as diversas mudanças conceituais corridas ao longo da história.

possuem características de bens públicos, pois sofrem limitações no direito de propriedade, em prol do interesse público.[96]

Nesse sentido, Lixinski (2018, p. 63) aduz que a Convenção-Quadro de 2005 percebe no patrimônio cultural "um valor que ultrapassa a sua utilidade num determinado momento e lugar". É esse valor que ultrapassa a utilidade do bem cultural que autoriza a sua proteção em prol do interesse público e caracteriza-o como um bem público, em sentido amplo.

A Convenção-Quadro de 2005 também estabelece uma série de deveres aos Estados-partes e à sociedade concernente perante o seu patrimônio cultural. Merece destaque o reconhecimento da responsabilidade individual e coletiva diante do patrimônio (artigo 4, alínea "a"); o dever do Estado de adotar as medidas cabíveis para reforçar o papel do patrimônio cultural na edificação de uma sociedade pacífica e democrática, bem como fator de promoção da diversidade cultural e de desenvolvimento sustentável (artigo 5º, alínea "e"); e o dever de todos os agentes públicos, institucionais e privados no sentido de promover a salvaguarda e promoção do patrimônio. A esse respeito, Stamatopoulou (2017, p. 46, tradução livre nossa) faz o seguinte acréscimo:

> O preâmbulo faz uma forte referência aos direitos humanos em todo o tratado, reconhecendo que toda pessoa tem o direito de se envolver com a herança cultural de sua escolha, respeitando os direitos e liberdades de outros, como um aspecto do direito a participar livremente da vida cultural consagrada na Declaração Universal dos Direitos Humanos e garantida no Pacto Internacional sobre Direitos Econômicos, Sociais e Culturais. É positivo a este respeito que a Convenção inclua os "direitos humanos, a democracia e o estado de direito" como parte dos ideais, princípios e valores que constituem o patrimônio comum da Europa.

Lixinski (2018) aduz que essa Convenção-Quadro de 2005 tem dois propósitos: criar um "ideal europeu" de patrimônio,[97] minimizando

---

[96] Nesse sentido, o artigo 2º, alínea "a", afirma que "o patrimônio cultural constituiu um conjunto de recursos herdados do passado que as pessoas identifica, independentemente do regime de propriedade dos bens, como um reflexo e expressão dos seus valores, crenças, saberes e tradições em permanente evolução"; e o artigo 5º, alínea "a", que reconhece "o interesse público inerente aos elementos do patrimônio cultural em função da sua importância para a sociedade" (CONSELHO DE EUROPA, 2005).

[97] "A Convenção também define o 'patrimônio comum da Europa' como 'todas as formas de patrimônio cultural na Europa que, no seu conjunto, constituem uma fonte partilhada de memória, compreensão, identidade, coesão e criatividade' e 'os ideias, princípios e valores resultantes da experiência adquirida com progressos e conflitos passados, que favorecem o

as diferenças e estabelecendo certa uniformidade cultural; e ressaltar a importância do patrimônio no desenvolvimento sustentável, de modo que a proteção do patrimônio cultural não é vista como fim em si mesma, mas ela tem uma finalidade utilitarista, representando um instrumento para a melhoria da vida dos povos europeus.

Com essa mesma perspectiva, Stamatopoulou (2007) aduz que a Convenção do Faro possui dois importantes fundamentos: a) a importante visão do patrimônio cultural como uma herança e um valor impulsionador do desenvolvimento sustentável; b) o direito à participação na vida cultural, especialmente, na gestão do patrimônio cultural.

Stamatopoulou (2007) aponta também que há uma mudança de prisma nessa Convenção de 2005, pois, no lugar de questionar "como preservar o patrimônio?", a questão fundamental posta é "por que e para quem preservar e melhorar a herança cultural?". A esse respeito, cabem as seguintes palavras da autora:

> A Convenção apresenta uma mudança da questão de como preservar o patrimônio cultural para a questão por que o valor da herança cultural deve ser melhorado e para quem. Baseia-se na ideia de que o conhecimento e o uso do patrimônio fazem parte do direito do cidadão de participar da vida cultural, conforme proclamado na Declaração Universal. O texto apresenta o patrimônio como um recurso para o desenvolvimento humano, o reforço da diversidade cultural e a promoção do diálogo intercultural e como parte de um modelo de desenvolvimento econômico baseado nos princípios da utilização sustentável de recursos. (STAMATOPOULOU, 2007, p. 45, tradução livre nossa)

De fato, o patrimônio como impulsionador do desenvolvimento sustentável tem destaque nessa Convenção, notadamente, nos artigos 9º e 10º. O artigo 9º versa sobre a utilização sustentável do patrimônio, ou seja, o uso econômico do patrimônio com os seguintes limitadores: respeito à sua integridade e aos seus valores culturais inerentes; gestão sustentável; e encorajamento à manutenção e à conservação com qualidade técnica elevada e com a utilização de técnicas, materiais e aptidões tradicionais. Já o artigo 10º apresenta o compromisso dos Estados-partes na valorização do patrimônio cultural como fator de desenvolvimento, cabendo a esses entes internacionais o dever

---

desenvolvimento de uma comunidade pacífica e estável, baseada no respeito dos direitos humanos, da democracia e do Estado de direito" (LIXINSKI, 2018, p. 62).

de aumentar a informação sobre as potencialidades econômicas do patrimônio e realizar políticas econômicas voltadas a ele.

O segundo fundamento da Convenção-Quadro de 2005, apontado por Stamatopoulou (2007, p. 45), é a liberdade de exercício dos direitos culturais relativos ao patrimônio, consagrado na fórmula: "direito a participar da vida cultural". Nessa mesma linha de pensamento, Lixinski (2018) aduz que a Convenção apresenta o direito ao patrimônio cultural como inerente ao direito de participação na vida cultural.

Por esse fundamento, os Estados-partes têm o dever de reconhecer e efetivar o direito de participação na vida cultural, o qual se desdobra em dois diretos: o direito de acesso ao patrimônio e o direito de participação na gestão do patrimônio. Desse modo, os Estados-partes devem promover ações para dar acesso e conhecimento sobre o patrimônio, por meio da informação e da educação cultural.

Assim, estabelece-se um novo paradigma que irá promover "indiretamente o princípio democrático, ao ampliar a participação do indivíduo, segundo lógica emancipatória da cidadania, na gestão da *res publica*" (PIRES, 2015, p. 69), que, no caso, será na gestão do patrimônio cultural.

Esse segundo fundamento da Convenção do Faro é importante para o presente estudo, pois demonstra que a efetivação do direito ao patrimônio cultural depende do exercício do direito à participação cultural, traduzido pelo direito à participação na gestão do patrimônio, o qual somente é possível por meio da informação cultural, da educação cultural, da transparência das políticas culturais e de uma política econômica patrimonial, promovidas pelos Estados.

Outro aspecto importante, para o presente estudo, apresentado na Convenção-Quadro de 2005, é a obrigação de cooperação, articulação e desenvolvimento de um conjunto de ações de proteção e promoção do patrimônio cultural entre os órgãos componentes do Poder Público. No artigo 11º, existe uma série de compromissos para que os órgãos públicos ajam conjuntamente na gestão do patrimônio cultural, merecendo destaque os seguintes deveres: a) promover uma atuação conjunta e coordenada entre as autoridades públicas; b) desenvolver meios jurídicos, financeiros e profissionais que permitam uma ação coordenada entre autoridades públicas, elementos da sociedade e organizações civis e não governamentais; e c) desenvolver métodos inovadores para a cooperação das autoridades públicas com outros agentes.

Nesse sentido, o objetivo da Convenção-Quadro de 2005 é, justamente, fazer com que os Estados europeus promovam uma ação coordenada dos seus órgãos e entidades públicas para a salvaguarda e promoção do patrimônio cultural. É por isso que a atuação de órgãos e entidades da Administração Pública como Tribunal de Contas, Ministério Público, Poder Legislativo, Poder Judiciário, em conjunto com outros do Poder Executivo, é, para além de aceita, exigida na ordem jurídica internacional europeia.

Assim, a Convenção-Quadro de 2005 é mais um fundamento jurídico que legitima a atuação do Tribunal de Contas dos Estados-partes para a fiscalização e colaboração para a gestão do patrimônio cultural, pelos órgãos e demais entidades da Administração Pública; bem como para a informação, educação e transparência cultural do povo concernente, as quais são ferramentas fundamentais para a efetivação do direito de participar da cultura e da gestão do patrimônio cultural.

3.4.3 Evolução da proteção do patrimônio cultural no Brasil

A primeira tipificação sobre a tutela do patrimônio cultural, no ordenamento jurídico brasileiro, foi o artigo 178 do Código Criminal do Império, o qual considerava crime destruir, abater, mutilar ou danificar monumentos, edifícios, bens públicos ou qualquer outro objeto destinado à utilização, decoração ou recreio público (MIRANDA, 2017).

Barbosa (2015) analisa a evolução do tratamento jurídico do patrimônio cultural no Brasil, dividindo esse estudo em quatro "paradigmas" principais, que seriam quatro momentos históricos marcados por determinadas características que o autor chama de referenciais, que seriam: o momento histórico, os elementos técnicos disponíveis, a ideologia política e os profissionais mediadores, isto é, os agentes, geralmente servidores públicos, responsáveis pelas principais decisões acerca do patrimônio. Nessa perceptiva, o Brasil teria conhecido quatro paradigmas principais: o paradigma da construção do conceito de patrimônio cultural brasileiro (décadas de 1920 e 1930); o paradigma da "pedra e cal"[98] (anos de 1937 a 1969); o paradigma das políticas públicas de proteção e respeito à diversidade cultural (décadas de 1960 e 1970); e o paradigma contemporâneo (a partir da década de 1980).

O primeiro paradigma, que ocorreu nas décadas de 1920-1930, é considerado o paradigma de construção do conceito de patrimônio cultural brasileiro. Soares (2009) explica que nessa época existia um contexto socioeconômico e cultural propício ao reconhecimento e à

---

[98] Termo utilizado, por exemplo, por Maria Cecília Londres Fonseca, na obra *Para além da Pedra e Cal: por uma concepção ampla do patrimônio*, de 2009.

valorização do patrimônio cultural do Estado brasileiro. No cenário econômico, a crise mundial, ocasionada pelas guerras europeias, fortaleceu o capitalismo brasileiro e fez surgir tanto um novo formato de capitalismo quanto uma elite comercial e industrial. No campo sociocultural, os artistas do movimento modernista buscavam "a valorização da identidade brasileira e seus vários elementos" (SOARES, 2009, p. 24).

Assim, nesse primeiro paradigma, os mediadores foram os membros do movimento modernista, o elemento operacional foi o Salão de Arte Moderna, e as representações do patrimônio cultural eram ligadas à ideia de arte no sentido etnográfico, do modernismo e do dinamismo cultural. O movimento modernista foi responsável por criar o imaginário de como somos como nação: "muitas nações dentro de uma, uma identidade complexa formada por diversidades" (BARBOSA, 2015, p. 80).

Ademais, a proteção do patrimônio cultural é levada, pela primeira vez, ao plano constitucional, na Constituição de 1934,[99] que reconheceu a função social da propriedade como princípio constitucional e determinou à União e aos Estados a proteção das belezas naturais e dos monumentos de valor histórico ou artístico e o impedimento de evasão de obras de arte (MIRANDA, 2017).[100]

O segundo paradigma foi de 1937-1969. Barbosa (2015, p. 78) afirma que esse período é marcado pela "política da pedra e cal", que "mediada pelos arquitetos do IPHAN, relacionava arte, arquitetura, patrimônio e narrativas a respeito da construção da nação". Nesse período, foi criado o IPHAN como órgão de controle e fiscalização do patrimônio brasileiro e o tombamento como instrumento jurídico declaratório dos bens culturais, por meio do Decreto-Lei nº 25/1937, os quais estavam limitados aos bens móveis e imóveis, que se adequavam à seletividade do momento. Nesse período, a seletividade empregada "valorizava a arquitetura colonial, a leitura estética das belas-artes, a

---

[99] "Art. 10 – Compete concorrentemente à União e aos Estados: [...] III – proteger as belezas naturais e os monumentos de valor histórico ou artístico, podendo impedir a evasão de obras de arte".

[100] Todas as Constituições Federais que se seguiram tinham a previsão do dever público de proteção ao patrimônio cultural: a Carta Magna de 1937 (Constituição do Estado Novo), em seu artigo 134, quando determinava a proteção pela Nação, Estados e Municípios e considerava atos atentatórios ao patrimônio como atentados ao patrimônio nacional; a Constituição Federal de 1946 que, em seu artigo 175, estabelecia que os bens culturais da Nação deveriam ficar sob a proteção do Poder Público; a Carta Magna de 1967, no seu artigo 172, que determinava ao Estado o dever de amparo à cultura e ao proteção ao patrimônio cultural e a Emenda de 1969 que repetia a mesma norma no seu artigo 180.

história dos grandes personagens", dando ênfase aos bens arquitetônicos de origem europeia e sua "abrasileiração" (BARBOSA, 2015, p. 80).

O Decreto-Lei nº 25/1937 (Lei do Tombamento) foi cópia de projeto de autoria de Mário de Andrade, convidado pelo então Ministro da Cultura, Gustavo Capanema, que organizou a proteção do patrimônio cultural material por meio desse instrumento normativo, seguido da criação do Serviço do Patrimônio Histórico e Artístico Nacional (SPHAN) por Getúlio Vargas, por meio da Lei nº 378 de 13 de janeiro de 1937[101] (MIRANDA, 2017), órgão que se transformaria no IPHAN.

O Decreto-Lei nº 25/1937 prevê, em seu artigo 1º, a definição de patrimônio histórico e artístico nacional como sendo "o conjunto de bens móveis e imóveis existentes no Estado brasileiro e cuja conservação seja de interesse público, quer por sua vinculação a fatos memoráveis, da história do Brasil, quer por seu valor arqueológico ou etnográfico, bibliográfico ou artístico". Essa definição mostra uma visão tradicional de patrimônio, como um bem material monumental e excepcional. Dos elementos da definição, extraem-se as principais características do patrimônio da época: a referência a fatos históricos e memoráveis e seu valor para o Estado brasileiro, que pode ser artístico, histórico, etnográfico, entre outros.

Nesse paradigma destaca-se, como um dos principiais mediadores, Rodrigo Melo Franco de Andrade, que dirigiu o IPHAN por 30 anos,[102] desde a sua criação como SPHAN, em 1937, até 1967, permanecendo no Conselho Consultivo do órgão até a sua morte, em 1969 (IPHAN, c2014b).

Durante a direção do IPHAN, Rodrigo Melo Franco de Andrade dedicou-se à proteção do patrimônio cultural nacional, especificamente, buscando o fortalecimento da instituição e o estabelecimento de medidas para a preservação, razão pela qual o período de sua administração é chamado de fase heroica (IPHAN, c2014b). Consolidaram-se as competências do IPHAN por meio de uma forte atuação política, objetivando a conscientização dos políticos e da sociedade, sendo um dos instrumentos, para isso, a *Revista do Patrimônio Histórico e Artístico Nacional*. Ademais, contribuiu para a realização das seguintes medidas:

---

[101] Lei nº 378, de 13 de janeiro de 1937. Dá nova organização ao Ministério da educação e Saúde Pública. *Diário Oficial da União*: seção 1, Rio de Janeiro, p. 1210, 15 jan. 1937.

[102] Recebeu a colaboração e a contribuição de grandes expoentes da sociedade brasileira, como Oscar Niemeyer, Luiz de Castro Faria, Sérgio Buarque de Holanda, Heloísa Alberto Torres, Vinícius de Morais, Gilberto Freyre, Carlos Drummond de Andrade, Renato Soeiro e Lúcio Costa, entre outros (IPHAN, c2014).

[...] redação de uma legislação específica, com a introdução da figura de tombamento; além da preparação de técnicos para atuarem na área; realização de inventários, estudos e pesquisas; execução de obras de conservação, consolidação e restauração de monumentos; organização de arquivo de documentos e dados colhidos em arquivos públicos e particulares; reunião de acervo fotográfico; e estruturação de biblioteca especializada. (IPHAN, c2014)

O terceiro paradigma surgiu com os movimentos e debates internacionais das décadas de 1960-1970, voltados à construção de políticas públicas de proteção do patrimônio e respeito à diversidade cultural. Soares (2009, p. 24) afirma que, nesse período histórico, houve o amadurecimento da ideia de patrimônio cultural, colhendo-se os frutos dos avanços ocorridos no início do século XX, havendo a inclusão e valorização de bens materiais e imateriais de referência, voltados a "entender o passado, viver o presente e lidar com o futuro".

Frutos das discussões e estudos ocorridos no terceiro paradigma, surge o quarto e atual paradigma, o qual se iniciou na década de 1980. Esse paradigma é caracterizado pela constitucionalização da cultura e da concepção dos direitos culturais como direitos fundamentais. A seleção do patrimônio cultural volta-se ao conceito antropológico de cultura que "valoriza o contexto vivo de cultura" (BARBOSA, 2015, p. 80).

Em 1981, por influência da Convenção de Estocolmo (1972), foi promulgada a Política Nacional de Meio Ambiente (Lei Nacional nº 6.938/1981[103]) que "traz uma concepção jurídica de meio ambiente como macrobem, constituído pela união dos aspectos naturais e culturais dos bens" (SOARES, 2018, p. 12).

Na esteira dessa evolução dos instrumentos jurídicos, ocorre a promulgação da Constituição Federal de 1988, a qual se apresenta consentânea com as mais modernas normas, doutrinas nacionais e internacionais. Nela, há a previsão de diversos direitos culturais, o dimensionamento do patrimônio cultural e o reconhecimento do patrimônio cultural imaterial, ou seja, das várias formas de expressão e manifestação do povo brasileiro.

A vanguarda da CF/88 é notada quando se constata que o reconhecimento jurídico internacional dos bens culturais imateriais só ocorreu em 1989, com a Recomendação sobre a Salvaguarda da Cultura

---

[103] Lei nº 6.938, de 31 de agosto de 1981. Dispõe sobre a Política Nacional do Meio Ambiente, seus fins e mecanismos de formulação e aplicação, e dá outras providências. *Diário Oficial da União*: seção 1, Brasília, p. 16509, 2 set. 1981.

Tradicional e Popular (UNESCO, 1989) (OLIVEIRA, 2012). Mesmo no seu texto original, sem as reformas introduzidas pela Emenda Constitucional (EC) nº 48/2005, que instituiu o Plano Nacional da Cultura (§3º e incisos do artigo 215), e a EC nº 71/2012, que criou o Sistema Nacional de Cultura (artigo 2016-A), traz sua própria dimensão "multifacetária" de patrimônio (SOARES, 2018), além de prever os instrumentos de proteção (tombamento, inventário, desapropriação, registro) e a obrigação de todo o Poder Público e da sociedade na proteção do patrimônio cultural.

Finalmente, normativo de grande importância para a proteção do patrimônio cultural é o Decreto nº 3.551/2000,[104] que estabeleceu o registro dos bens componentes do patrimônio cultural imaterial, ou seja, o momento de inscrição do bem intangível no patrimônio cultural imaterial brasileiro. Ressalte-se que tal decreto será retomado na seção 3.5.3.

3.5 Dimensionamento constitucional do patrimônio cultural

A Constituição Federal de 1988, no seu artigo 216, apresenta o dimensionamento constitucional do patrimônio cultural, como o conjunto de bens, materiais e imateriais, que são portadores dos valores de referência dos grupos formadores da sociedade brasileira.

Askerud e Clément (1999) aduzem que a norma jurídica pode conceber os bens culturais por três métodos: o método de categoria, em que há uma descrição geral dos bens culturais; o método de enumeração, em que existe uma descrição de cada tipo de bem cultural; e o método de classificação, em que só há o bem cultural após a prolação de uma decisão administrativa, constitutiva do bem cultural.

Da leitura do artigo 216, percebe-se a opção do constituinte de 1988 pelo método de categoria, haja vista que, nos incisos dessa norma constitucional, há uma descrição geral dos bens componentes do patrimônio cultural, sendo os incisos I e II dedicados aos bens componentes do patrimônio cultural imaterial ou intangível e os incisos III a V, aos bens culturais componentes do patrimônio cultural material ou tangível.

---

[104] Decreto nº 3.551, de 4 de agosto de 2000. Institui o Registro de Bens Culturais de Natureza Imaterial que constituem patrimônio cultural brasileiro, cria o Programa Nacional do Patrimônio Imaterial e dá outras providências. *Diário Oficial da União*, Brasília, 7 ago. 2000.

O patrimônio cultural imaterial reconhecido é composto pelas formas de expressão, os modos de criar, fazer e viver dos diferentes grupos sociais que formam o Estado brasileiro. São os modos, tradições, crenças, conhecimentos, saberes, religiosidade que caracterizam o povo brasileiro. Já o patrimônio material é composto pelas obras palpáveis ao espírito humano, monumentos, monumentos históricos e demais bens culturais.

Essa divisão entre patrimônio cultural tangível e intangível é muito antiga e tem raízes profundas, pois, como explicada por Pelegrini e Funari (2017, p. 25) "Cícero já separava a cultura do solo e a cultura da alma". Mas certos doutrinadores entendem que essa divisão é decorrente apenas do processo histórico de reconhecimento, das práticas de preservação e dos instrumentos jurídicos aplicáveis, não havendo, do ponto de vista teórico, qualquer dicotomia entre o patrimônio cultural material e imaterial (PRAGMÁCIO, 2018b).

Nessa perspectiva, Fonseca (2009) afirma que os patrimônios material e imaterial são "duas faces de uma mesma moeda", não sendo possível compreender o patrimônio material sem os valores, que é sua dimensão imaterial, nem o patrimônio imaterial sem o veículo material que lhe permite se realizar. Com essa mesma visão, Meneses declara que o patrimônio cultural sempre tem um suporte material, premissa que vale também para o patrimônio imaterial "pois se todo material tem uma dimensão imaterial de significado e valor, por sua vez todo patrimônio imaterial tem uma dimensão material que lhe permite realizar-se", de modo que as diferenças "não são ontológicas, de natureza, mas basicamente operacionais" (2008, p. 31).

Essa também é a visão de Benhamou (2016), quando afirma que são os saberes, as práticas e as tradições que dão sentido ao patrimônio cultural material, de tal modo que, em diversas culturas, o patrimônio tangível só possui sentido devido ao patrimônio intangível.

Prats (2011, p. 745) afirma que o patrimônio material é indissociável do imaterial, pois "Le patrimoine matériel est indissociable du patrimoine immatériel, à savoir: l'histoire, les modes de vie, les savoir faire des habitants, qui ont constitué ce patrimoine et participent à sa maintenance".[105]

---

[105] Nesse mesmo sentido, Varine (2013, p. 112) afirma que "Le patrimoine, au sens de cet article, est aussi bien naturel que culturel, matériel qu'immatériel, ces distinctions n'ayant pas de sens pour les gens sur le terrain. Le patrimoine naturel est essentiellement modelé par l'usage qui en est fait par nous et il n'existe que par le regard que nous portons sur lui; le patrimoine matériel est indissociable de l'immatériel qui lui donne son sens".

Corroborando essa linha de pensamento, Rodrigues (2018, p. 324), a partir dos estudos de Giannini (1976) e Silva (2001), afirma que a "essência do bem cultural consiste na sua peculiar estrutura, em que se fundam numa unidade objetiva, um valor material e um valor que lhe dá sentido, o que justifica, dizer-se que o ser do bem cultural é um ser sentido".

Dessa forma, conceitualmente, não há separação nem oposição entre o patrimônio cultural material e imaterial, de modo que o patrimônio cultural é uno, isto é, representa a manifestação dos valores culturais de um povo, herdado do passado e que se deseja manter para as gerações futuras. A diferença consiste na percepção sensorial desses valores, que, no material, será um bem concreto, corpóreo e tocável; no imaterial, será um bem etéreo, incorpóreo e intocável. Mas, em ambos, os valores culturais são igualmente perceptíveis.

Essa visão de unicidade do patrimônio será importante para a compreensão do patrimônio cultural material de propriedade privada como um bem de natureza híbrida, o qual terá um aspecto corpóreo, de uso e gozo dos seus proprietários, regido pelo direito de propriedade, e um aspecto etéreo correspondente aos valores culturais pertencentes a toda a comunidade e protegido e regulamentado pelo direito público, o que será objeto de estudo na seção 3.6.

Percebe-se que a divisão entre patrimônio cultural material e imaterial não tem importância conceitual. Contudo, essa separação é importante para fins práticos, operacionais e de efetivação da tutela jurídica de preservação, como alertam Pragmácio (2018b) e Rodrigues (2018).

Por motivos práticos, optou-se pela divisão didática do estudo separado do patrimônio cultural material e do imaterial. Ademais, essa divisão atende à historicidade da descoberta e estudos dos bens materiais e imateriais, bem como devido à diversidade de instrumentos jurídicos de declaração e proteção.

3.5.1 O patrimônio cultural material

O bem cultural material pode ser dividido em três categorias, que correspondem ao momento histórico de reconhecimento e evolução do conceito de patrimônio cultural: os monumentos, os monumentos históricos e demais bens culturais materiais.

Desde o início da concepção de patrimônio cultural no século XIX, os monumentos e, logo em seguida, os monumentos históricos foram bem aceitos como pertencentes ao patrimônio cultural material.

Riegl (2014, p. 31) aduz que o monumento seria toda "obra criada pela mão do homem com o intuito preciso de conservar para sempre presente e viva, na consciência das gerações futuras, a lembrança de uma ação ou destino (ou a combinação de ambos)". Monumento, nesse sentido, seria todo artefato edificado por uma comunidade de indivíduos para rememorar e fazer rememorar a outras gerações acerca de pessoas, eventos, sacrifícios, ritos, crenças.

Já Choay (2007) faz um estudo da evolução do conceito de monumento, mostrando o acréscimo paulatino de valores culturais e apresentando a diferença entre monumentos e monumentos históricos, além de apontar uma relação de conteúdo e continência. Essa autora afirma que monumento vem da palavra latina *monumentum*, que deriva de outra palavra latina *monere*, a qual remete à ideia de advertir, lembrar, chamar memória, não de maneira neutra, mas de forma emocional, viva e forte.[106]

Nessa lógica, a função do monumento é lembrar, mas de maneira emocional, invocando as emoções do destinatário da lembrança. Percebe-se que o valor cultural essencial do monumento, nessa concepção original, é a memória de um passado comum de um determinado grupo social. E essa memória gera três importantes benefícios ao grupo social: dar-lhes identidade cultural, unir-lhes e conceder-lhes esperança nos momentos de profundas crises, pois o monumento evoca tempos difíceis, vencidos pelas gerações passadas.

Desse modo, além de unir uma comunidade étnica, religiosa, nacional, tribal ou familiar, manter e preservar a sua identidade cultural, um dos fins essenciais do monumento é dar esperança, trazendo, com isso, harmonia e paz social em momentos de crise, pois tem a qualidade de rememorar as dificuldades e as crises vencidas do passado. Então, o monumento seria uma defesa, tanto para aqueles que o constroem, como para aqueles que o recebem, lembrando-os, assegurando-os e tranquilizando-os quanto aos traumas e incertezas da existência, amenizando a angústia da morte e da aniquilação, os quais são típicos das coisas, face à ação entrópica do tempo, conforme leciona Choay (2007, p. 15), *ipsis litteris*:

---

[106] "La nature affective de la destination est essentielle: il ne s'agit pas de faire constater, de livrer une information neutre, mais d'ébranler, par émotion, une mémoire vivante" (CHOAY, 2007, p .14). "A natureza afetiva da destinação é essencial: não se trata de fazer uma declaração, de fornecer informações neutras, mas de sacudir, pela emoção, uma memória viva" (CHOAY, 2007, p . 14, tradução livre nossa).

> Pour ceux qui édifient comme pour ceux qui en reçoivent les avertissements, le monument est une défense contre le traumatisme de l'existence, un dispositif de sécurité. Le monument assure, rassure, tranquillise en conjurant l'être du temps. Il est garant d'origines et calme l'inquiétude que génère l'incertitude des commencements.[107]

Na trilha dos argumentos desenvolvidos por Choay (2007), extrai-se que a essência do monumento são os seus valores culturais que podem ser traduzidos na memória do tempo vivido, sendo o resto o seu conteúdo material, seu corpo, que pode ser diverso e variável.

Como foi dito, inicialmente, a concepção inicial de monumento adquiriu outros sentidos ao longo do tempo.

Choay (2007, p. 15) faz uma retrospectiva histórica dos sentidos dados à palavra monumento. O primeiro é a ideia de valor arqueológico dado por Furetière (1689), em detrimento do seu "valeur memoriale".[108] Após, o *Dictionnaire de l'Académie*[109] definiu o patrimônio como "momento ilustre, grandioso, magnífico, durável e glorioso" (CHOAY, 2007, p. 16, tradução livre nossa), retornando à ideia de memória, mas acrescentando ao conceito os valores artísticos e estéticos. Um século depois, essa também foi a noção de monumento de Quatremère de Quincy, para o qual os monumentos arquitetônicos são edifícios que são construídos para "eterniser le souvenir de choses memorables, soit conçu, *élevé* ou disposé de manière *à* devenir un agent d'embellissement et de magnificence dans les villes" (CHOAY, 2007, p. 16), ou seja, um bem construído para lembrar as coisas memoráveis, dar beleza e magnificência às cidades, revelando fortemente os valores artísticos e estéticos dados aos monumentos.

Com a Revolução Francesa, certos revolucionários queriam dar uma conotação política aos monumentos, de modo que eles deveriam servir para afirmar a nova identidade da França (CHOAY, 2007). Com isso, acrescentaram-se aos monumentos os valores de poder e grandeza, sendo a beleza estética substituída pelo maravilhamento e espanto, que

---

[107] "Para aqueles que constroem e para aqueles que recebem os avisos, o monumento é uma defesa contra o trauma da existência, um dispositivo de segurança. O monumento garante, assegura e tranquiliza, evocando o ser do tempo. Ele garante a origem e acalma a inquietude gerada pela incerteza do começo" (CHOAY, 2007, p. 15, tradução livre nossa).

[108] "Témoignage qui nous reste de quelque grande puissance ou grandeur des siècles passés. Les pyramides d'Égypte, le Colisée, sont de beaux monuments de la grandeur des rois d'Égypte, de la République romaine" (FURETIÈRE, 1689 *apud* CHOAY, 2007, p. 15).

[109] "Monument illustre, superbe, magnifique, durable, glorieux" (CHOAY, 2007, p. 16).

essas construções deveriam provocar, pela sua força técnica e colossal. Assim, o monumento deixou de ser signo para ser sinal (CHOAY, 2007).

Após, houve o acréscimo de mais um valor aos monumentos: o valor histórico, surgindo os monumentos históricos. Choay (2017) aduz que existe uma relação de continência entre monumento e monumento histórico, este sendo espécie e aquele gênero.

A característica do monumento histórico, apontada por Choay (2007, p. 25), é o processo de escolha *a posteriori* desse tipo de monumento, feito pelos olhares do *expert* e "do amante da arte, que o seleciona na massa dos edifícios existentes, dentre os quais, os monumentos representam apenas uma pequena parte".

Riegl (2104, p. 32) percebe o monumento histórico como:

> [...] aquilo que foi não poderá voltar a ser nunca mais e tudo o que foi forma o elo insubstituível e irremovível de uma corrente de evolução ou, em outras palavras, tudo que tem uma sequência, supõe um antecedente e não poderia ter acontecido da forma como aconteceu se não tivesse sido antecedido por aquele elo anterior.

Com a evolução do conceito de patrimônio cultural, foram incorporados outros bens culturais, os quais possuem valores culturais, mas não têm a característica da monumentalidade. São bens tangíveis que expressam e testemunham a "criação humana da evolução da natureza, que tenham ou possam ter valor e interesse histórico, artístico, científico ou técnico" (SOARES, 2018, p. 19).

Silva (2001, p. 26) define os bens culturais como "coisas criadas pelo homem mediante projeção de valores, criadas não apenas no sentido de serem produzidas, não só do mundo construído, mas no sentido de vivência espiritual do objeto". Reale (2000), por sua vez, afirma que o bem cultural apresenta sempre dois elementos: o 'suporte' e o 'significado'.

Para existir um bem cultural, basta que o bem apresente três características: envolver criatividade na produção, ter um significado simbólico, traduzidos nos valores culturais, e poder gerar direitos de propriedade intelectual. Nos termos de Throsby (2001, p. 4): "That the activities concerned involve forme of creativity in their production; – that they are concerned with the generation and communication of symbolic meaning, and – that their output embodies, at least potentially, some form of intellectual property".

Nesse sentido, é oportuna a visão de Pichery (2013), quando aduz que o bem cultural está ligado a quem o criou, a sua identidade, a sua habilidade e a sua competência.

Existem também instrumentos jurídicos que tentam definir os bens culturais, como, por exemplo, a Convenção de Paris (UNESCO, 1972). Mas essas definições são amplas e merecem uma correta interpretação pelos ordenamentos jurídicos internos, como alertam Gabus e Renold (2006, p. 29): "Il s'agit là d'une définition extrêmement large puiqu'elle porte sur tous les biens, religieux ou profanes, archéologiques, préhistoriques, littéraires, artistiques ou scientifiques".

Desse modo, os bens culturais seriam aqueles que possuem importância para as diversas categorias de arte e das ciências, mas o seu significado deveria ser delimitado pelos ordenamentos jurídicos internos, segundo a interpretação dada pelo Estado-parte à Convenção de Paris (UNESCO, 1972), pois "la convention de l'UNESCO ne donne pas de précision supplémentaire concernant la manière de définir un objet d'importance. Elle laisse le soin à chaque État de le désigner" (GABUS; RENOLD, 2006, p. 31).

Com fundamento no marco teórico apresentado, percebem-se os bens culturais materiais como um suporte físico valorado pelo homem, que lhe confere um significado ligado à memória, à história, à arqueologia, às paisagens, à arqueologia, à etnografia, às belas-artes, à estética, entre outros valores que tocam as emoções humanas e são escolhidos para representar a cultura de uma determinada época, como herança das gerações futuras.

3.5.2 O patrimônio cultural imaterial

A Constituição Federal de 1988, além de prever o patrimônio cultural imaterial de forma inédita na ordem jurídica brasileira, previu também seu instrumento de declaração e de proteção, que é o registro (SOARES, 2009). O reconhecimento do patrimônio cultural imaterial rompe com a ideia de que é necessário um espaço físico, geográfico, ou, até mesmo, uma base material para a caracterização de um bem cultural de um povo (SOARES, 2009).

O patrimônio imaterial são processos sociais que formam as tradições, crenças, conhecimentos, saberes, danças, festas, ritos, religiosidade, modos de saber e de viver que caracterizam um determinado povo, o qual é transmitido entre as gerações. Ele pode ser dimensionado como:

> [...] um conjunto de formas da cultura tradicional, popular ou folclórica, ou seja, as obras coletivas que emanam de uma cultura e se fundamentam nas tradições transmitidas oralmente ou a partir de expressões gestuais que podem sofrer modificações no decorrer do tempo por meio de processo de recriações coletivas. (PELEGRINI; FUNARI, 2017, p. 52)

A autora Bicho, citada por Rodrigues (2018, p. 323), definiu o patrimônio imaterial em razão dos valores culturais, em seu aspecto subjetivo, ou seja, aqueles que tocam as emoções do povo concernente: "Patrimônio intangível é aquele que não se toca, antes nos toca a nós. É aquele que se transmite como o saber e a experiência de vida. É aquele que nos identifica e nos enraíza. É aquele que se mantém vivo".

Os bens culturais intangíveis são divididos em gêneros, que são as formas de expressão, os modos de viver, criar e fazer; e espécie, ou seja, línguas e os falares, a literatura, a dança, as artes, as festas populares, o cinema, o teatro, o uso de conhecimentos tradicionais associados à biodiversidade, o luto, a religiosidade, o folclore, os ritos e a culinária (SOARES, 2009).

O patrimônio imaterial é declarado por meio do processo de registro, ou em uma das duas listas da Convenção de Paris (UNESCO, 2003),[110] ou em um dos quatro Livros previstos no Decreto nº 3.551, de 4 de agosto de 2000.[111] O Estado brasileiro tem seis bens culturais imateriais na Lista Representativa do Patrimônio Cultural Imaterial da Humanidade no Brasil: o Samba de Roda no Recôncavo Baiano; a Arte Kusiwa – Pintura Corporal e Arte Gráfica Wajãpi; o Frevo: Expressão Artística do Carnaval de Recife; o Círio de Nossa Senhora de Nazaré; Roda de Capoeira; e o Complexo Cultural do Bumba Meu Boi do Maranhão. É possível assistir aos vídeos produzidos pelo IPHAN para o registro do Frevo e do Samba de Roda:

Figura 4 – Cena de Frevo   Figura 5 – Cena de Samba de Roda

Fonte: Wikipedia, c2020.   Fonte: Wikipedia, c2020.

---

[110] Lista Representativa do Patrimônio Cultural Imaterial da Humanidade (artigo 16) e a Lista de Patrimônio Cultural Imaterial que Requer Medidas Urgentes de Salvaguarda (artigo 17).

[111] Os quatro livros criados pelo Decreto nº 3.5551/2000 são: Livro dos Saberes, Livro das Celebrações, Livro das formas de Expressão e Livro dos Lugares.

QR Code para acessar vídeo do Iphan, 2010, para o registro do Frevo.

QR Code para acessar vídeo do Iphan, 2010, para o registro do Samba de Roda.

Fonseca (2018) aduz que o reconhecimento do patrimônio não tem por objetivo a consagração do bem cultural, mas a sua salvaguarda e promoção, por meio da valorização. Nesses termos, além da importância simbólica do reconhecimento de determinadas manifestações culturais, ocorrem consequências jurídicas, como a obrigação estatal de preservação e promoção desse bem, em razão do estabelecido na Constituição Federal de 1988 e do compromisso assumido na Convenção de Paris (UNESCO, 2003).

Existem requisitos para que um processo sociocultural seja reconhecido como componente do patrimônio cultural intangível.

O primeiro requisito é a existência de valores culturais de referência para uma comunidade com relevância nacional, para a memória, a identidade, a formação da sociedade brasileira, segundo previsto no Decreto nº 3.551/2000. Soares (2009, p. 174) explica que o critério de relevância nacional não significa que o bem intangível deva ter procedência nacional, pois pode ser uma criação artística ou uma produção cultural de origem no exterior, desde que assuma "importância no cenário nacional".

O segundo requisito é a vontade da comunidade concernente, pois, segundo explica Fonseca (2018), o pedido de registro só pode ser apresentado ao órgão administrativo competente se estiver acompanhado da expressa anuência por parte da comunidade detentora do bem cultural. Assim, a decisão sobre o reconhecimento jurídico depende de decisão das pessoas ligadas ao bem cultural imaterial.

O terceiro é a necessidade de transmissão intergeracional e de continuidade histórica, de modo que o bem deve advir do passado e permanecer com significação cultural atual, haja vista que é uma herança cultural. Para registro pelo IPHAN e ingresso no patrimônio cultural brasileiro, é exigida uma continuidade desses processos sociais de, no mínimo, três gerações, ou 65 anos (FONSECA, 2018). Já para ingresso nas listas da UNESCO de patrimônio imaterial é essencial a continuidade por duas gerações (LIXINSKI, 2018).

Essa exigência de transmissão intergeracional mínima é criticada por Lixinsky (2018), para o qual essa "cláusula de barreira" inviabiliza o reconhecimento do patrimônio contemporâneo. Essa crítica apresentada por Lixinsky (2018) vai ao encontro do que pensa Soares (2009). Para ela, muitas formas de expressão ligadas às artes não têm vinculação com o passado, são fruto da contemporaneidade, isto é, são produções da geração presente, emocionam essa geração e expressam a "identidade ou a ação do povo brasileiro" da mesma maneira que as obras advindas do passado (SOARES, 2009, p. 174).

Contudo, a existência do critério da tradição, ou seja, da prática contínua proveniente do passado, tem a vantagem de impedir que produções culturais passageiras ("modismos") sejam reconhecidas como patrimônio cultural, ocasionando uma inflação dessa categoria patrimonial e enfraquecendo o seu conteúdo jurídico e, com isso, a sua proteção. Nada impede que práticas atuais de relevância sejam reconhecidas, no futuro, como patrimônio imaterial, desde que tais produções consigam se manter naturalmente, como um processo social de relevância cultural para o povo concernente, demonstrando, assim, que preenchem o requisito da continuidade histórica.

Além da "inflação patrimonial", o perigo do reconhecimento de processos culturais contemporâneos como patrimônio imaterial consiste na possibilidade de criação artificial do patrimônio, muitas vezes, por atores não pertencentes à comunidade relacionada, como agentes estatais, ONGs, entre outros.

3.5.3 Inventário, vigilância, tombamento e registro

A preservação do patrimônio cultural não é uma unanimidade. Em diversos Estados, pessoas já se levantaram contra a proteção do patrimônio proposta pelos setores de salvaguarda. As alegações contrárias à preservação do patrimônio são diversas: políticos afirmam uma suposta tradição de destruição-construtiva e de modernização, progresso econômico, técnico e social; certos artistas alegam que querem deixar sua marca no espaço urbano das cidades históricas, como fizeram seus antecessores; proprietários de bens culturais reivindicam o direito de dispor livremente desses bens, tirando-lhes o prazer ou os lucros que escolherem (CHOAY, 2007).

Apesar de existirem essas forças contrárias, existe um grande consenso oficial internacional em favor da conservação e proteção do patrimônio, em nome dos valores científicos, estéticos, sociais, urbanos e de memória, em respeito aos direitos humanos e culturais, especialmente, ao direito à dignidade humana, para a preservação das diferentes culturas que conferem riqueza à humanidade.

Por esse fato, os ordenamentos jurídicos internos instituem instrumentos de salvaguarda. No Brasil, a Constituição Federal de 1988 previu instrumentos de proteção e acautelamento do patrimônio cultural brasileiro no seu artigo 216, §1º, a saber: o inventário, o registro, a vigilância, o tombamento e a desapropriação.

Este livro concentra-se na análise do tombamento e do registro, pois são institutos administrativos declaratórios e protetivos do patrimônio cultural material e imaterial, respectivamente.

Mas não seria possível deixar de estudar o inventário devido a sua importância como procedimento técnico de pesquisas e documentação do bem cultural, que deve ser uma fase prévia obrigatória ao registro e ao tombamento.

Fonseca (2018) aduz que o inventário é um estudo técnico detalhado sobre o bem e o seu contexto social, bem como o levantamento de documentos e de pesquisas anteriores acerca do bem imaterial. A autora aponta a importância fundamental do conhecimento produzido nos inventários, afirmando que "Além de constituir subsídio imprescindível para as decisões a serem tomadas quanto a uma proposta de Registro, pode indicar também diferentes entendimentos, interesses e conflitos em torno do bem a ser titulado, assim como expectativas quanto aos efeitos do registro" (FONSECA, 2018, p. 74).

Apesar de haver previsão constitucional, o inventário não é regulamentado por normas infraconstitucionais, de modo que ele é realizado por meio de uma metodologia construída pelos técnicos do IPHAN (D'ELBOUX; BAIRON, 2018).

Cunha Filho e Rabêlo concebem o inventário como uma emanação do dever de vigilância, pois a sistematização, documentação e informação dos bens culturais são formas de preservação de tais bens. Esses autores apresentam mais detalhadamente o inventário como:

> [...] uma atividade sistemática de identificação de bens culturais provenientes de atividades de pesquisa, classificação, organização e seleção que constituem um conjunto de informações contextualizadas sobre o bem cultural nas suas diversas funções e usos, em suas diferentes

expressões e significações simbólicas. (IEPHA, 2015 *apud* CUNHA FILHO; RABÊLO, 2018, p. 99)

Como o inventário, a vigilância também não é disciplinada em lei, mas, segundo aduz Soares (2009), revela-se nos atos normativos e nas ações fiscalizatórias executadas pelo Poder Público. Por essa perspectiva, não há necessidade de lei infraconstitucional para regulamentar a vigilância, pois ela está presente em todo ato infralegal do Poder Público voltado à proteção do patrimônio cultural.

Soares (2009, p. 290) aduz que a vigilância é o "puro exercício das atribuições que são inerentes aos órgãos diretamente responsáveis pela proteção dos bens culturais e pelo zelo dos interesses públicos. A previsão da vigilância como instrumento significa a recusa constitucional de uma conduta estatal omissa em relação ao patrimônio cultural". Assim, a vigilância é o poder-dever dos órgãos públicos de agirem na proteção dos bens culturais, inclusive usando o poder de polícia com esse objetivo, sendo uma atividade pública obrigatória e vinculada, a qual não admite omissão de recursos humanos e financeiros.

Soares (2009) aduz que o dever de vigilância também tem relação com o princípio da precaução, de modo que o Estado deve atuar para minimizar e combater os riscos sob os quais o patrimônio está submetido. Exemplo disso é o dever de inspeção da coisa tombada, com a "possibilidade de ingresso nas dependências do bem tombado" (SOARES, 2009, p. 291), conforme previsto no Decreto-Lei nº 25/1937.

Há a vigilância nas ações de gestão do patrimônio cultural e de integração dos órgãos públicos com o objetivo de fiscalizar, de restaurar e de preservar os bens culturais. Dessa forma, toda a atuação do Tribunal de Contas voltada a fiscalização e normatização do patrimônio cultural, exercendo as suas competências constitucionais ou em cooperação com outros órgãos públicos, nada mais é do que o exercício da vigilância dos bens culturais.

Já o tombamento é um instituto de declaração do patrimônio cultural material e de proteção desse bem, sendo um tipo de intervenção e restrição do Estado sobre a propriedade privada.

Por meio do tombamento, há a declaração de que um determinado bem possui uma função social de interesse público coletivo, qual seja, pertencer ao patrimônio cultural material nacional. Desse modo, as restrições ao direito de propriedade justificam-se pela necessidade de proteção e manutenção da integridade e da essência do bem tombado. Assim, o tombamento possui duas funções: "01. confirmar o valor cultural do bem em causa; e 02. a de criar um regime de proteção específico para resguardar o suporte físico do valor cultural, ou seja, o próprio bem imóvel" (PAIVA; SOUZA, 2018, p. 26).

Atualmente, as restrições impostas pelo tombamento só são juridicamente possíveis devido à evolução da concepção do próprio direito de propriedade, o qual se transformou de um direito individual, absoluto e ilimitado de usar, gozar e dispor livremente e perpetuamente da coisa, para um direito condicionado ao bem-estar social e limitado por uma função social (DI PIETRO, 2016). Assim, quando o Poder Público impõe limitações ao direito de propriedade, em razão do tombamento, o faz com fundamento na supremacia do interesse público e na função social da propriedade, em prol do interesse social e do bem comum.

É oportuno, nesse ponto, apresentar certas definições doutrinárias sobre o tombamento. Para Meirelles (2016, p. 699), tombamento é "a declaração pelo Poder Público do valor histórico, artístico, paisagístico, turístico, cultural ou científico de coisas ou locais que, por essa razão, devem ser preservados, de acordo com a inscrição em livro próprio". Já para Silva (2001, p. 159), o tombamento é visto como "[...] ato do Poder Público que, reconhece o valor cultural (histórico, arqueológico, etnográfico, artístico ou paisagístico) de um bem, mediante a sua inscrição num dos Livros do Tombo correspondente". Di Pietro (2016, p. 179) apresenta a definição de tombamento como:

> [...] um procedimento administrativo pelo qual o Poder Público sujeita a restrições parciais bens de qualquer natureza cuja conservação seja de interesse público, por sua vinculação a fatos memoráveis da história ou por seu excepcional valor arqueológico ou etimológico, bibliográfico ou artístico.

Portanto, o tombamento é um instituto constitucional-administrativo, traduzido como um procedimento administrativo vinculado, por meio do qual o Poder Público declara, discricionariamente, que um bem pertence ao patrimônio cultural nacional, com a sua inscrição em um dos Livros de Tombo correspondente, visando protegê-lo, tutelá-lo e promovê-lo.

Para que haja o tombamento, é necessário um estudo técnico, concluindo que determinado bem reflete os valores de referência à memória nacional das comunidades que formam o Estado brasileiro, ou seja, que tal bem possui os valores culturais necessários à declaração de seu pertencimento ao patrimônio cultural nacional, o que justifica sua proteção e salvaguarda pelo tombamento.

Esse estudo pode ser feito no próprio procedimento de tombamento ou por meio do inventário prévio, como ocorre em países "com forte tradição de proteção ao patrimônio cultural como França e Portugal" (CUNHA FILHO; RABÊLO, 2018, p. 98).

O poder público deve demonstrar o valor cultural do bem no procedimento administrativo de tombamento. Studart (2018, p. 221) alerta que os procedimentos de tombamento devem ser bem elaborados e instruídos "buscando retratar a essência do bem e a descrição precisa das limitações administrativas necessárias para a sua preservação". Esse estudo técnico, bem feito, evita excessos e possíveis prejuízos ao proprietário do bem tombado e ao Poder Público, prevenindo, inclusive, desperdício de recursos públicos despendidos nos procedimentos de salvaguarda.

A competência para realizar o tombamento é comum (artigo 23, III, da CF/88), podendo ser realizado por qualquer dos entes públicos (União, Estado, Municípios e Distrito Federal). Todavia, a competência legislativa é concorrente (artigo 24, VII, CF/88), de modo que a União edita normas gerais e os Estados, normas suplementares.

A norma geral do tombamento é o Decreto-Lei nº 25/1937. Essa norma estabelece também um dimensionamento do patrimônio cultural, disciplinando os bens que pertencem e os que não pertencem à herança cultural brasileira (artigos 1º a 3º); prevê os quatro tipos de livros de Tombo: a) Tombo Arqueológico, Etnográfico e Paisagístico; b) Tombo Histórico; c) Tombo das Belas Artes; e d) Tombo das Artes Aplicadas (artigo 4º); estipula os tipos de tombamento, de ofício, voluntário e compulsório (artigo 5º ao 8º); disciplina o procedimento do tombamento compulsório (artigo 9º); prescreve quando o tombamento é definitivo ou provisório (artigo 9º); e os efeitos do tombamento sobre os direitos de propriedade (artigos 18 a 21).

Conforme esclarece Di Pietro (2016), para efeitos didáticos, a doutrina dividiu o tombamento em modalidades: quanto ao procedimento, o tombamento pode ser de ofício, voluntário ou compulsório; quanto à eficácia, provisório ou definitivo; e quanto aos destinatários, geral e individual.

O tombamento de ofício ocorre quando se tratar de um bem público, processando-se com a simples notificação do ente público a quem o bem pertence, seguida da inscrição no livro de Tombo. Será voluntário quando requerido pelo proprietário do bem, havendo parecer favorável do Conselho Consultivo do órgão técnico, bem como quando há a anuência do proprietário no momento da notificação acerca da intenção de tombamento. E, por último, o compulsório, quando o proprietário é notificado acerca do tombamento e discorda, exercendo seu direito à ampla defesa e ao contraditório, momento em que o procedimento se dará nos termos do artigo 9º do Decreto nº 25/1937 (DI PIETRO, 2016).

Com a notificação do proprietário, ocorre o tombamento provisório, o qual só se tornará definitivo ao final do procedimento, com a inscrição do bem no livro de Tombo correspondente, conforme estabelecido no Decreto-Lei nº 25/1937.

Quanto ao objeto, o tombamento tanto pode "incidir sobre coisas pertencentes à União, aos Estados, aos Municípios, ao Distrito Federal e às autarquias, de uso comum, especial ou dominial, assim como sobre coisas pertencentes às pessoas naturais ou às pessoas jurídicas privadas" (SILVA, 2001).

Além disso, o tombamento pode ser geral ou individual. "No tombamento geral o dever de conservação atinge uma generalidade de bens situados em um bairro ou cidade, sem, no entanto, individualizá-los, enquanto o tombamento individual, também denominado específico, atinge um bem determinado" (MARINELA, 2013, p. 910). Exemplo de tombamento geral é a cidade de Ouro Preto, tombada pelo IPHAN em 1938, por seu conjunto arquitetônico e urbanístico, e declarada patrimônio mundial pela UNESCO em 1980.

No tocante aos efeitos, o tombamento, além de restringir os direitos do proprietário, faz surgir obrigações "positivas (fazer), negativas (não fazer) e de suportar (deixar fazer)" (DI PIETRO, 2016, p. 183), as quais podem gerar a responsabilização por meio da aplicação de multa, conforme estabelecido no Decreto-Lei nº 25/1937.

Entre as obrigações positivas, destacam-se as obrigações de guarda, conservação e preservação do bem, incluindo o dever de realizar obras ou comunicar ao órgão protetor essa necessidade, em caso de falta de recursos. As obrigações negativas dizem respeito à impossibilidade de "destruir, demolir ou mutilar os bens tombados, nem os reparar, pintá-los ou restaurá-los, sem prévia autorização do órgão responsável" (DI PIETRO, 2016, p. 183), como, por exemplo, o IPHAN, se o imóvel for tombado pela União. E, por último, está a obrigação de suportar a fiscalização e vigilância do órgão técnico competente.

Na doutrina de Silva (2001, p. 166-167), podemos resumir as restrições impostas ao proprietário de bem tombado e a sua vizinhança, nos seguintes termos:

> 1. A imodificabilidade da coisa tombada: constitui vínculo mais rigoroso que deflui do tombamento, pois em caso algum ela poderá ser destruída,

demolida ou mutilada. Poderá, contudo, ser reparada, pintada ou restaurada, mediante prévia autorização especial do órgão competente.
2. Intervenções do órgão competente: Vigilância, permanente, agora prevista na Constituição (art. 216, §12), e possibilidade de penetrar no imóvel, para inspecioná-lo, sempre que for julgado conveniente, não podendo o proprietário ou responsável criar obstáculos a essas providências, sob pena de multa.
3. As coisas vizinhas do bem tombado sofrem limitações de uso e gozo, pois que nelas não poderá ser feita construção que impeça ou reduza a visibilidade daquele; nem se permite colocar nelas anúncios ou cartazes, sob pena de destruição e multa.

Outrossim, parece ser unânime na doutrina atual o entendimento de que o tombamento não se confunde com a desapropriação. "A desapropriação é uma restrição supressiva da propriedade, o 'dono deixa de ser dono', e há a transferência da propriedade para o Poder Público, o que não existe no tombamento" (MARINELA, 2013, p. 907).

Em razão dessa distinção entre tombamento e desapropriação, os bens tombados que pertencem aos particulares continuam no domínio privado. Contudo, os proprietários perdem parte das faculdades de usar, de fruir e de dispor livremente dos bens, comuns ao regime de propriedade, ou seja, eles têm uma redução parcial no domínio da coisa. Esse efeito do tombamento dá ao bem nítido caráter transindividual. Ele deixa de ter características de bem exclusivamente privado e passa a ter certas características de bem público, devido ao interesse público em sua proteção e promoção, decorrente dos valores culturais.

Em regra, apesar de todas as restrições ao direito de propriedade, o tombamento não é indenizável (JUSTEN FILHO, 2015). Se o tombamento ocasionar "a impossibilidade total de exercício de poderes inerentes ao domínio, será ilegal e implicará desapropriação indireta, dando direito à indenização integral dos prejuízos sofridos" (DI PIETRO, 2016, p. 177).[112]

---

[112] O Tribunal Constitucional alemão considera que será cabível indenização pelas restrições legais aos bens culturais "nos casos em que excepcionalmente a aplicação da lei constituir um fardo desarrazoado para o proprietário, poderão ser consideradas regras de compensação para salvaguardar a proporcionalidade e reintroduzir o equilíbrio em casos de sacrifícios especiais contrários à igualdade" (BRITO, 2019, p. 127). Toda propriedade deve atender a uma função social, e o tombamento, por si só, não implica nenhum tipo de indenização em favor do proprietário do bem. Todavia, há casos, excepcionais, em que tombamento praticamente inviabiliza a utilização ou o aproveitamento econômico do bem. "[...] Nesses casos extremos, o proprietário estaria sujeito a um grande prejuízo em razão da manutenção de um interesse social, razão pela qual ele poderá ajuizar uma ação judicial chamada de 'ação de desapropriação indireta'" (PAIVA; SOUZA, 2018). Portanto, se a restrição ocasionada pelo tombamento inviabilizar o domínio da coisa ou o seu aproveitamento econômico,

Observa-se que o tombamento gera obrigações também para o órgão protetor que procedeu ao tombamento, o qual deverá realizar as obras de conservação e proteção, caso o particular não tenha recursos; fiscalizar, vigiar e inspecionar as coisas tombadas e, finalmente, averbar o tombamento no cartório de Registro de Imóveis ao lado da transcrição do domínio. Assim, o Estado tem o dever-poder constitucional de tutelar os bens tombados, componentes do patrimônio cultural, não podendo impor o dever de proteção, exclusivamente, ao particular.

Enquanto o tombamento é o instrumento jurídico de declaração e proteção do patrimônio cultural material, o registro declara e preserva o patrimônio cultural imaterial. Assim, a ordem constitucional confere duplo efeito ao registro como um instrumento de declaração e proteção do patrimônio intangível, de modo que esse instituto é um mecanismo garantidor de direitos culturais relativos aos processos sociais culturais de valores de referência à memória e à história dos grupos formadores da sociedade brasileira (FONSECA, 2018).

No âmbito do IPHAN, o processo de registro é previsto no Decreto nº 3.551/2000 e regulamentado pela Resolução nº 0001/2006. Essa resolução estabelece pré-requisitos para o registro de um bem cultural, conforme lembrado por Pelegrini e Funari (2017, p. 61), *ipsis litteris*:

> [...] apresentação de documentos de identificação do proponente; uma declaração que expresse formalmente a anuência dos representantes da comunidade produtora do bem e seu empenho na instauração do processo de registro requerido; a justificativa da solicitação; a descrição do bem proposto para registro, com indicativos da sua periodização, do seu local de origem e permanências, da atuação dos grupos sociais envolvidos; dados históricos sobre o bem.

O processo de registro é composto por diferentes etapas, que vai do encaminhamento da proposta pelos legitimados, acompanhada da anuência da comunidade concernente; passando pela análise técnica; avaliação da Câmara do Patrimônio Imaterial, que faz a análise da pertinência do pedido; parecer conclusivo da análise técnica; parecer jurídico; e, finalmente, decisão do Conselho Consultivo do Patrimônio cultural, após parecer do conselheiro relator (FONSECA, 2018).

O registro auxilia na proteção do bem imaterial de três maneiras principais. A primeira é a documentação, averbação e transcrição dos

---

equivalerá a uma desapropriação indireta, fazendo com que o proprietário tenha direito a uma indenização prévia, justa e em dinheiro.

processos sociais que formam o bem cultural imaterial, especialmente, por meio do inventário prévio. O segundo é a publicização do bem imaterial, pois o registro gera a sua divulgação social, inclusive, em nível internacional. A terceira é o surgimento da obrigação jurídica estatal e social de promoção e proteção dos bens culturais imateriais.

Contudo, não será o ato administrativo de registro *per si* que protegerá o bem imaterial. Nessa lógica, Pelegrini e Funari (2017, p. 61) aduzem: "Convém destacar que o mero registro do bem de natureza material ou imaterial não assegura a sua preservação, mas sim a adoção de uma série de medidas que viabilizem um plano efetivo de salvaguarda".

O Estado pode atuar de diferentes formas para a proteção e promoção do bem intangível, pois, em se tratando de bens intangíveis, essas ações são, geralmente, interdependentes. Quando o Estado promove um determinado bem imaterial, muitas vezes, ele estará protegendo esse bem, havendo uma forte tendência à sua manutenção, preservação e transmissão às gerações futuras.

A ação estatal voltada à educação patrimonial ou sensibilização patrimonial, como certos autores preferem denominar, é fundamental à proteção do patrimônio cultural imaterial. Nessa perspectiva, Cunha Filho e Rabêlo (2018, p. 97) aduzem:

> [...] conhecer o patrimônio cultural é essencial para que seja criado o sentimento de pertença da comunidade em relação aos seus bens culturais. A partir dessa perspectiva a educação patrimonial surge como instrumento de proteção ao sensibilizar a comunidade acerca da importância desse patrimônio para a vida de cada um.

Destarte, a preservação do patrimônio imaterial está umbilicalmente relacionada à educação patrimonial, instrumento de sensibilização e de impulso à participação social na manutenção do bem cultural e nas políticas de administração patrimonial, possibilitando a cidadania cultural.

3.6 Patrimônio cultural como bem público transindividual

Conceitualmente, não há separação nem dicotomia entre o patrimônio cultural material e imaterial. O patrimônio cultural é uno e representa a manifestação dos valores culturais de um povo, herdados do passado e que se desejam manter para as gerações futuras. Desse modo, o patrimônio material sempre terá seu componente imaterial, traduzido pelos valores culturais, e o patrimônio imaterial, invariavelmente, terá um meio físico para ser realizado.

Como exposto na seção 3.5 sobre o dimensionamento constitucional do patrimônio, a diferença entre patrimônio cultural imaterial e material está apenas na percepção sensorial dos valores culturais, que, no material, será um bem corpóreo; no imaterial, será um bem etéreo.

A visão da unicidade do patrimônio ajuda na compreensão da natureza jurídica híbrida ou dual dos bens culturais, que tem como consequência o caráter transindividual desses bens e o seu pertencimento ao patrimônio público *lato sensu*.

Essa natureza híbrida significa que os bens culturais materiais, mesmo que de um proprietário particular, pertencerão a toda coletividade, de sorte que possuirão, ao mesmo tempo, natureza jurídica de direito privado e de direito público.

Assim, o patrimônio cultural material de propriedade privada terá seu componente material-corpóreo do particular, que poderá usar, gozar e dispor do bem, segundo as regras do direito de propriedade. Mas o seu componente imaterial-incorpóreo, ou seja, o valor cultural declarado, é de toda a coletividade, sendo um direito cultural fundamental, que deve ser protegido e preservado pelo Estado, de modo que é regulado pelas regras do direito público.

São as regras de direito público que irão limitar e restringir o exercício do direito de propriedade, segundo definido no instrumento de salvaguarda do patrimônio cultural material, que, no caso brasileiro, é o tombamento. Em razão do tombamento, o proprietário perde parte do direito de usar e gozar livremente o bem, em nome do interesse público de manutenção dos valores culturais.

Esse olhar sobre o patrimônio não é novo. Victor Hugo (1832), na crônica intitulada "Guerre aux démolisseurs", de 1825, já declarava que os bens culturais são transindividuais quando aduziu que: "Il y a deux choses dans un *édifice*: son usage et sa beauté. Son usage appartient au propriétaire, sa beauté *à* tout le monde, *à* vous, *à* moi, *à* nous tous. Donc, le détruire, c'est dépasser son droit".[113]

---

[113] "Existem duas coisas em um edifício: seu uso e sua beleza Seu uso pertence ao proprietário, sua beleza ao mundo todo, a você, a mim, a nós todos" (VICTOR HUGO, 1832, tradução livre nossa). E Victor Hugo continua: "Il faut arrêter le marteau qui mutile la face du pays. Une loi suffirait. Qu'on la fasse. Quels que soient les droits de la propriété, la destruction d'un édifice historique et monumental ne doit pas être permise à d'ignobles spéculateurs que leur intérêt imbécile aveugle sur leur honneur ; misérables hommes, et si imbéciles qu'ils ne comprennent pas qu'ils sont des barbares ! Il y a deux choses dans un édifice: son

Constata-se que o escritor Victor Hugo percebia a dimensão transindividual e pública dos bens culturais, que pertenciam, no mesmo instante, aos proprietários privados e à coletividade. Por esse motivo, o grande escritor francês pugnava pela feitura de uma lei que impusesse limitações aos direitos dos proprietários privados, ou até mesmo a desapropriação desses bens privados, para salvaguardar os monumentos históricos da demolição ou descaracterização, muitas vezes, ocasionadas por meros interesses especulativos, que ele chamava de "bárbaros" e contrários ao interesse público nacional.

Nessa perspectiva, Rodrigues (2018, p. 326), baseado na obra de Giannini (1976), intitulada *I beni culturali*, aduz que os bens culturais, cuja essência são os valores, possuem "um aspecto dual que permite a existência sobre o mesmo objeto de dois elementos – o direito de propriedade e o valor – passíveis de convivência harmônica e tutelados pelo direito com reconhecimento de princípio fundamental por algumas Constituições atuais".

Para Giannini (1976 *apud* RODRIGUES, 2018, p. 327), seja público, seja privado, um bem dotado de valor cultural reconhecido será, na verdade, dois bens: um bem imaterial, traduzido pelo valor, e um bem material, corpóreo. Sobre esse bem material incidirá o valor cultural "que tem a qualidade de ser público, no sentido de ser usufruído por todos". Esse autor apresenta ainda a seguinte complementação:

> Conforme Giannini, em linhas gerais, sobre determinado objeto de interesse jurídico incide um elemento patrimonial, dele inseparável, que permite, por parte do sujeito que o detém, a possibilidade jurídica de disposição e gozo que seria regulado, no caso de bens privados, por norma comum e na hipótese de bens públicos, por regras de ordem administrativa. Em se tratando de coisas de caráter imaterial, como os bens de interesse cultural, continua Giannini, ocorreria uma potestade para o resguardo e garantia da fruição pública da coisa, formadora do "universo cultural". (RODRIGUES, 2018, p. 327)

Tendo fundamento na doutrina de Giannini (1976), Falcão (2017, p. 386) aduz que os bens culturais possuem dupla capacidade integrativa, de modo que, concomitantemente, formam um patrimônio particular e um patrimônio cultural. Assim, o bem cultural de origem particular "transcende a convencionalidade da propriedade de somente sujeitar-se

---

usage et sa beauté. Son usage appartient au propriétaire, sa beauté à tout le monde, à vous, à moi, à nous tous. Donc, le détruire, c'est dépasser son droit" (VICTOR HUGO, 1832).

ao domínio do particular; e sua imaterialidade provoca sentimento de tutela a uma coletividade cujo valor também lhe pertence, cumprindo uma função social".

Nessa lógica argumentativa, percebe-se que os bens culturais dos proprietários privados, não são totalmente inerentes ao domínio privado, nem são regulamentados exclusivamente por normas de direito privado, pois o seu aspecto imaterial pertence à coletividade, sendo, nesse aspecto, regulado pelo direito público.

A natureza híbrida dos bens culturais gera como consequência o seu pertencimento ao patrimônio público *lato sensu*. Essa é a visão de Choay (2007, p. 18), pois, para ela, as obras "que ilustram com maior brilho a dignidade do espírito humano são parcial ou totalmente excluídas do comércio e entram no que o direito francês denomina patrimônio cultural, participam, assim, da coisa pública e são juridicamente consagradas".

Essa mencionada natureza híbrida dos bens culturais pode parecer estranha ao Direito, mas, para a Economia, é um entendimento pacificado, especialmente, após a obra de Barzel (1997), intitulada *Economic analysis of property rights*.

Na Economia, os bens componentes do patrimônio cultural são considerados bens públicos. Na lógica econômica, os bens privados são aqueles em que dois agentes não podem, no mesmo instante, usufruir dos seus benefícios, pois esses agentes são rivais e disputam para obter os benefícios exclusivamente. Já os bens públicos são aqueles em que vários agentes consomem e usufruem os seus benefícios, simultaneamente, não havendo disputa ou rivalidade (BENHAMOU, 2016).

Conforme Benhamou (2016) informa, Barzel (1997), explicando a visão econômica aplicável aos bens culturais, no livro *Economic analysis of property rights*, aduz que esses bens, mesmo os pertencentes a um proprietário privado, são dotados de atributos consumíveis individualmente e consumíveis coletivamente. Barzel (1997 *apud* BENHAMOU, 2016) apresenta ainda como exemplo um apartamento tombado. Seus atributos consumíveis, unicamente, pelo proprietário privado seriam: o valor de uso, a localização, o tamanho, o estado de limpeza, a posição em relação ao sol, entre outros. Já os seus atributos consumíveis por toda a coletividade seriam os valores culturais: de memória, de história, de estética, entre outros valores, os quais fogem ao direito exclusivo do proprietário.

A consequência da existência desses dois tipos de atributos é que, economicamente, os bens culturais privados possuem dois proprietários, o proprietário privado e o público, conforme informado por Benhamou (2016, p. 34), *ipsis litteris*:

> A partir do momento em que consideramos que os direitos de propriedade não se referem ao bem em sua totalidade, mas aos seus atributos, um bem pode ter um único proprietário, do ponto de vista do direito, e vários, do ponto de vista econômico, caso tais atributos se relacionam à propriedade privada ou à coletividade.

Vernières (2015) explica que para existir o patrimônio cultural é necessário o reconhecimento da comunidade, que o amarra a um valor ligado à sua história, e o desejo de transmissão às gerações futuras como herança. Assim, para haver patrimônio cultural é necessário que o bem cultural seja reconhecido coletivamente como tal. Nesse aspecto, afirma Vernières (2015), o patrimônio sempre terá uma dimensão coletiva, seja público, seja privado, pois a sua existência e seu o uso sempre afetam o bem-estar de toda coletividade ligada a ele.

> Certes, les divers éléments qui le constituent peuvent être l'objet d'une propriété soit privée, soit publique. Mais, il est un bien collectif, au sens économique du terme, c'est-à-dire un bien dont l'existence et l'usage ont une implication forte sur le bien-être de la collectivité dans son ensemble. (VERNIÈRES, 2015, p. 9)

Analisando o exposto por Giannini (1976), Barzel (1997) e Vernières (2015), observa-se que existe uma convergência teórica entre esses autores, pois eles veem a natureza híbrida e transindividual dos bens culturais, que nunca são exclusivamente privados, devido aos valores culturais, os quais pertencem à coletividade concernente.

Portanto, os bens culturais são tanto transindividuais, como vaticinou Victor Hugo (1832, tradução livre nossa), quando afirmou que eles "pertencem ao mundo todo, a você, a mim, a nós todos", quanto componentes do patrimônio público *lato sensu*.

Essas características dos bens culturais têm importância basilar para o presente estudo, pois, entre outras coisas, legitima o controle pelo Tribunal de Contas sobre eles, "por ostentarem a característica de bem de interesse público" (FALCÃO, 2017, p. 387).

Contudo, esse controle pelo Tribunal de Contas será limitado à verificação do dever estatal de salvaguarda e promoção do patrimônio cultural, dentro de suas competências constitucionais, sendo esse delineamento de competências o objetivo do Capítulo 4, a seguir.

CAPÍTULO 4

O TRIBUNAL DE CONTAS E O PATRIMÔNIO CULTURAL

Figura 6 – Gravura de Albert Decaris, 1957, representando uma audiência solene na Grande Câmara no *Palais Cambon*, sede da *Cour des comptes*

Fonte: Instagram Oficial da *Cour des comptes*.

Quando se pensa sobre a atuação do Tribunal de Contas na salvaguarda do patrimônio cultural, logo três perguntas surgem: "Por que esse órgão deve atuar?", "Como ele irá atuar?" e, finalmente, "Para que ele deve atuar?", de modo que o foco deste capítulo será responder a esses três questionamentos.

A primeira pergunta, "Por que esse órgão deve atuar?", se refere à fundamentação jurídica da ação do Tribunal de Contas na salvaguarda do patrimônio cultural. Essa pergunta pode ser respondida por meio de dois argumentos. O primeiro argumento demanda a análise do espectro jurídico de proteção cultural dada pela Constituição Federal de 1988, que impõe o dever de salvaguarda a todo o Poder Público, com o auxílio da coletividade, conforme consubstanciado no seu artigo 216, §1º. Já o segundo argumento diz respeito ao dever de cumprimento dos Objetivos de Desenvolvimento Sustentável, estabelecidos na Agenda 2030 (ONU, 2015), dos quais o Brasil é signatário.

A segunda pergunta, "Como ele irá atuar?", diz respeito ao estudo do controle externo, do sistema de Tribunais de Contas, da natureza jurídica desse órgão de controle e de suas decisões, as suas competências constitucionais, os limites de sua atuação, as formas de trabalho e a análise do trabalho de Cortes de Contas que têm atuação efetiva no âmbito cultural e patrimonial, sendo a maior parte deste capítulo dedicada a responder a esse questionamento.

A terceira e última pergunta, "Para que ele deve atuar?", diz respeito à finalidade da ação do Tribunal de Contas, extraindo-se os benefícios à cultura e ao patrimônio cultural decorrentes dessa atuação, dando-se ênfase à construção do *cultural accountability*, ou seja, a informação ao povo acerca da gestão cultural e da política patrimonial, permitindo-se, assim, o exercício efetivo do direito cultural à participação democrática da gestão do patrimônio.

4.1 Fundamentação jurídica da atuação da corte de contas no patrimônio cultural

Como aduzem alguns doutrinadores, a Constituição Federal de 1988 alcançou "o mais alto degrau na evolução normativa de proteção ao patrimônio cultural" (MIRANDA 2017, p. 67-68), sendo um instrumento de vanguarda e em sintonia com as mais modernas normas internacionais de proteção, a exemplo da Convenção-Quadro do Conselho da Europa de 2005.

Essa evolução da ampliação da proteção normativa do patrimônio é consequência direta da própria evolução e ampliação do conceito de patrimônio cultural. Nesse sentido, Mesnard (1990, p. 421) aduz que a evolução da compreensão de patrimônio, da mesma forma que a evolução do conceito de meio ambiente, "manifeste une volonté d'extension de l'intervention des pouvoirs publics". Destarte, essa ampliação conceitual e normativa, estudada no Capítulo 3, além de ocasionar a ampliação do dever de desenvolvimento de políticas de proteção do patrimônio, impõe o aumento da obrigação dos órgãos estatais de intervenção e controle para a proteção do patrimônio.

Esse amplo espectro de proteção constitucional do patrimônio gera reflexos jurídicos de ordem substantiva. Esses reflexos são elencados por Miranda (2017), sendo os principais: o dever de não degradação ou destruição do patrimônio; limitação ao exercício do direito à propriedade privada pelo viés cultural, em função do interesse público; proteção ao patrimônio como direito fundamental; legitimação da atuação estatal reguladora e fiscalizatória do patrimônio; mitigação da discricionariedade administrativa em matéria patrimonial; e ampliação do dever de participação dos órgãos da administração pública nas políticas de controle do patrimônio.

Desse último reflexo jurídico substantivo apontado por Miranda (2017), "ampliação do dever de participação dos órgãos da administração pública nas políticas de controle do patrimônio", pode ser retirada a resposta do primeiro questionamento exposto.

A Constituição Federal de 1988, no artigo 216, §1º,[114] estabeleceu o dever de salvaguarda do patrimônio a todo o Poder Público, ampliando, assim, o dever de participação dos órgãos da Administração Pública nas políticas de controle patrimonial.

Nessa perspectiva, o que fundamenta e legitima a atuação do Tribunal de Contas na defesa e promoção do patrimônio cultural brasileiro é o dever de cumprimento do comando constitucional imposto no artigo 216, §1º, da CF/88, de modo que esse órgão possui competência própria nesse âmbito.

Nesses termos, o "Por quê?" é respondido em razão do dever--poder de cumprimento da norma constitucional, pois o Tribunal de Contas, como órgão integrante da administração pública, incluído na fórmula "O Poder Público, com a colaboração da comunidade,

---

[114] "§1º O Poder Público, com a colaboração da comunidade, promoverá e protegerá o patrimônio cultural brasileiro, por meio de inventários, registros, vigilância, tombamento e desapropriação, e de outras formas de acautelamento e preservação".

promoverá e protegerá o patrimônio cultural brasileiro" (artigo 216, §1º), não poderá deixar de desempenhar essa competência constitucional.

Assim, o Tribunal de Contas como órgão do Poder Público possui competência própria de salvaguarda do patrimônio cultural brasileiro, devendo atuar em razão dessa competência, bem como em colaboração com outros órgãos estatais concernentes, a exemplo do IPHAN e demais órgãos do Ministério da Cultura.

Outro reflexo jurídico de ordem substantiva decorrente do amplo espectro da salvaguarda constitucional do patrimônio, que é fundamental para a atuação do Tribunal de Contas no campo patrimonial, é a redução da discricionariedade administrativa.[115]

A discricionariedade administrativa é a faculdade, dada pela norma jurídica ao administrador público, de decisão acerca do motivo e do objeto do ato administrativo em dada situação concreta (MEIRELLES, 2016), segundo o seu juízo de conveniência e oportunidade. No patrimônio cultural, essa margem decisória é limitada pelo dever de proteção do patrimônio, o que aumenta o campo de fiscalização do Tribunal de Contas sobre a atividade administrativa, políticas e ações governamentais em matéria de patrimônio cultural, sejam comissivas, sejam até mesmo omissivas.

Quanto menor for a discricionariedade administrativa, maior será a vinculação do ato administrativo e, consequentemente, mais amplo o controle e a fiscalização pela Corte de Contas, posto que o mérito do ato administrativo, ou seja, o juízo de conveniência e oportunidade, não está totalmente submetido ao controle externo (JUSTEN FILHO, 2015).

Mesmo havendo redução no controle de atos discricionários, pois a competência de escolha é do fiscalizado, e não do fiscalizador, deve existir a fiscalização do atendimento aos requisitos legais de procedimento e aos princípios constitucionais.

Assim, constata-se que a ação do Tribunal de Contas no âmbito do patrimônio cultural é decorrente de sua competência constitucional própria, estabelecida no artigo 216, §1º, da CF/88, de modo que o seu exercício não significa uma invasão ou sobreposição de competência dos demais órgãos protetores do patrimônio. Ao contrário, o Tribunal tem que laborar em colaboração e parceria com os demais órgãos estatais

---

[115] Justen Filho (2015, p. 223) conceitua a discricionariedade administrativa como "o modo de disciplina normativa da atividade administrativa que se caracteriza pela atribuição do dever-poder de decidir segundo a avaliação da melhor solução para o caso concreto, respeitados os limites impostos pelo ordenamento jurídico. [...] Quando a disciplina jurídica restringe a autonomia de escolhas da autoridade administrativa, há vinculação; quando a norma cria intencionalmente margens de autonomia, há discricionariedade".

protetores do patrimônio, respeitando a competência desses órgãos e o mérito de suas decisões, sendo esses dois aspectos os limitadores da atuação do órgão de controle externo.

Ademais, é benéfico e alvissareiro um trabalho conjunto e coordenado entre o Tribunal de Contas, os órgãos técnicos protetores, como o IPHAN e o IPHAEP, e, até mesmo, o Ministério Público, para que a performance de todos esses órgãos possa ser eficiente e efetiva, com colaboração mútua.

Fora a competência constitucional própria, o Tribunal de Contas, como órgão da Administração Pública brasileira, tem o dever de contribuir para o alcance dos Objetivos de Desenvolvimento Sustentável,[116] firmados na Agenda 2030.

A Agenda 2030 é o nome dado à Declaração dos Objetivos de Desenvolvimento Sustentável (ODS), firmada por 193 Chefes dos Estados membros da Organização das Nações Unidas, em setembro de 2015, com a finalidade de traçar um planejamento voltado a alcançar o desenvolvimento sustentável até o ano de 2030.

A Agenda contém 17 objetivos e 169 metas estabelecidas para o desenvolvimento de todos os povos, baseados na centralidade da pessoa humana e na sustentabilidade. Fruto de dois anos de consulta pública em várias partes do globo, é uma declaração baseada na cooperação e na solidariedade universal. Essas características são perceptíveis no item 4 da Declaração, quando há o compromisso assumido pelos Chefes dos Estados de que farão "o possível para alcançar, em primeiro lugar aqueles que ficaram mais para trás" (ONU, 2015).

O ponto de partida da Agenda 2030 foram os resultados positivos obtidos pelos Objetivos de Desenvolvimento do Milênio (ODM), firmados também na ONU, em setembro de 2000, que, apesar de conter certas falhas, foram considerados, até então, "o mais bem-sucedido esforço de combate à pobreza" (CARVALHO; BARCELLOS, 2014, p. 222).

Na verdade, como afirmam Carvalho e Barcellos (2014), a Agenda 2030 só foi viável devido ao sucesso dos ODM. Os resultados desse pacto mundial estão no Relatório Final (ONU, 2015), destacando-se: a retirada de milhões de pessoas da pobreza extrema, com a redução desse número em mais da metade; o empoderamento de mulheres e meninas, especialmente, em razão da igualdade de gênero na educação e

---

[116] O desenvolvimento sustentável foi definido pela primeira vez no relatório Nosso Futuro Comum [*Our Common Future*] (ONU, 1987), também denominado Relatório Brundtland, como um "processo que satisfaz as necessidades presentes, sem comprometer a capacidade das gerações futuras de suprir suas próprias necessidades".

na representação parlamentar; redução da mortalidade materno-infantil, de 90 mil para 43 mil mortes por nascidos e de 45% das mães; diminuição do número de mortes por malária, em 6,2 milhões, e por tuberculose, em 37 milhões.

Hulme (2007) aduz que a adoção dos Objetivos de Desenvolvimento do Milênio só foi possível devido à mudança de paradigma conceitual de desenvolvimento, especialmente, em razão da adoção da concepção de Sen (2010, p. 10), que entendeu o desenvolvimento como processo de liberdade substancial do ser humano, a partir "da remoção das privações que limitam as escolhas e as oportunidades". Em sua teoria do desenvolvimento (SEN, 2010), o aumento do PIB, das rendas pessoais, da industrialização, do avanço tecnológico e da modernização social são instrumentos de desenvolvimento e podem contribuir para a expansão das liberdades individuais substantivas. Mas tudo isso não é sinônimo de desenvolvimento, pois a liberdade depende de outros fatores, como as disposições sociais e econômicas, o exercício dos direitos civis e, especialmente, dos direitos culturais.

Contudo, apesar dos resultados positivos dos ODM, as fragilidades mundiais, que impediam o desenvolvimento humano, não foram completamente sanadas, o que motivou o estabelecimento da Agenda 2030. Assim, a proposta da Agenda 2030 é cumprir as metas inacabadas dos ODM e ampliá-las.

Os Objetivos de Desenvolvimento Sustentável da Agenda 2030 podem ser resumidos na seguinte promessa, constante na Declaração (ONU, 2015):

> Nós resolvemos, entre agora e 2030, acabar com a pobreza e a fome em todos os lugares; combater as desigualdades dentro e entre os países; construir sociedades pacíficas, justas e inclusivas; proteger os direitos humanos e promover a igualdade de gênero e o empoderamento das mulheres e meninas; e assegurar a proteção duradoura do planeta e seus recursos naturais. Resolvemos também criar condições para um crescimento sustentável, inclusivo e economicamente sustentado, prosperidade compartilhada e trabalho decente para todos, tendo em conta os diferentes níveis de desenvolvimento e capacidades nacionais.

Dentre as metas de desenvolvimento sustentável está a "Meta 11.4", que tem por propósito "fortalecer os esforços para proteger e salvaguardar o patrimônio cultural e natural do mundo". Essa meta está dentro do Objetivo 11, cujo propósito é "tornar as cidades e os assentamentos humanos inclusivos, seguros, resilientes e sustentáveis".

Desse modo, a Meta 11.4 preconiza o dever de salvaguarda do patrimônio cultural e natural do mundo e exprime a percepção internacional do patrimônio cultural como instrumento de desenvolvimento. É interessante notar que patrimônio cultural e desenvolvimento já foram considerados como antagônicos (CUREAU, 2010), pois os bens culturais já foram vistos como empecilho ao novo e ao progresso. Contudo, com a mudança conceitual de desenvolvimento e a percepção do patrimônio cultural como "herança, fruição e memória" (SOARES, 2009, p. 25), identificou-se que o patrimônio pode ser um valioso instrumento de desenvolvimento sustentável, como um verdadeiro ativo econômico, segundo propõe Throsby (2001).

Portanto, infere-se que o Tribunal de Contas tem sua atuação na proteção e promoção do patrimônio cultural fundamentada tanto por ter competência constitucional própria (artigo 216, §1º, CF/88) quanto pelo seu dever de cooperar no cumprimento da Meta 11.4 da Agenda 2030, que determina a implementação de esforços dos órgãos da Administração Pública na salvaguarda do patrimônio.

Certos Tribunais de Contas já estão desempenhando ações voltadas ao cumprimento da Agenda 2030. Exemplo disso é o programa DECIDE, criado pelo Tribunal de Contas do Estado da Paraíba, para a efetivação do Objetivo 11 da Agenda 2030, que será estudado na seção 4.6.3 do presente trabalho.

4.2 Controle externo da gestão pública

Com a modernidade, o Estado desenvolveu-se e intensificou a sua atividade financeira, compreendendo as ações de arrecadação, administração e dispêndio dos recursos, para atender, nos Estados democráticos, às necessidades públicas e ao bem comum.

O incremento da atividade financeira estatal gerou a necessidade do desenvolvimento de fiscalização e controle. Nesse sentido, Mileski (2018, p. 219) sustenta que, na modernidade, "firmou-se a importância da existência de um sistema de fiscalização sobre os atos governamentais realizados na atividade financeira do Estado, como forma de preservar a probidade no manuseio dos dinheiros públicos", para que a sua aplicação fosse efetuada em proveito do povo, especialmente, nos Estados de estrutura democrática.

O controle advém da concepção de que o Estado é uma *res publica*, isto é, uma coisa que pertence ao povo, pois as atividades públicas são majoritariamente custeadas pelo pagamento dos tributos. Marinela

(2013) ensina que "se o Estado é uma coisa de todos, isso significa que sua administração deve ser sempre controlada e fiscalizada, evitando, assim, imperfeições, falhas e abusos por parte de seus administradores". Dentro dessa lógica, Marinela (2013, p. 1.038) complementa que o controle representaria "mecanismos de ajustamento ou correção de atos praticados por aqueles que estão no exercício da atividade administrativa", de modo que sua ausência poderia gerar "desperdício e mau uso dos recursos públicos, facilitando, inclusive, corrupção e os desvios".

Nesses termos, controlar a gestão dos recursos públicos significa fiscalizar a compatibilidade dessa atividade com a ordem jurídica constitucional para proteger o patrimônio público de abusos ou de desvios de finalidades, advindos da ação de gestores inaptos ou ímprobos.

No Estado Democrático de Direito, a separação das principais funções estatais em poderes, baseada na Teoria da Separação de Poderes de Montesquieu, garante o controle do poder e das atividades estatais, e, com isso, preserva a liberdade e a manutenção da ordem democrática, pois, como afirmou esse filósofo iluminista francês, somente "o poder detém o poder" (FERNANDES, 2016, p. 35).

Assim, a separação dos poderes impõe que eles funcionem com independência, harmonia e controle recíproco, materializando o chamado sistema de "freios e contrapesos" [*checks and balances*]. O bom funcionamento desse sistema protege o regime democrático e evita a tirania (DALLARI, 2003), razão pela qual se constata que o controle é corolário e indissociável à própria ideia de Estado Democrático de Direito.

O Parlamento, como representante do povo, faz as leis que autorizam a atividade financeira estatal, razão pela qual fiscaliza a sua execução. Nessa perspectiva, Dal Pozzo (2010, p. 15) aduz que "num sistema que vigore a separação de poderes, o Poder Legislativo assume a tarefa de 'fazer as leis' e quem as faz tem o dever de verificar se aquele incumbindo de aplicá-las o fez corretamente e de acordo com os ditames do princípio da legalidade".

Assim, no regime democrático, o titular do controle externo da gestão pública é o Poder Legislativo, isto é, os representantes do povo, legítimo dono dos recursos públicos, os quais são advindos, majoritariamente, dos tributos pagos por ele. O controle externo pode ser conceituado como o controle "realizado por um poder ou órgão distinto, apartado da estrutura do órgão fiscalizado" (DAL POZZO, 2010, p. 60); é o "contrastamento *externa corporis*, realizado por Poder ou órgão diverso do controlado, envolvendo o exame de legitimidade, legalidade e/ou supervisão política-administrativa, verificando se houve regularidade dos atos praticados" (MILESKI, 2018, p. 174-175).[117]

Dessa maneira, o controle externo da gestão dos recursos públicos é realizado por órgão diverso do fiscalizado, que, nesse caso, será o Parlamento, que o exerce com o auxílio de um órgão técnico, autônomo e dotado de garantias constitucionais. Esse órgão técnico responsável pela apuração da regularidade e eficiência do emprego de recursos públicos é chamado de Entidades Fiscalizadoras Superiores – EFS.

Sarquis (2018) aduz que existem, pelo menos, seis tipos de Entidades Fiscalizadoras Superiores. Contudo, a maior parte das EFS se subdivide em dois sistemas: o sistema de Tribunais de Contas, predominante nos países de tradição latina, por influência francesa; e o sistema de Controladorias, prevalecente nos países de tradição inglesa.

No sistema de Tribunal de Contas, o órgão é colegiado, autônomo, de natureza, geralmente judicante (SARQUIS, 2018), cujos membros são dotados das mesmas garantias da magistratura. No sistema de Controladorias, o órgão é unipessoal, de natureza administrativa, dirigido por um *Comptroller General*, o qual, no caso da Inglaterra, assessora a Câmara dos Comuns (PASCOAL, 2008). Adotam o sistema de controladoria: Inglaterra [*National Audit Office*], Irlanda, Austrália, Nova Zelândia, Estados Unidos [*Government Accountability Office*], Israel, México, Venezuela, Chile, entre outros.

Como o direito administrativo brasileiro tem como uma das principais fontes o direito administrativo francês, o Tribunal de Contas brasileiro foi inspirado no modelo francês de *Cour des Comptes*.

Fora o Brasil, optaram pelo sistema de Tribunais de Contas, a União Europeia, Alemanha, França, Portugal, Bélgica, Áustria, Itália, Espanha, Argentina, Uruguai, Coreia do Sul, Grécia e a República da China, de modo que qualquer um desses Tribunais de Contas pode ser utilizado como modelo para o Estado brasileiro.[118]

Historicamente, além da diferença da natureza do órgão, que no sistema de Tribunal de Contas é, geralmente, judicante e, no sistema

---

[117] O controle externo é um tipo de controle da Administração, ou seja, "é um conjunto de mecanismos jurídicos e administrativos para fiscalização e revisão de toda atividade administrativa" (MARINELA, 2013, p. 1.038), desempenhado por órgão, constitucionalmente criado para isso, estranho à Administração autora do ato.

[118] Em razão dessa diferença entre os sistemas de controle, optou-se por estudar a atuação dos Tribunais de Contas da França, de Portugal e da Itália, com vistas a detectar boas práticas aplicáveis aos Tribunais de Contas do Brasil, o que, talvez, não fosse possível com as Controladorias, devidos às incompatibilidades de estrutura, atuação e competência.

de Controladoria, é administrativa, existia uma diferença também na atuação dos órgãos desses dois sistemas. Enquanto a fiscalização feita pelos Tribunais de Contas enfatizava a análise da regularidade, isto é, a verificação da contabilidade e da conformidade legal dos atos da gestão pública, a fiscalização das Controladorias era voltada à performance e aos resultados da gestão, para auferir a sua qualidade, segundo uma metodologia própria de auditoria (PASCOAL, 2008). Atualmente, essa diferença de trabalho foi mitigada, pois os Tribunais de Contas passaram a realizar as auditorias operacionais, cujo objetivo é verificar o desempenho e a eficiência da gestão pública, especialmente, o resultado das despesas públicas, nos moldes da metodologia das Controladorias.

Além de ser ínsito ao Estado Democrático de Direito, o controle externo exercido pelo Tribunal de Contas é um direito fundamental, essencial ao exercício da cidadania. Esse direito, posteriormente, chamado de *accountability*, que é a materialização do dever de prestar contas e de comprovar a boa e eficiente gestão dos recursos público, foi previsto, inicialmente, na Declaração dos Direitos do Homem e do Cidadão de 1789, que, no seu artigo 15, estabeleceu o direito da sociedade "de pedir contas a todo agente público pela sua administração".[119]

Ademais, além de viabilizar o exercício de um direito fundamental, o Tribunal de Contas é visto por muitos doutrinadores, a exemplo de Medauar (2012), como um órgão de vanguarda, essencial à sustentação da democracia moderna e fundamental à efetivação de direitos fundamentais e liberdades individuais.

Assim, com essa compreensão de que o Tribunal de Contas pode auxiliar no fortalecimento das instituições democráticas e na efetivação de direitos e garantias fundamentais, é que se propõe o estudo de suas competências constitucionais, sua forma de atuação, por meio das auditorias, para se compreender como esses órgãos podem auxiliar na proteção da cultura e do patrimônio cultural, ajudando a efetivar direitos fundamentais culturais.

4.3 O Tribunal de Contas do Brasil

A primeira Corte de Contas criada no Estado brasileiro foi o Tribunal de Contas da União (TCU), por meio do Decreto nº 966-A

---

[119] "Article 15. La société a le droit de demander compte à tout agent public de son administration" (FRANCE, 1789).

de 1890,[120] por iniciativa de Rui Barbosa. Contudo, esse decreto não chegou a ser cumprido, de modo que o TCU só passou a desempenhar efetivamente as suas funções a partir da Constituição Federal de 1891 (PASCOAL, 2013, p. 132).

Em certos Estados, o Tribunal de Contas está vinculado a um dos Poderes estatais. Em Portugal, por exemplo, o Tribunal de Contas está integrado à estrutura do Poder Judiciário, com a mesma hierarquia dos tribunais superiores.

Como a Constituição Federal de 1988 estabelece que o controle externo seja realizado pelo Poder Legislativo com o auxílio do Tribunal de Contas, certos doutrinadores afirmam que o Tribunal de Contas integraria o Poder Legislativo, como sustenta Carvalho Filho (2014).

Contudo, essa opinião não é a que prevalece, atualmente, e não parece ser o entendimento consentâneo com o estabelecido na Constituição Federal de 1988. Fernandes (2016) aduz que a função constitucional de auxiliar no controle externo não significa que o Tribunal seja um órgão submisso ao Legislativo, ou desempenhe uma função de mero assessoramento.

Logo, a Corte de Contas seria um órgão autônomo, não subordinado a nenhum dos Poderes, nos mesmos moldes do Ministério Público.

Essa também é a posição de Medauar (2012, p. 144) quando afirma que, apesar da função do Tribunal de Contas ser a de auxiliar o Poder Legislativo, "a sua natureza, em razão das próprias normas da Constituição, é de instituição independente, desvinculada da estrutura de qualquer dos três poderes". A autonomia e a independência da Corte de Contas brasileira também são defendidas por Pascoal (2013) e Bulos (2009); nos termos desse último autor:

> Os Tribunais de Contas são órgãos públicos e especializados de auxílio. Visam orientar o Poder Legislativo no exercício do controle externo, sem, contudo, subordinarem-se a ele. Por isso, possuem total independência, cumprindo-lhes, primordialmente, praticar atos administrativos de fiscalização. (BULOS, 2009, p. 1081)

Na trilha dos argumentos desenvolvidos pelos doutrinadores citados, depreende-se que, apesar da adoção do sistema de tripartição de

---

[120] BRASIL. Decreto nº 966-A, de 7 de novembro de 1890. Crêa um Tribunal de Contas para o exame, revisão e julgamento dos actos concernentes á receita e despeza da Republica. Coleção de Leis do Brasil, v. fasc. XI, p. 3440, 1890.

poderes, a ordem constitucional de 1988 instituiu o Tribunal de Contas como um órgão independente, dotado de autonomia administrativa, financeira e orçamentária. Desse modo, não possui qualquer relação de subordinação ou de pertencimento com os demais Poderes, cujos membros são dotados de garantias, prerrogativas e vencimentos dos membros do Poder Judiciário (artigo 73, §3º, CF/88), para estarem protegidos contra perseguições políticas e poderem desempenhar as suas funções com independência e imparcialidade.

Ademais, a Corte de Contas é dotada de competências constitucionais próprias e privativas, como o julgamento das contas dos demais administradores de bens, dinheiros e valores públicos, e a apreciação, para fins de registro, dos atos de admissão e aposentadoria dos servidores públicos.

Ao conferir autonomia aos Tribunais de Contas, a CF/88 está em consonância com as normas internacionais, especialmente as normas publicadas pela Organização Internacional das Entidades Fiscalizadoras Superiores (INTOSAI). Essa entidade internacional editou a norma profissional ISSAI 10, em 2007, a denominada Declaração do México sobre a Independência das Entidades Superiores de Controle, na qual se estabelece a independência, garantida em lei, como requisito básico para a atuação dessas instituições de controle externo nos países democráticos, nestes termos: "é indispensável, para uma democracia saudável, que cada país tenha uma EFS cuja independência seja garantida pela legislação".

Assim, a ISSAI 10 afirma que a independência das instituições de controle é essencial para que elas possam cumprir fielmente seus desígnios, instrumentalizando corretamente o *accountability* horizontal e contribuindo para uma democracia saudável.

Destarte, no Brasil, o Tribunal de Contas é um tribunal administrativo, autônomo, sem vinculação a nenhum dos Poderes, cujas principais funções são auxiliar o Poder Legislativo no exercício do controle externo e informar os cidadãos, titularizando o *accountability* horizontal, estando as suas competências constitucionais previstas nos artigos 71 a 74 e 161 da Constituição Federal de 1988.

4.3.1 Competências constitucionais do Tribunal de Contas do Brasil

A primeira e uma das principais funções do Tribunal de Contas é auxiliar o Poder Legislativo no exercício do controle externo do

Poder Executivo, haja vista que o artigo 70 da CF/1988[121] conferiu aos representantes do povo a titularidade desse controle. Esse auxílio dado ao Poder Legislativo tem natureza técnica e seu objetivo é fornecer subsídios para que o Parlamento possa julgar a gestão de recursos públicos pelo Poder Executivo, por meio do Parecer Prévio, nos termos do artigo 71, I, da CF/88, conforme se demonstrará mais adiante.

O Tribunal de Contas brasileiro realiza o controle prévio ou *a priori*, antes da concretização da despesa; concomitantemente à execução da despesa; e *a posteriori*, após a realização da despesa. Esse controle, em diversos momentos da despesa, é considerado de vanguarda e consentâneo com as normas internacionais de auditoria, elaboradas pela INTOSAI. Nesse aspecto, deve-se destacar que certas Cortes de Contas apenas realizam o controle em determinado momento, como era o caso da *Corte dei Conti* italiana, que desempenhava o controle *a priori*, por meio de aposição de um visto, e como é o caso da *Cour des Comptes* francesa, que somente realiza o controle a *posteriori*, segundo leciona Dal Pozzo (2010).

Enquanto o Poder Legislativo desempenha o controle externo político, ora "abrangendo aspectos de legalidade, ora de mérito", averiguando, inclusive, a discricionariedade dos atos e das decisões administrativas, quanto à conveniência e a oportunidade (DI PIETRO, 2016, p. 895), o Tribunal de Contas desempenha o controle externo com enfoque técnico-administrativo, sem o qual "o controle externo dos dinheiros públicos não lograria a marca de tecnicidade" (BULOS, 2009, p. 1.082).

A fiscalização do Tribunal de Contas possui aspectos subjetivos e objetivos. O aspecto subjetivo refere-se ao fato de que todas as pessoas, físicas ou jurídicas, públicas ou privadas (PASCOAL, 2013), que utilizem, guardem, arrecadem, gerenciem ou administrem bens, dinheiros e valores públicos devem prestar contas da sua gestão ao Tribunal de Contas.

---

[121] "Art. 70. A fiscalização contábil, financeira, orçamentária, operacional e patrimonial da União e das entidades da administração direta e indireta, quanto à legalidade, legitimidade, economicidade, aplicação das subvenções e renúncia de receitas, será exercida pelo Congresso Nacional, mediante controle externo, e pelo sistema de controle interno de cada Poder. Parágrafo único. Prestará contas qualquer pessoa física ou jurídica, pública ou privada, que utilize, arrecade, guarde, gerencie ou administre dinheiros, bens e valores públicos ou pelos quais a União responda, ou que, em nome desta, assuma obrigações de natureza pecuniária".

Já o aspecto objetivo diz respeito ao tipo de fiscalização e aos aspectos da fiscalização[122] (PASCOAL, 2013). Quanto ao tipo, a fiscalização será contábil, financeira, orçamentária, operacional e patrimonial. No tocante aos aspectos, a fiscalização compreenderá o exame da legalidade, da legitimidade e da economicidade.

Mileski (2018, p. 284) aduz que o objetivo da fiscalização contábil, financeira, orçamentária, operacional e patrimonial é "acompanhar, avaliar e julgar a regularidade dos atos praticados pelos agentes públicos", os quais desempenham a atividade financeira do Estado, que é a arrecadação, a administração e o dispêndio de recursos públicos.

Inicialmente, a fiscalização contábil tem por escopo apurar a observância das normas e princípios da contabilidade pública, nos livros e registros contábeis, os quais devem seguir rigorosamente o estabelecido nas normas, especialmente, na Lei Nacional nº 4.320/1964. Esse respeito permite que os registros contábeis demonstrarem com clareza e fidedignidade a atividade e a situação financeira do ente estatal, de modo que sejam instrumentos de transparência pública, facilitando as ações do controle externo e do controle social.

A fiscalização financeira é referente ao controle do fluxo de recursos (entradas e saídas), isto é, a arrecadação das receitas e execução das despesas públicas. Nessa fiscalização, é averiguado se o ente arrecada corretamente as suas receitas, observando-se se há renúncias indevidas, conduta vedada pela Lei Complementar Nacional nº 101/2000, a denominada Lei de Responsabilidade Fiscal (LRF). Também é aferida a execução das despesas, as quais devem estar corretamente autorizadas nas leis orçamentárias e corretamente processadas, no tocante às suas fases: empenho, liquidação e pagamento.

A fiscalização orçamentária envolve a análise de quatro aspectos principais, a saber, o exame da compatibilidade das leis orçamentárias – Lei Orçamentária Anual (LOA), Lei de Diretrizes Orçamentárias (LDO) e Plano Plurianual (PPA) – com a Constituição Federal; da abertura de créditos adicionais; do acompanhamento da execução orçamentária, ou seja, da verificação da arrecadação da receita estimada e da despesa fixada; e, por último, do cumprimento do planejamento governamental, por meio da realização dos programas, projetos e atividades, postos nas leis orçamentárias.

---

[122] Nesse ponto, cabe destacar que a doutrina sempre utiliza os termos fiscalização e controle como sinônimos. Contudo, conforme aduz Mileski (2018), esses termos não são sinônimos, pois fiscalização é mais abrangente, feita sobre todo o sistema, enquanto o controle é mais específico, feito apenas em uma parte do sistema.

Mileski (2018), ensinando sobre a fiscalização orçamentária, lembra que, classicamente, as leis orçamentarias eram meros instrumentos de previsão de receitas e autorização de despesas. Contudo, com o surgimento do orçamento-programa, as leis orçamentárias passaram a ser instrumentos de planejamento governamental, "no qual é fixado um conjunto de metas e objetivos a serem realizados, com a identificação dos respectivos recursos financeiros" (MILESKI, 2018, p. 286). Assim, o Tribunal de Contas fiscaliza o cumprimento dos programas governamentais apostos no orçamento.

A fiscalização patrimonial é referente ao controle e à conservação dos bens públicos móveis e imóveis. A fiscalização patrimonial está voltada à "salvaguarda da integridade física dos bens que formam o patrimônio público" (WILLEMAN, 2017, p. 264). Outrossim, essa fiscalização está relacionada ao:

> [...] controle e [à] conservação de bens públicos: catalogação, tombamento, inventários, etc. A propósito do controle patrimonial, vale transcrevemos o entendimento de Ricardo Lobo Torres: mas o conceito de patrimônio público se dilarga no Direito Constitucional moderno e passa a abranger; além dos bens dominiais, os bens de uso do povo (*res communes omnium*), neles incluído o próprio meio ambiente, que de direito difuso se transforma em direito subjetivo público da Administração, agora sujeitos à tutela do Tribunal de Contas competente para fixar o valor do ressarcimento dos prejuízos causados por dolo ou culpa dos responsáveis pela utilização ou guarda daqueles bens. (PASCOAL, 2013, p. 150)

É nessa fiscalização que cabe ao Tribunal de Contas controlar todos os bens públicos, estando incluído, nesse campo, o meio ambiente e patrimônio cultural, pois, como visto no Capítulo 3, o patrimônio cultural é um bem público, *lato sensu*, de modo que todo os bens culturais declarados são transindividuais e pertencem à coletividade, no seu aspecto imaterial, caracterizado nos valores culturais.

A fiscalização patrimonial impõe ao Tribunal de Contas o dever de fiscalizar, vigiar e normatizar todas as ações e omissões da Administração Pública que tenham por objeto o patrimônio cultural. A Corte de Contas também tem a obrigação de localizar os bens culturais e verificar "se estão sendo adotadas medidas quanto à conservação, reparos e restauração dos imóveis" (MILESKI, 2018, p. 287), nos mesmos moldes que deve proceder com a fiscalização dos demais bens componentes do patrimônio público.

A fiscalização operacional é um estágio evolutivo na atuação do Tribunal de Contas, aproximando-o da forma de trabalho do sistema de Contadorias. Nessa fiscalização, são aferidos: o cumprimento das metas e objetivos fixados no orçamento-programa; a eficiência, eficácia, efetividade e economicidade de organizações, programas e atividades; e a qualidade das atividades e serviços públicos ofertados.

Enquanto as fiscalizações contábil, financeira, orçamentária e patrimonial são feitas nas auditorias clássicas, chamadas auditorias de regularidade[123] (VALE, 2000), a fiscalização operacional é feita em um tipo especial de procedimento de auditoria, chamada auditoria operacional, que é uma auditoria voltada ao aperfeiçoamento da gestão pública.

Quanto aos aspectos da fiscalização da gestão pública, esses estão relacionados à verificação do respeito aos princípios constitucionais, tendo o objetivo de detectar, prevenir e orientar sobre possíveis falhas, irregularidades ou ilegalidades (MILESKI, 2018), permitindo à Administração realizar as suas ações e políticas públicas, com maior economicidade, eficiência e qualidade.

Apesar de o constituinte só ter relacionado os princípios da legalidade, da legitimidade e da economicidade no artigo 70 da CF/88, em razão da força normativa dos princípios constitucionais, o controle engloba a verificação de todos os princípios constitucionais, sejam explícitos ou implícitos. Nesse sentido, Pascoal (2013, p. 150) apresenta o seguinte esclarecimento:

> Embora o legislador tenha relacionado apenas alguns aspectos relacionados à função administrativa, há que se ressaltar que a fiscalização alcança todos os princípios explícitos e implícitos que regem a conduta administrativa. Assim, não se pode esquecer dos princípios da moralidade, impessoalidade, publicidade e eficiência (art. 37 da CF) e dos princípios da razoabilidade e proporcionalidade.

Por esse motivo, o Tribunal de Contas tanto verificará o cumprimento dos princípios do artigo 37, legalidade, moralidade, publicidade, isonomia e eficiência, quanto dos princípios implícitos, entre eles os princípios da razoabilidade, da proporcionalidade e os princípios culturais. No tocante aos princípios implícitos, tem-se que eles são

---

[123] Como será mais bem estudado no item sobre auditorias, quando são feitos todos os tipos de fiscalização (contábil, financeira, orçamentária, patrimonial e operacional) em um único trabalho multidisciplinar, esta auditoria é chamada de auditoria integrada, que "reúne, de forma objetiva e sistêmica, os exames de regularidade e operacionalidade de uma entidade" (VALE, 2000, p. 18).

aqueles não escritos e que podem ser extraídos da Constituição via hermenêutica; formam o chamado "bloco de constitucionalidade" (SARMENTO, 2009), juntamente com as normas escritas, as Emendas Constitucionais e os tratados de direitos humanos de que o Brasil seja signatário, desde que aprovados em cada Casa do Congresso Nacional, em dois turnos, por três quintos dos seus respectivos membros, conforme procedimento estabelecido no artigo 5º, §3º, da CF/88.

Essas normas que formam o bloco de constitucionalidade são parâmetro de controle de constitucionalidade, de modo que também estão entre as normas cujo cumprimento é fiscalizado pela Corte de Contas na auditoria de conformidade, que é a auditoria que verifica a conformação dos atos da gestão pública com as leis, em sentido amplo.

Convém também ressaltar a importância da definição de cada um dos aspectos do controle (legalidade, de legitimidade e economicidade), apresentada por Pascoal (2013). Esse autor aponta que o exame da legalidade se refere ao cumprimento das leis, em sentido amplo, incluindo normas constitucionais, leis em sentido estrito, decretos, regulamentos administrativos, entre outros normativos.

Já a legitimidade é concernente à aplicação dos recursos públicos de forma legítima, ou seja, com a finalidade de atender ao interesse público e às necessidades públicas (PASCOAL, 2013), promovendo o bem comum, segundo os ditames da moralidade, razoabilidade e isonomia.

E, finalmente, a economicidade, que se ocupa da análise da execução da despesa, aferindo se os gastos públicos estão sendo feitos de maneira menos custosa para a Administração, observando os preços de mercado (PASCOAL, 2013). Dessa maneira, a economicidade é a redução dos recursos públicos para a execução de ações e políticas públicas, tendo em vista a manutenção da qualidade.

4.3.2 Natureza jurídica e limites das decisões do Tribunal de Contas

Certos autores, a exemplo de Fernandes (2016) e Pascoal (2013), sustentam que as decisões das Cortes de Contas são atos jurisdicionais, isto é, atos definitivos que não podem ser objeto de controle pelo Poder Judiciário. Contudo, a maioria da doutrina afirma que, no Estado brasileiro, vigora o sistema inglês de jurisdição única, cujo poder de dizer definitivamente o direito pertence ao Judiciário, devido ao estabelecido no artigo 5º, XXXV, da CF/88.

Ao contrário do sistema francês de contencioso administrativo, no qual as decisões dos órgãos administrativos têm força judicante, no sistema inglês, todos os atos são passíveis de controle pelo Judiciário. Assim, nos Estados que adotaram o sistema inglês, vigora o princípio da inafastabilidade, consagrado no artigo 5º, XXXV, da CF/88, como alicerce do ordenamento jurídico e garantidor da ordem e paz social.

Mesmo no exercício das competências constitucionais próprias, como julgar as contas dos administradores públicos, a expressão "julgar" não significa que tal decisão seja dotada de jurisdição e, portanto, não possa ser objeto do controle pelo Poder Judiciário. Silva (2013, p. 752-753), lecionando sobre a competência de julgar dos Tribunais de Contas, corrobora esse entendimento, aduzindo que "não se trata de função jurisdicional, pois não julga pessoas nem dirime conflitos de interesses, mas apenas exerce um julgamento técnico das contas", de modo que as suas decisões "são administrativas, não jurisdicionais, como, às vezes, se sustenta, à vista da expressão 'julgar as contas' referida à sua atividade (art. 71, II)". Essa também é a visão de Medauar (2012, p. 145) quando afirma que "nenhuma das atribuições do Tribunal de Contas apresenta-se como jurisdicional".

Assim, entendendo a decisão do Tribunal de Contas como um ato administrativo, tais decisões são objeto do controle do Poder Judiciário, em razão do princípio da inafastabilidade, mas esse controle deve ser limitado.

O limite do controle pelo Judiciário será o mérito da decisão proferida pela Corte de Contas. O Judiciário não pode adentrar no mérito das decisões do Tribunal de Contas, as quais devem ser proferidas após uma criteriosa análise técnica do seu corpo técnico, pois, caso contrário, pode invadir a competência constitucional do órgão de controle externo. Como consequência desse limite do mérito das decisões, o órgão judicante não pode dizer que é legítimo, legal e econômico o que a Corte de Contas tiver decidido ser ilegítimo, ilegal e antieconômico.

É oportuno lembrar que os atos administrativos são atos jurídicos unilaterais praticados pela Administração Pública no exercício das suas prerrogativas, com uma finalidade de interesse público.[124] Segundo entendimento sedimentado na doutrina administrativista (DI PIETRO, 2016; MEIRELLES, 2016), o ato administrativo é formado por cinco elementos ou pressupostos, a saber: competência, forma, objeto, motivo e finalidade. Nos atos administrativos vinculados, todos os elementos

---

[124] Nesse sentido, Meirelles (2016, p. 145) conceitua o ato administrativo como: "toda a manifestação unilateral de vontade da Administração Pública que, agindo nessa qualidade, tenha por fim imediato adquirir, resguardar, transferir, modificar, extinguir e declarar direitos, ou impor obrigações aos administrados ou a si própria".

do ato administrativo estão previstos na norma, não havendo espaço decisório ao administrador público. Nos atos discricionários, há o chamado mérito do ato administrativo, em que há a valoração do objeto e do motivo do ato (MEIRELLES, 2016), sendo os demais elementos vinculados.

Destarte, o mérito é o aspecto discricionário do ato administrativo, ou seja, é o juízo de conveniência, oportunidade e justiça feito pelo administrador público sobre o objeto e o motivo, visando atingir o interesse público.

Nessa perspectiva, o Judiciário tem sua função de controle restrita à análise da legalidade e legitimidade das decisões do Tribunal de Contas. Quando o Judiciário examina a legalidade e legitimidade de um ato administrativo, ele analisa a competência, a forma e a finalidade, que sempre tem que ser o interesse público. Ademais, analisa se o ato é compatível com a lei que o rege, se atende à moralidade pública, se é razoável e se a ele foi dada a devida publicidade, fazendo também a verificação da conformidade do ato aos princípios constitucionais.

Nessa linha de raciocínio, Marinela (2013), com fundamento no julgamento do STF na ADPF nº 45, entende que o Judiciário pode controlar as políticas públicas, no que concerne ao cumprimento dos princípios constitucionais.

Destarte, se, ao prolatar uma decisão, a Corte de Contas tiver observado a forma de procedimento consubstanciada na sua Lei Orgânica e em seu Regimento Interno, garantido ao controlado os direitos constitucionais da ampla defesa, do contraditório e do devido processo legal, inexistindo, assim, qualquer ilegalidade manifesta, não pode o Judiciário anular essa decisão.

Esse entendimento é adequado também ao controle realizado pelos Tribunais de Contas sobre os atos da gestão pública. Os mesmos fundamentos que impõem a limitação ao controle jurisdicional sobre as decisões do Tribunal de Contas restringem a atuação da Corte de Contas sobre os atos dos gestores públicos; trata-se do mérito do ato administrativo, para que haja a preservação da competência constitucional legitimadora desses gestores públicos.

Nesse sentido, Torres (2008, p. 508-509) aduz que o Tribunal de Contas, quando realiza o controle de legitimidade, desempenha uma fiscalização política, mas não da "política partidária, nem para a pura atividade política discricionária, mas para a política fiscal, financeira e econômica".

Por ter essa natureza técnico-administrativa, a maior parte da doutrina entende que o controle exercido pelo Tribunal de Contas é limitado ao exame da legalidade dos atos administrativos, não podendo adentrar na análise do mérito desses atos. Todavia, existem doutrinadores, como Pascoal (2013), que aduzem o contrário e sustentam que o Tribunal de Contas fiscaliza o aspecto do mérito do ato administrativo, pois verifica a economicidade, eficiência, legalidade e resultados, analisando, assim, as escolhas feitas pelo administrador público.

Contudo, cabe discordar desses autores, pois, com base na necessidade de preservação da competência constitucional, o Tribunal de Contas não pode ingressar no mérito das políticas públicas, ou seja, no juízo de conveniência e oportunidade dessas ações feitas pelo Administrador Público.

Conforme exposto na seção 4.1, a posição majoritária da doutrina administrativista, adotada neste livro, é que a fiscalização realizada pela Corte de Contas da gestão dos bens, dinheiros e valores públicos está adstrita à verificação de adequação às normas legais e constitucionais, bem como aos princípios constitucionais, em especial, os princípios da legalidade, moralidade, isonomia, publicidade, razoabilidade, proporcionalidade, eficiência, eficácia e economicidade.

Averiguar a adequação das ações e políticas públicas, inclusive, as patrimoniais e culturais, não é análise do mérito do ato administrativo, mas é análise de legalidade, pois os princípios constitucionais, implícitos e explícitos, são normas constitucionais. Essa visão de que os princípios são normas advém da teoria neoconstitucionalista, que é concepção teórica adotada no constitucionalismo atual, sendo, inclusive, chamada de estado da arte do constitucionalismo contemporâneo, segundo o que esclarece Barcellos (2007).

Em razão da adoção da teoria neoconstitucionalista, segundo leciona Sarmento (2009), houve a reaproximação entre o Direito e a Moral, o reconhecimento da importância dos valores como componentes elementares do sistema jurídico e a declaração da força normativa dos princípios jurídicos.

Assim, os princípios constitucionais têm força normativa, inclusive, com hierarquia superior às regras, devido aos valores constitucionais que expressam. Desse modo, cabe ao Estado o dever de reconhecer os valores, dar-lhes revitalização normativa e efetividade, sendo esse conjunto de ações estatais denominado, por Araújo (2018), de compreensão material da Constituição.

Essa compreensão material da Constituição impõe que o controle realizado pelo Tribunal de Contas atue, com especial vigor, na fiscalização dos princípios constitucionais, dentro de sua área de competência, que é a gestão pública.

Portanto, sustenta-se que as políticas e ações públicas devem ser fiscalizadas pelo Tribunal no aspecto das regras jurídicas e dos princípios constitucionais, particularmente, os princípios da legalidade, moralidade, isonomia, publicidade, razoabilidade, proporcionalidade, eficiência, eficácia e economicidade, com vistas ao atendimento do interesse público, não podendo esse tipo de controle ser denominado controle de mérito do ato administrativo.

4.3.3 Principais competências constitucionais específicas do Tribunal de Contas

O Tribunal de Contas tem competências constitucionais próprias, exclusivas e indelegáveis que se encontram elencadas no artigo 71, incisos de I a XI, da CF/88.[125] Neste tópico, serão tratadas, com mais profundidade, as competências de emitir o parecer prévio (artigo 71, I, da CF) e de julgar as contas dos administradores públicos (artigo 71, II, da CF/88), bem como o ferramental disponível pelo Tribunal de

---

[125] "Art. 71. O controle externo, a cargo do Congresso Nacional, será exercido com o auxílio do Tribunal de Contas da União, ao qual compete: I – apreciar as contas prestadas anualmente pelo Presidente da República, mediante parecer prévio que deverá ser elaborado em sessenta dias a contar de seu recebimento; II – julgar as contas dos administradores e demais responsáveis por dinheiros, bens e valores públicos da administração direta e indireta, incluídas as fundações e sociedades instituídas e mantidas pelo Poder Público federal, e as contas daqueles que derem causa a perda, extravio ou outra irregularidade de que resulte prejuízo ao erário público; III – apreciar, para fins de registro, a legalidade dos atos de admissão de pessoal, a qualquer título, na administração direta e indireta, incluídas as fundações instituídas e mantidas pelo Poder Público, excetuadas as nomeações para cargo de provimento em comissão, bem como a das concessões de aposentadorias, reformas e pensões, ressalvadas as melhorias posteriores que não alterem o fundamento legal do ato concessório; IV – realizar, por iniciativa própria, da Câmara dos Deputados, do Senado Federal, de Comissão técnica ou de inquérito, inspeções e auditorias de natureza contábil, financeira, orçamentária, operacional e patrimonial, nas unidades administrativas dos Poderes Legislativo, Executivo e Judiciário, e demais entidades referidas no inciso II; V – fiscalizar as contas nacionais das empresas supranacionais de cujo capital social a União participe, de forma direta ou indireta, nos termos do tratado constitutivo; VI – fiscalizar a aplicação de quaisquer recursos repassados pela União mediante convênio, acordo, ajuste ou outros instrumentos congêneres, a Estado, ao Distrito Federal ou a Município; VII – prestar as informações solicitadas pelo Congresso Nacional, por qualquer de suas Casas, ou por qualquer das respectivas Comissões, sobre a fiscalização contábil, financeira, orçamentária, operacional e patrimonial e sobre resultados de auditorias e inspeções realizadas; VIII – aplicar aos responsáveis, em caso de ilegalidade de despesa ou irregularidade de contas, as sanções previstas em lei, que estabelecerá, entre outras cominações, multa proporcional ao dano causado ao erário; IX – assinar prazo para que o órgão ou entidade adote as providências necessárias ao exato cumprimento da lei, se verificada ilegalidade; X – sustar, se não atendido, a execução do ato impugnado, comunicando a decisão à Câmara dos Deputados e ao Senado Federal; XI – representar ao Poder competente sobre irregularidades ou abusos apurados".

Contas para suspender atos irregulares e reparar os danos causados ao patrimônio por condutas ilegais dos agentes públicos sob sua fiscalização, ferramental esse aplicável também às políticas culturais e patrimoniais.

Ele é o órgão executor do controle externo (MILESKI, 2018), desempenhando-o em seu aspecto técnico-jurídico, enquanto o Parlamento o realiza pelo enfoque político, como representantes do povo que elegeu o Chefe do Poder Executivo democraticamente. Essa competência do Tribunal de Contas se materializa por meio do parecer prévio sobre as contas anuais prestadas pelo Chefe do Poder Executivo, o qual tem o prazo máximo de 60 dias, após a abertura da sessão legislativa, para enviá-las à Corte.

Desempenhando essa competência, o Tribunal de Contas da União emite o parecer prévio sobre as contas anuais do Presidente da República, enquanto os Tribunais de Contas dos Estados emitem o parecer prévio sobre as contas anuais de Governadores e Prefeitos, salvo nos municípios que possuem Tribunal de Contas municipais, os quais emitirão essa peça técnica acerca das contas dos Prefeitos, nos termos dos artigos 75, da CF/88.

O parecer prévio tem por objetivo fornecer "os elementos técnicos necessários à formação do juízo político por parte do Poder Legislativo" (MILESKI, 2018, p. 308). Ele tem caráter opinativo para as contas anuais do Presidente da República e para as contas dos Governadores de Estado.

Já para as contas anuais de Prefeitos, o parecer prévio tem força vinculante parcial (MILESKI, 2018; PASCOAL, 2013; FERNANDES; 2016); isso significa dizer que o julgamento das contas pelo Poder Legislativo municipal só será diferente da conclusão da peça técnica do Tribunal de Contas, se o julgamento for baseado em quórum qualificado de dois terços dos Vereadores, segundo dispõe o artigo 31, §2º,[126] da CF/88. Assim, a Câmara Legislativa segue o exposto no parecer prévio, seja aprovação, seja reprovação das contas do Prefeito Municipal, salvo julgamento qualificado diverso de dois terços dos Vereadores.

Mileski (2018, p. 318) explica essa diferença entre a forma opinativa do parecer prévio das contas do Presidente da República e Governadores e a força quase vinculante do parecer prévio das Contas dos Prefeitos,

---

[126] "Art. 31. A fiscalização do Município será exercida pelo Poder Legislativo Municipal, mediante controle externo, e pelos sistemas de controle interno do Poder Executivo Municipal, na forma da lei. §1º O controle externo da Câmara Municipal será exercido com o auxílio dos Tribunais de Contas dos Estados ou do Município ou dos Conselhos ou Tribunais de Contas dos Municípios, onde houver. §2º O parecer prévio, emitido pelo órgão competente sobre as contas que o Prefeito deve anualmente prestar, só deixará de prevalecer por decisão de dois terços dos membros da Câmara Municipal".

afirmando que "a quase totalidade dos municípios brasileiros é de médio, pequeno e pequeníssimo porte, cuja administração é conduzida de maneira unipessoal pelo Prefeito", pois ele geralmente é responsável pela condução política e administrativa da execução orçamentária municipal, "inclusive no que diz respeito à ordenação, liberação e pagamento de despesas". Dessa maneira, como, geralmente, o Prefeito é também o ordenador de despesa, a peça técnica da Corte de Contas exerce maior força sobre o julgamento político feito pelo Legislativo municipal.

Destarte, a emissão de parecer prévio é uma função técnico-jurídica, de natureza opinativa, por meio da qual o Tribunal realiza uma fiscalização financeira, orçamentária, contábil, operacional e patrimonial, nos aspectos de legalidade e legitimidade, e, como lembra Mileski (2018, p. 311), o "desempenho governamental na execução do plano de governo", ou seja, o efetivo cumprimento dos planos de governo declarados, geralmente, na época eleitoral e materializados no orçamento.

A segunda competência constitucional privativa das Cortes de Contas é o julgamento das contas dos administradores e responsáveis por bens, dinheiros e valores públicos, de toda a Administração Pública, de todas as esferas de poder e de todos os entes federativos. Estão na lista dos administradores públicos que têm suas contas julgadas pela Corte de Contas: o Poder Legislativo (Presidente da Câmara ou Assembleia Legislativa), o Poder Judiciário (Desembargador Presidente), o Ministério Público (Procurador-Geral), o Tribunal de Contas (Conselheiro Presidente), os órgãos, fundos, empresas estatais, sociedade de economia mista, Ministérios, Secretarias, Fundações, Autarquias.

No julgamento desses administradores, o Tribunal de Contas exerce competência exclusiva, diferentemente do parecer-prévio, que tem natureza opinativa. Certos doutrinadores, como Mileski (2018), Pascoal (2013) e Fernandes (2016), afirmam que o Tribunal teria jurisdição administrativa no exercício dessa competência. Contudo, como exposto na seção 4.3.2, o Estado brasileiro não adotou o sistema misto de jurisdição, no qual certos órgãos possuem jurisdição administrativa. Assim, o julgamento das contas dos administradores públicos é passível de controle jurisdicional, em homenagem ao princípio da inafastabilidade, previsto no artigo 5º, XXXV, da CF/88.

Se no exercício de suas competências constitucionais, o Tribunal de Contas identificar ações e omissões do gestor público que causem alguma lesão ao patrimônio público, a Corte possui meio de suspender essas ações e penalizá-las, por meio do diverso ferramental constitucional posto à sua disposição.

No que diz respeito ao patrimônio cultural, caso a Corte de Contas detecte alguma ação ou omissão por parte do gestor público, pode adotar medidas decorrentes da sua competência constitucional que podem ser utilizadas para a proteção do patrimônio cultural. São elas: as determinações (artigo 71, IX e X, da CF/88), a imposição de penalidades (artigo 71, VIII, c/c artigo 75, da CF/88), a condenação de ressarcimento ao Erário pelos danos causados (artigo 71, VIII, c/c artigo 75, da CF/88), o dever de representação aos órgãos competentes (artigo 71, XI, c/c artigo 75, da CF/88), e a expedição de medidas de urgência, conforme reconhecido na jurisprudência do STF (MS nº 24510). No tocante às sanções, certas leis orgânicas, como, por exemplo, a Lei Orgânica do TCU (Lei nº 8.443/1992), estabelecem outras penalidades, como inabilitação para exercício de cargo, declaração de inidoneidade, entre outras, como lembra Pascoal (2013).

As determinações consistem no estabelecimento de prazo para que o administrador público corrija o ato ilegal, promovendo o "saneamento (restauração da legalidade)" (PASCOAL, 2013, p. 175). Se a Administração não atender às determinações, adotando as medidas corretivas necessárias, o Tribunal de Contas poderá determinar a imediata sustação do ato ilegal, inclusive, por meio da expedição de tutelas de urgência.

Nessa perspectiva, diante de um ato ilegal, ilegítimo, especialmente, aquele que resulte em dano ao patrimônio público, o Tribunal de Contas pode liminarmente e imediatamente determinar a sua suspensão, por meio da prolação das medidas cautelares. Essas medidas de urgência têm, portanto, o objetivo de prevenir lesão ao Erário e garantir a efetividade das decisões da Corte, sendo tal competência reconhecida pacificamente pelo Supremo Tribunal Federal. Nesse sentido, tem-se o seguinte conteúdo da Ementa do Mandado de Segurança nº 24510:

> PROCEDIMENTO LICITATÓRIO. IMPUGNAÇÃO. COMPETÊNCIA DO TCU. CAUTELARES. CONTRADITÓRIO. AUSÊNCIA DE INSTRUÇÃO. [...] 2 Inexistência de direito líquido e certo. O Tribunal de Contas da União tem competência para fiscalizar procedimentos de licitação, determinar suspensão cautelar (artigos 4º e 113, §1º e 2º da Lei nº 8.666/93), examinar editais de licitação publicados e, nos termos do art. 276 do seu Regimento Interno, possui legitimidade para a expedição de medidas cautelares para prevenir lesão ao erário e garantir a efetividade de suas decisões). 3- A decisão encontra-se fundamentada nos documentos

acostados aos autos da Representação e na legislação aplicável. 4- Violação ao contraditório e falta de instrução não caracterizadas. Denegada a ordem. MS 24510, Relator(a): Min. ELLEN GRACIE, Tribunal Pleno, julgado em 19/11/2003). (BRASIL, 2003)

Assim, atos administrativos que resultem em dano ao patrimônio cultural, como, por exemplo, a determinação para a demolição de um bem imóvel tombado, podem ser suspensos pelo Tribunal de Contas com o manejo das medidas cautelares.

A condenação de ressarcimento ao Erário pelos danos causados é materializada na imputação de débito e na aplicação de multa a todos os responsáveis pelo ato ilegal e danoso. Assim, em matéria patrimonial, o Tribunal de Conta tem a competência para imputar débito e multa aos responsáveis por atos ilegais ou que ocasionem dano ao patrimônio cultural, em montante suficiente para recompor e restaurar o bem.

Ademais, pode-se afirmar a possibilidade de punição com multa em razão de ações ou omissões administrativas que causem dano ao patrimônio cultural, mesmo em se tratando de bens pertencentes aos particulares. A fundamentação da imposição desse tipo de penalidade está no descumprimento do dever legal de proteção do patrimônio cultural, estabelecido no artigo 216, §1º, CF/88.

O desempenho dessas competências constitucionais tem por finalidade primordial informar os cidadãos acerca da gestão dos recursos públicos executada pelos agentes responsáveis, realizando, assim, o *accountability* horizontal,[127] tema que será tratado na seção 4.7.1. Convém ressaltar que essa finalidade primeva do controle externo não está expressa textualmente na Constituição Federal de 1988, ao contrário do que o ocorre na Constituição francesa de 4 de outubro de 1958, em que há tal previsão no artigo 47-2: "Par ses rapports publics, elle contribue à l'information des citoyens".

4.3.4 O Ministério Público junto ao Tribunal de Contas

No Brasil, o Ministério Público junto ao Tribunal de Contas, Ministério Público de Contas ou *Parquet* de Contas, é um órgão constitucional, previsto nos artigos 73, §2º, I e 130, da CF/88, cuja finalidade é zelar pelo cumprimento das leis e do interesse público no âmbito

---

[127] Esse objetivo principal do controle externo não está expresso, textualmente, na Constituição Federal de 1988, ao contrário do que o ocorre na Constituição francesa de 04 de outubro de 1958, onde há tal previsão, no artigo 47-2: "Par ses rapports publics, elle contribue à l'information des citoyens".

da gestão dos recursos públicos, funcionando dentro da estrutura institucional do órgão de controle externo, haja vista não estar incluído no rol dos órgãos componentes do Ministério Público comum do artigo 128, da CF/88.

Sua estruturação foi regulamentada, pela primeira vez, no Decreto nº 1.166/1892,[128] sendo previsto nas Constituições de 1934, 1937, 1946, 1967 e 1969, mas alcançando "o seu mais alto grau de evolução" na Constituição Federal de 1988 (MILESKI, 2018). Contudo, apesar dessa evolução experimentada, a disciplina constitucional dada ocasionou certa incerteza acerca do lugar institucional do *Parquet* de Contas, como leciona Mileski (2018).

Essa dúvida foi resolvida pelo STF na ADI nº 789/DF,[129] quando a Suprema Corte decidiu que o Ministério Público de Contas não pertence ao Ministério Público comum, estando na "intimidade estrutural" do Tribunal de Contas, razão pela qual não possuiria autonomia administrativa e financeira, nem competência constitucional para iniciar leis que dispusessem sobre a sua organização e "fisionomia institucional própria".

---

[128] Decreto nº 1.166, 17 de dezembro de 1892. Dá regulamento para execução da lei n. 23 de 30 de outubro de 1891, na parte referente ao Ministério da Fazenda. Coleção de Leis do Brasil, Rio de Janeiro, v. 1, pt II, p. 1028, 1892.

[129] EMENTA – ADIN – LEI N. 8.443/92 – MINISTÉRIO PÚBLICO JUNTO AO TCU – INSTITUIÇÃO QUE NÃO INTEGRA O MINISTÉRIO PÚBLICO DA UNIÃO – TAXATIVIDADE DO ROL INSCRITO NO ART. 128, I, DA CONSTITUIÇÃO – VINCULAÇÃO ADMINISTRATIVA A CORTE DE CONTAS – COMPETÊNCIA DO TCU PARA FAZER INSTAURAR O PROCESSO LEGISLATIVO CONCERNENTE A ESTRUTURAÇÃO ORGÂNICA DO MINISTÉRIO PÚBLICO QUE PERANTE ELE ATUA (CF, ART. 73, CAPUT, IN FINE) – MATÉRIA SUJEITA AO DOMÍNIO NORMATIVO DA LEGISLAÇÃO ORDINÁRIA – ENUMERAÇÃO EXAUSTIVA DAS HIPÓTESES CONSTITUCIONAIS DE REGRAMENTO MEDIANTE LEI COMPLEMENTAR – INTELIGENCIA DA NORMA INSCRITA NO ART. 130 DA CONSTITUIÇÃO – AÇÃO DIRETA IMPROCEDENTE. – O Ministério Público que atua perante o TCU qualifica-se como órgão de extração constitucional, eis que a sua existência jurídica resulta de expressa previsão normativa constante da Carta Política (art. 73, par. 2., I, e art. 130), sendo indiferente, para efeito de sua configuração jurídico-institucional, a circunstância de não constar do rol taxativo inscrito no art. 128, I, da Constituição, que define a estrutura orgânica do Ministério Público da União. – O Ministério Público junto ao TCU não dispõe de fisionomia institucional própria e, não obstante as expressivas garantias de ordem subjetiva concedidas aos seus Procuradores pela própria Constituição (art. 130), encontra-se consolidado na "intimidade estrutural" dessa Corte de Contas, que se acha investida – até mesmo em função do poder de autogoverno que lhe confere a Carta Política (art. 73, caput, in fine) – da prerrogativa de fazer instaurar o processo legislativo concernente a sua organização, a sua estruturação interna, a definição do seu quadro de pessoal e a criação dos cargos respectivos. – Só cabe lei complementar, no sistema de direito positivo brasileiro, quando formalmente reclamada a sua edição por norma constitucional explicita. (ADI 789, Relator(a): CELSO DE MELLO, Tribunal Pleno, julgado em 26/05/1994, DJ 19-12-1994).

Contudo, essa ausência de autonomia administrativa não impede que os membros do *Parquet* de Contas exerçam com autonomia e independência as suas funções de fiscais da lei e do interesse público no âmbito da gestão dos bens, dinheiros e valores públicos. Sobre esse tema, Mileski (2018, p. 2018) lembra que o Ministério Público de Contas possui "independência de ação na função de guarda da lei e fiscal da sua execução, com a finalidade de acompanhar a regularidade do exercício do controle externo praticado sobre a Administração".

Para exercerem as suas atribuições de fiscais da lei e guardiões do interesse público, os membros do *Parquet* de Contas são dotados nas mesmas garantias dos membros do Ministério Público comum, especialmente, vitaliciedade, inamovibilidade, irredutibilidade de subsídios, nos termos dos artigos 128, I, e 130, da CF/88.

O *Parquet* de Contas realiza seu mister de guardião da ordem jurídica no controle externo, por meio do oferecimento de representações sobre irregularidades; emissão de pareceres nos processos objetos de apreciação do Tribunal de Contas; interposição de recursos, quando discordante da decisão proferida pelo Tribunal de Contas; participação nas sessões plenárias de julgamento, tendo direito a pronunciamento e vista dos autos antes do julgamento (PASCOAL, 2013); e, finalmente, solicitação de complementação de instrução pelo corpo técnico, por meio de auditorias e inspeções.

Como afirma Mileski (2018, p. 272), a existência de um Ministério Público de Contas é uma "tradição constante de todas as Cortes no mundo, desde seus primórdios, inclusive no Brasil". Como nesse estudo se debruça sobre os trabalhos do Tribunal de Contas da França e de Portugal na fiscalização das ações e políticas culturais, com vistas à proteção da cultura e patrimônio (seções 4.4 e 4.5), faz-se necessário entender o funcionamento do *Parquet* de Contas nesses dois Estados.

Na França, o *Parquet* de Contas funciona dentro do Tribunal de Contas, de modo que ambos mantêm uma relação estreita, mas conservam a sua independência, segundo ensina Magnet (1973, p. 321), nos seguintes termos: "le ministère public est un organisme distinct de la Cour des Comptes, mais qui, placé près de celle-ci, entretien nécéssairement avec elle d'étroites relations [...] mais chacun conserve son indépendance".

O Ministério Público é exercido pelo Procurador-Geral, assistido por Advogados Gerais. Suas competências foram inicialmente reguladas nos artigos 37 a 42 do Decreto de 28 de setembro de 1807, depois pelo Decreto de 20 de setembro de 1968, que, em seu artigo 4, determinou que a Corte de Contas deveria submeter necessariamente todas as suas atividades à análise e pronunciamento do Ministério Público de Contas e que ele deveria participar de todas as sessões de julgamentos, manifestando-se oralmente nos debates que precederem ao proferimento da decisão (MAGNET, 1973).

A missão do Ministério Público de Contas não é limitada à vigilância da aplicação da lei pela Corte de Contas e respeito à sua jurisprudência. Sua posição dentro da estrutura da Corte permite também vigiar a aplicação das leis pelos organismos e serviços públicos colocados sob o controle da Corte de Contas.

O Ministério Público junto ao Tribunal de Contas é personificado no Procurador-Geral [*Procureur general*], o qual é assessorado pelos Advogados Gerais [*les avocat généraux*] e tem o mesmo *status* do Presidente da Corte, segundo o que ensina Sousa (1999). Os Advogados Gerais não possuem competências próprias, desempenhando apenas as funções conforme determinado pelo Procurador-Geral, segundo o que se encontra estabelecido no Decreto de 20 de setembro de 1968. Nesse sentido, ensina Magnet (1973, p. 324) que: "cette disposition indique bien qu'ils n'ont em droit auncun pouvoir prope. Ils ne sont que les adjoints du procureur general, qui est maître de leur attribuer la coinnaissance de telles affaires et à telles conditions qu'il estime convenables".

Os Advogados Gerais são nomeados por decretos, sendo considerados membros da Corte de Contas e possuindo a garantia da inamovibilidade, enquanto o Procurador-Geral não tem essa prerrogativa, pois não é membro da Corte de Contas. Nesse aspecto, Magnet (1973) afirma que a nomeação do Procurador-Geral é discricionária do Conselho de Ministros, que, desde 1933, sempre nomeia um membro da Corte de Contas como Procurador-Geral, seja um presidente de câmara [*Président de chambre*], seja um conselheiro-mestre [*Conseiller-maître*]. Esse autor completa que, apesar de não ter a garantia da inamovibilidade, não é comum a demissão de um Procurador-Geral, pois estas só ocorreram, historicamente, por motivos de mudanças do regime político, e não pelo desempenho das funções do Ministério Público de Contas.

As funções do Ministério Público junto à Corte de Contas são de fiscalização da aplicação da lei e do julgamento das contas pelo órgão de controle externo. Ademais, ele dá seu parecer sobre o programa de trabalho da Corte de Contas e sobre textos que interessam à jurisdição financeira. Também apresenta seu parecer escrito sobre todas as auditorias da Corte de Contas [*rapports*], velando pelo respeito às regras de procedimento e pela coerência com a jurisprudência do órgão de controle. Quando, no exercício dessas funções, o Procurador-Geral detecta condutas que configurem infração à lei penal, deve encaminhar as suas observações ao Judiciário (FRANCE, 2020).

Em Portugal, o Ministério Público junto ao Tribunal de Contas tem certas competências que diferem do MP brasileiro e do francês, qual seja: a competência exclusiva de ingressar com as ações que têm por objetivo a cobrança de penalidades pecuniárias e débitos contra os responsáveis por atos ilegais. Essas ações visam à cobrança de multas e de débito para a recomposição do patrimônio estatal, decorrentes de "alcances, desvios ou pagamentos indevidos, ou não arrecadação de receitas", conforme leciona Sousa (1999, p. 30).

As ações do *Parquet* de Contas são propostas perante a 3ª Câmara ou Secção do Tribunal de Contas português, o qual possui jurisdição administrativa. Sousa (1999) apresenta os quatro tipos de ações de natureza jurisdicional que podem ser apresentadas pelo Ministério Público junto ao Tribunal de Contas de Portugal com competência exclusiva, a saber: ação para apurar infrações financeiras sancionatórias decorrentes de julgamento das contas; ação para apurar a responsabilidade financeira sancionatória ou de recomposição do patrimônio público advindas de auditorias temáticas; processos de fixação de débito, no caso de falta de prestação de contas ou impossibilidade de verificação ou julgamento das contas; processos autônomos de multa.

Sousa (1999) ensina que, para ingressar com essas ações, o Ministério Público recebe da 2ª Câmara todos os relatórios de auditoria que contenham infrações financeiras, as quais devem ser discriminadas com detalhes em anexo específico no relatório, além de conter todos os documentos comprobatórios.

Os relatórios sem infrações financeiras também são encaminhados ao *Parquet* de Contas, que pode identificar infrações não apontadas pela auditoria e ingressar com a ação de responsabilização junto à 3ª Câmara, pois ele [o *Parquet*] não tem vinculação com "as qualificações jurídicas dos fatos constantes nos relatórios da auditoria" (SOUSA, 1999, p. 33).

O Ministério Público de Contas não tem qualquer ingerência sobre as auditorias, mas pode solicitar ao juiz que a conduziu uma complementação de instrução, caso conclua pela necessidade de mais provas para ingressar com a respectiva ação de responsabilização do agente que cometeu irregularidades financeiras, como ensina Sousa (1999). Esse pedido pode ser atendido ou não pelo juiz que presidiu o processo na 2ª Câmara. Contudo, deve ser destacado que tais diligências não podem ser feitas, *motu proprio*, pelo *Parquet* de Contas, pois esse órgão não tem competência inquisitória.

Sousa (1999) aduz que o Ministério Público de Contas é regido por oito princípios que refletem as suas competências e forma de atuação, quais sejam: intervenção nos processos de fiscalização prévia, por meio de parecer ou recursos; não intervenção na realização das auditorias; intervenção oficiosa nas 1ª e 3ª Câmaras; obrigatoriedade de remessa a ele de todos processos cujas auditorias revelem atos que podem ser passíveis de responsabilização financeira; possibilidade de solicitar a entrega de todos os documentos que entender necessários à instrução do processo de responsabilização; prevalência do seu juízo sobre a suficiência ou insuficiência das provas para fins de interposição ou não da ação de responsabilização; não vinculação às qualificações jurídicas dos fatos constantes nos relatórios da auditoria; e legitimidade exclusiva para o ingresso das ações de responsabilização por infrações financeiras, perante a 3ª Câmara da Corte de Contas, que tem natureza jurisdicional.

Ademais, o *Parquet* de Contas comunica aos demais órgãos do Ministério Público fatos ilícitos que podem desencadear ações em tribunais administrativos ou penais, como, por exemplo: as ações de "declaração de nulidade ou de anulação de actos ou contratos ilegais da Administração Pública", "ação de perda de mandato ou de dissolução de órgão das autarquias locais", ações de crimes de "apropriação ilegítima de bens do sector público", "administração danosa", "violação de normas de execução orçamentária", "corrupção passiva", "peculato", "crimes de responsabilidade dos titulares de cargos políticos", conforme ensina Sousa (1999, p. 43).

Finalmente, quanto à sua composição, o *Parquet* de Contas português é chefiado pelo Procurador-Geral da República, o qual é auxiliado por procuradores-gerais adjuntos.

4.3.5 As auditorias

O Tribunal de Contas fiscaliza a Administração Pública por meio das auditorias governamentais, que são realizadas por profissionais de diversas formações, haja vista o caráter multidisciplinar das auditorias, geralmente, chamado de auditor, que é o responsável pelo planejamento e a condução da auditoria.[130]

Os auditores compõem o corpo técnico do Tribunal de Contas e são responsáveis pelas fiscalizações, por meio das auditorias e das

---

[130] Na ISSAI 100, item 25, o auditor é definido como "pessoa a quem é delegada a tarefa de conduzir auditorias" por mandato das Entidades Fiscalizadoras Superiores (EFS).

inspeções previstas no artigo 71, IV e VII, da CF/88. Por vezes, os termos auditorias e inspeções são utilizados como expressões sinônimas, haja vista serem feitas, geralmente, simultaneamente. Contudo, as auditorias são procedimentos muito mais abrangentes que as inspeções, pois impõem uma fiscalização de vários aspectos da gestão do órgão público, o conhecimento do seu funcionamento e de seus procedimentos, para uma avaliação de desempenho desses procedimentos. Já as inspeções são fiscalizações específicas, cujo objetivo é obter determinada informação que será útil à instrução do processo de contas. Nessa perspectiva, Pascoal (2013, p. 177) explica esses dois procedimentos, nos seguintes termos:

> As AUDITORIAS obedecem a um planejamento específico e objetivam coletar dados pertinentes aos aspectos contábil, financeiro, orçamentário e patrimonial, conhecer a organização e o funcionamento dos órgãos e entidades; avaliar do ponto de vista do desempenho operacional, suas atividades e sistemas; e aferir os resultados alcançados pelos programas de governo. As INSPEÇÕES, por sua vez, visam a suprir omissões e lacunas de informações, esclarecer dúvidas ou apurar denúncias acerca de atos e fatos administrativos praticados por responsáveis sujeitos à jurisdição.

Os auditores devem ser servidores ocupantes de cargos efetivos, admitidos por concurso público rigoroso para esse fim, pois, como lembra Mileski (2018, p. 275), o corpo técnico da Corte de Contas deve ser constituído por "técnicos altamente qualificados e preparados para o exercício da atividade de controle externo", os quais devem desempenhar suas atribuições com "independência, serenidade e imparcialidade".

As auditorias feitas pelo corpo técnico do Tribunal de Contas nos órgãos da Administração Pública são chamadas de auditorias governamentais. Essas auditorias podem ser conceituadas como o "exame sistemático que visa apurar a regularidade da gestão de recursos públicos, bem como a economia, eficiência e eficácia na obtenção e aplicação dos mesmos" (VALE, 2000, p. 17).

Nesses termos, as auditorias governamentais podem ser definidas como um procedimento sistemático, feito por agente responsável, cujo objetivo é o exame da regularidade, legitimidade, desempenho e qualidade da gestão pública, para a melhoria das atividades e dos serviços públicos, em termos éticos, econômicos, de eficiência, de eficácia e de equidade.

Historicamente, o controle externo realizado pelo Tribunal de Contas era voltado para o exame meramente formal e burocrático dos gastos públicos. As auditorias tinham por objetivo a verificação da conformidade, ou seja, "da aderência do órgão a normas pertinentes à contabilidade, ao direito financeiro, ao planejamento e à execução do orçamento" (FERNANDES, 2016, p. 302), por meio do exame da escrituração contábil-financeira.

Com a evolução da Administração Pública, o controle teve a necessidade de se modernizar, e as auditorias avançaram "em termos de enfoque, profundidade e qualidade" (FERNANDES, 2016, p. 305), transformando "o mero exame ou análise burocrática de documentos, processos, planilhas ou rituais de despesas", em visitas técnicas *in loco*, no sentido de verificar "a implementação de medidas administrativas" (WILLEMAN, 2017, p. 264).

Junto à fórmula clássica da auditoria de conformidade, cujo objetivo é a análise da legalidade, legitimidade e probidade dos gastos públicos, surge a auditoria operacional,[131] que é voltada "para a análise de desempenho e da performance das estruturas administrativas" (WILLEMAN, 2017, p. 263).

Assim, existem três modalidades de auditoria: a financeira, a operacional e a de conformidade. As auditorias financeiras e de conformidade são as chamadas auditorias tradicionais que buscam examinar a legalidade da gestão pública.

Já as auditorias operacionais permitem um maior alcance crítico-reflexivo que as auditorias tradicionais, possibilitando a análise da economicidade e da eficiência dos dispêndios públicos. É o que se pode depreender do trecho a seguir:

> 1102.1.2 – AUDITORIA OPERACIONAL: exame de funções, subfunções, programas, ações (projetos, atividades, operações especiais), áreas, processos, ciclos operacionais, serviços e sistemas governamentais com o objetivo de se emitir comentários sobre o desempenho dos órgãos e das entidades da Administração Pública e o resultado das políticas, programas e projetos públicos, pautado em critérios de economicidade, eficiência, eficácia, efetividade, equidade, ética e proteção ao meio ambiente, além dos aspectos de legalidade. (TC, 2010)

---

[131] Fernandes (2016, p. 302) afirma que: "o termo 'Auditoria Operacional' originou-se no VII Congresso Internacional de Entidades Fiscalizadoras Superiores (INTOSAI), realizado em 1971, e, desde então, diversos Estados, como Canadá, Estados Unidos, Inglaterra, Austrália, Suécia, entre outros, adotam-no como instrumento de controle. Na América Latina, foi introduzido pela Organização Latino-Americana e do Caribe das Instituições Superiores de Auditoria (OLACEFS)".

Esse tipo de auditoria tem como objetivo "avaliar o conjunto de operações e indicar os procedimentos que devem ser revistos, objetivando o aperfeiçoamento das atividades para a consecução da missão institucional, servindo muito mais à Administração que pretenda uma radiografia da sua *performance*" (FERNANDES, 2016, p. 303).

Assim, enquanto a auditoria de conformidade tem por objetivo analisar a legalidade, a auditoria operacional busca aferir o desempenho, a qualidade, a transparência, a participação social e a sustentabilidade da gestão pública, contribuindo, assim, para o seu aperfeiçoamento.

A auditoria operacional é feita com a participação, colaboração dos agentes públicos e acaba auxiliando na tomada de decisão, pois utiliza várias ferramentas multidisciplinares de diagnósticos de resultado e desempenho da gestão pública, como, por exemplo: a análise *stakeholder*, que identifica os principais atores envolvidos no processo da gestão pública (TCU, 2002) e a matriz *SWOT*, que detecta forças e fraquezas do ambiente externo à gestão auditada (TCU, 2010).

Além dessas duas técnicas, as auditorias operacionais usam, frequentemente, as técnicas de Mapa de Processos e análise RECI, para fazer diagnósticos dos processos do auditado; os Mapas de Produtos e Indicadores de desempenho, para a verificação dos resultados advindos dos processos; e o Diagrama de Verificação de Risco, no qual são elencados e graduados os riscos associados aos pontos fracos e ameaças da organização do auditado.

A gestão da cultura e do patrimônio cultural poderia ter um ganho de desempenho e qualidade com a realização desse tipo de auditoria, pois seria possível identificar os pontos fracos e fortes, as oportunidades de melhoria e ameaças às políticas culturais brasileiras, com vistas a uma gestão cultural mais eficiente, transparente, econômica e com mais participação social.

O Tribunal de Contas poderia atuar no âmbito cultural por meio das *auditorias do patrimônio cultural*.[132] Infelizmente, essa atuação não é perpetrada pela grande maioria das Cortes de Contas do Estado

---

[132] Nomenclatura adotada pelo Tribunal de Contas do Estado de Pernambuco. A propósito, o TCE/PE, quando realiza as auditorias culturais, tem por escopo aferir o dever e a responsabilidade do Poder Público na conservação do patrimônio cultural, "assumindo a iniciativa pioneira de realizar o controle das ações públicas de preservação daqueles bens materiais, que correspondem aos conjuntos urbanos e sítios de valor histórico, paisagístico, artístico e arqueológico" (TCE/PE, 2014, p. 5), quanto aos aspectos da legalidade, efetividade, economicidade e salvaguarda.

brasileiro, salvo raras exceções como é o caso do Tribunal de Contas de Pernambuco (TCE/PE) e do Tribunal de Contas da União.[133]

No exterior, em Estados como França, Portugal e Itália, os Tribunais de Contas têm forte atuação na proteção da cultura e do patrimônio cultural. Esses Tribunais fiscalizam os gastos com as atividades culturais, óperas, teatros, museus, coleções de obras de artes públicas, os dispêndios com a criação de novos centros culturais e a manutenção do patrimônio cultural. Pode ser citado como exemplo o "Rapport Public Thematique – L'opéra National de Paris (2005-2014)" (FRANÇA, 2016), no qual o Tribunal de Contas francês fez uma grande auditoria operacional sobre a qualidade e os resultados da administração da Ópera Nacional de Paris, compreendendo o Palácio Garnier, a Ópera Bastille, a Escola de Dança de Nanterre e o Ateliers Berthier, onde são produzidos os cenários e os figurinos, verificando a gestão financeira, o sistema de compras, a política de recursos humanos e a conservação do patrimônio.

Essa inação dos Tribunais de Contas brasileiros tem reflexo na atuação do controle externo do Poder Legislativo e no controle externo exercido pelos cidadãos, haja vista que o *accountability* horizontal fica deficitário, reduzindo a informação e inibindo, com isso, a ampla participação social na gestão cultural.

Assim, o controle da cultura e do patrimônio cultural deve ser uma das tarefas do controle a cargo do Tribunal de Contas, de modo que esse órgão forneça subsídios e informações para o exercício do controle externo político e social, realizado pelo Legislativo e pelo povo, respectivamente, conferindo transparência aos atos da gestão pública cultural e criando, assim, o *cultural accountability*.

4.3.5.1 Normas de auditoria

As auditorias são procedimentos sistematizados, que devem seguir normas, diretrizes e princípios básicos. Em nível internacional, as normas de auditoria são editadas pela Organização Internacional das Entidades Fiscalizadoras Superiores [*Organization of Supreme Audit Institutions*] (INTOSAI) e podem ser seguidas por todas as EFS, seja Tribunal Contas, seja Controladoria.

Essas normas são denominadas Normas Internacionais das Entidades Fiscalizadoras Superiores (ISSAI) e têm por função dar

---

[133] O Tribunal de Contas da União realizou uma auditoria no patrimônio cultural, denominada "Auditoria sobre o Patrimônio Mundial da Humanidade no Brasil".

credibilidade, qualidade e profissionalismo às auditorias governamentais, não se sobrepondo às leis e regulamentos nacionais, sendo, por isso, de adoção facultativa.

As Normas Internacionais das Entidades Fiscalizadoras Superiores (ISSAI) possuem quatro níveis. O primeiro nível (ISSAI 100) contém: o propósito e a aplicabilidade das ISSAI; o contexto e os elementos da auditoria do setor público; e os princípios fundamentais estruturantes das Entidades Fiscalizadoras Superiores, como, por exemplo, "independência, transparência e *accountability*, ética e controle de qualidade" (INTOSAI, 2013).

Os demais níveis são divididos conforme o tipo de auditoria do setor público (financeira, contábil e operacional). Assim, o nível dois (ISSAI 200) é voltado para as auditorias financeiras, cujo objetivo é detectar "a posição financeira, o desempenho, o fluxo de caixa ou outros elementos que são reconhecidos, mensurados e apresentados em demonstrações financeiras" (INTOSAI, 2013). O nível três (ISSAI 300), para as auditorias operacionais, que são focadas na avaliação do desempenho das instituições, programas e ações governamentais, quanto à "economicidade, eficiência e efetividade, bem como se há espaço para aperfeiçoamento" (INTOSAI, 2013). E, por último, o nível quatro (ISSAI 400), para as auditorias de conformidade, que visam analisar "se atividades, transações financeiras e informações cumprem, em todos os aspectos relevantes, as normas que regem a entidade auditada", como leis, regulamentos, resoluções, entre outros normativos (INTOSAI, 2013).

Com fundamento nos princípios das normas e diretrizes ISSAIs e após amplo debate com os Tribunais de Contas brasileiros, sindicatos e associações de profissionais de auditoria, a Associação dos Membros dos Tribunais de Contas do Brasil (ATRICON), com o apoio institucional do Instituto Rui Barbosa (IRB) e do Ministério do Planejamento, Orçamento e Gestão (MPOG), no âmbito do Programa de Modernização do Sistema de Controle Externo dos Estados, Distrito Federal e Municípios Brasileiros (PROMOEX), editaram Normas de Auditoria Governamental (NAGs), aplicáveis ao controle externo.

Seu objetivo geral é estabelecer um padrão nacional de auditoria governamental em todos os Tribunais de Contas nacionais, com fundamento nas normas ISSAIs, mas adaptando-as às especificidades brasileiras, sendo dividido em seis objetivos específicos, a saber:

> 1. estabelecer os princípios básicos para a boa prática da auditoria governamental; 2. assegurar padrão mínimo de qualidade aos trabalhos de auditoria governamental desenvolvidos pelos TCs; 3. oferecer um

modelo adequado para a execução das atividades de auditoria governamental de competência dos TCs; 4. servir de referencial para que os profissionais de auditoria governamental tenham uma atuação pautada na observância dos valores da competência, integridade, objetividade e independência; 5. critérios para a avaliação de desempenho desses profissionais; e 6. Contribuir para a melhoria dos processos e resultados da Administração Pública. (TC, 2010)

Como as ISSAIs, as NAGs são divididas em quatro grupos: as normas gerais (NAG 1000), contendo os conceitos e objetivos das NAGs; as normas relativas aos Tribunais de Contas (NAG 2000), compreendendo a padronização das atividades de auditoria, estrutura organizacional e qualificação continuada dos profissionais; as normas aplicáveis aos profissionais de auditoria governamental (NAG 3000), abarcando os requisitos técnicos e éticos do profissional de auditoria, como independência, zelo, responsabilidade, isenção, sigilo; e, por último, as normas de planejamento e execução dos trabalhos de auditoria governamental (NAG 4000), trazendo orientações de todas as fases do trabalho da auditoria, ou seja, planejamento, execução, relatório e monitoramento (TC, 2010).

A adesão às Normas de Auditoria Governamental é facultativa aos Tribunais de Contas, mas a sua aceitação poderia trazer importantes benefícios, como, por exemplo, a padronização e qualidade mínima aos trabalhos de auditoria. Além disso, como as NAGs têm fundamentos nas ISSAIs, a sua anuência permite que o método de trabalho das Cortes de Contas brasileiras siga uma sistemática adotada nas diversas Entidades Fiscalizadoras Superiores do mundo, possibilitando o compartilhamento mútuo de boas práticas procedimentais.

Com a ratificação a um padrão internacional de trabalho, a utilização das boas práticas dos Tribunais de Contas da França, Portugal e Itália, em matéria de cultura e proteção do patrimônio cultural, seria mais facilmente adaptada ao trabalho das Cortes de Contas brasileiras.

4.3.6 Função pedagógica do Tribunal de Contas

A Emenda Constitucional nº 19/1998 acresceu ao texto constitucional o artigo 39, §2º,[134] impondo a obrigação da criação de escolas

---

[134] "Art. 39. [...] §2º A União, os Estados e o Distrito Federal manterão escolas de governo para a formação e o aperfeiçoamento dos servidores públicos, constituindo-se a participação nos cursos um dos requisitos para a promoção na carreira, facultada, para isso, a celebração de convênios ou contratos entre os entes federados".

de governo ou a celebração de convênio ou contratos voltados à formação, aperfeiçoamento e atualização profissional dos servidores e gestores públicos, sendo um dos requisitos para a promoção na carreira funcional. Contudo, nem todos os entes possuem tal escola de formação, notadamente, os pequenos municípios.

Para preencher essa lacuna, os Tribunais de Contas, conscientes de sua responsabilidade no controle, passaram a criar Escolas de Contas para aprimorar, qualificar e atualizar os servidores e gestores públicos, nas matérias atinentes à sua competência funcional, sob o fundamento de que "é melhor ensinar do que penalizar – para a sociedade é mais importante ter serviços públicos honestos, adequados e eficientes do que administradores penalizados", como ensina Mileski (2018, p. 373).

Mileski (2018) aduz que a função pedagógica do Tribunal de Contas é revolucionária e transformadora de hábitos administrativos errôneos e nocivos, além de permitir uma ação administrativa voltada ao atendimento dos interesses da sociedade. Dessa forma, além da função fiscalizatória, o Tribunal de Contas tem também uma importante função pedagógica, colaborativa e orientadora. Essa função pedagógica apresenta sugestões para correções de falhas, equívocos e inconsistências, bem como para o aprimoramento da gestão, auxiliando nas escolhas orçamentárias e administrativas, como lembra Willeman (2017), que demandem a valoração de conveniência e oportunidade.

Ademais, a função pedagógica possibilita a qualificação profissional de servidores e gestores públicos e ainda pode auxiliar no esclarecimento de dúvidas e evitar o cometimento de erros que podem causar prejuízos ao erário, não por malversação, mas por imperícia na gestão.

Devido ao alcance da atuação do Tribunal de Contas, o qual consegue atingir os menores e mais distantes entes públicos do Estado brasileiro, a função pedagógica pode se tornar fundamental para a conscientização dos administradores públicos e da coletividade acerca da importância social, cultural e econômica da preservação do patrimônio cultural.

Se o Tribunal de Contas exercer efetivamente a função pedagógica quanto ao patrimônio cultural, ele estará contribuindo para a informação e educação cultural, tanto dos agentes públicos quanto da comunidade concernente, realizando, assim, o direito humano cultural à educação e informação patrimonial, além de viabilizar o direito cultural à participação na gestão democrática do patrimônio, os quais foram vistos na seção 2.5, formando uma parte do *cultural accountability* que será aprofundado na seção 4.7.1.

Além desse resultado na educação e informação cultural patrimonial, a função pedagógica pode contribuir para a própria proteção e promoção do patrimônio cultural, pois apresentará as consequências positivas da proteção, como o desenvolvimento decorrente do patrimônio, e dará ferramentas técnicas para o gestor público instrumentalizar essas ações, como, por exemplo, por meio da celebração de convênios para a obtenção de recursos públicos, especialmente, nos municípios pequenos, pois, conforme aduz Mileski (2018, p. 374) "o Tribunal de Contas tornou-se elemento indispensável na implantação de novas políticas públicas [...] orientando e promovendo a qualificação e o aprimoramento técnico de servidores públicos, especialmente da órbita municipal".

Com essa visão, o Tribunal de Contas do Estado de Pernambuco (TCE/PE) elaborou uma cartilha, "abordando de forma ampla e criteriosa os procedimentos e os cuidados que devem ser observados pelos Agentes Públicos, quando da realização de intervenções em bens culturais afetados por proteção legal" (FRANÇA; BRANDÃO FILHO, 2014, p. 4). Conforme reconhecido pelo próprio TCE/PE, essa ação constitui-se em:

> [...] um marco da inserção do Controle Externo no bojo do processo de preservação do Patrimônio Cultural do País, evidenciando a capacidade e o compromisso do corpo técnico deste Tribunal de Contas, como também o amplo e responsável exercício das suas atribuições enquanto órgão de Controle Externo, bem como do seu dever enquanto parte integrante do Poder Público, ressaltando-se aqui o seu papel pedagógico.

Os gestores públicos devem conhecer a importância econômica, social e cultural da preservação do patrimônio, e as Cortes de Contas podem ser instrumentos dessa educação cultural. Os agentes públicos devem ter o conhecimento sobre a relevância do investimento no patrimônio cultural e sobre o círculo virtuoso que significa tal investimento, o qual produz desenvolvimento social, econômico e cultural.

É como lembra Franca Filho (2016a, p. 96): quando o Estado protege e incentiva as artes, ele "estimula quatro valores sociais de grande importância: (1) um valor de criação; (2) um valor de mensagem; (3) um valor de pluralidade; e (4) um valor de formação". Quando o Estado protege, incentiva e valoriza o patrimônio cultural, ele estimula e viabiliza o exercício de direitos culturais e, com isso, o próprio desenvolvimento, pois o desenvolvimento é um processo rumo às liberdades substanciais e ao exercício integral dos direitos econômicos, civis e culturais, conforme teorizou Sen (2010).

Desse modo, o patrimônio cultural pode deixar de ser visto como algo supérfluo ou mesmo como um *plus* na sociedade, algo que só merece investimento público após o atendimento das necessidades básicas, frente à escassez de recursos públicos, e passe a ser percebido como "um veio de desenvolvimento" (CUNHA FILHO, 2000, p. 73).

Assim, contata-se que o Tribunal de Contas pode atuar fortemente na promoção do patrimônio cultural por meio da função pedagógica, enquanto a proteção ficaria a cargo, tanto da função pedagógica quanto da função fiscalizatória.

Sob essa premissa, será estudado o trabalho já efetuado por certas Cortes de Contas brasileiras (Tribunal de Contas da União, Tribunal de Contas do Estado de Pernambuco e Tribunal de Contas do Estado da Paraíba), pela *Cour des Comptes* francesa e pelo Tribunal de Contas Português, com o objetivo de identificar a forma como esses Tribunais atuam na proteção da cultura e do patrimônio cultural, para constatar o modo que o Tribunal de Contas do estado brasileiro pode atuar na proteção do patrimônio cultural, no exercício de competências constitucionais próprias.

Mas, pelo que já foi visto, constata-se que o Tribunal de Contas pode atuar na proteção e promoção do patrimônio nos seguintes eixos: controle e responsabilização pelas condutas omissivas ou comissivas que causem prejuízos ao patrimônio cultural, por meio da sua função fiscalizatória, por meio das auditorias de regularidade; auxílio na tomada de decisão das políticas culturais e do patrimônio, detectando o desempenho e o resultado da gestão cultural, por meio das auditorias operacionais; educação do gestor público e da coletividade sobre o patrimônio, por meio da sua função pedagógica; e, finalmente, informar os cidadãos e demais órgãos responsáveis pela salvaguarda do patrimônio cultural acerca dos atos de gestão do patrimônio cultural.

No tocante a esse último campo de atuação, isto é, informar à coletividade sobre os atos de gestão da cultura e do patrimônio, será dedicada especial atenção, pois é uma das importantes finalidades da atuação da Corte de Contas no âmbito da cultura e da proteção do patrimônio. Como será visto, esse trabalho do Tribunal de Contas possibilita o efetivo exercício do direito fundamental à participação na gestão do patrimônio cultural, mediante a realização do *accountability* horizontal e do *cultural accountability*.

No próximo tópico, será apresentado um estudo sobre os Tribunais de Contas da França e de Portugal, no âmbito da proteção do patrimônio cultural, com o objetivo de contribuir para o aperfeiçoamento do sistema brasileiro de controle externo na fiscalização da gestão pública da cultura e do patrimônio; e, em seguida, desenvolver-se-á uma análise de ações pontuais, relativas à cultura e ao patrimônio, dos Tribunais de Contas brasileiros, especialmente, do Tribunal de Contas do Estado de Pernambuco, do Tribunal de Contas da União e do Tribunal de Contas da Paraíba.

4.4 O Tribunal de Contas francês e a proteção do patrimônio cultural

O direito administrativo brasileiro tem como uma das suas principais fontes o direito administrativo francês. Marinela (2013) afirma que a tradição da escola francesa, baseada no tripé serviço público-administração pública-ato administrativo, cujos expoentes foram Gaston Jèze, Léon Duguite e Louis Josserant, encontrou, no Brasil do século XX, aceitação integral nas obras dos principais administrativistas (Hely Lopes Meirelles, Celso Antônio Bandeira de Mello e Maria Sylvia Zanella Di Pietro), na academia e na jurisprudência.

Por esse motivo, o sistema de controle externo adotado no Brasil foi o sistema de Tribunal de Contas originado na França. Como exposto no início deste capítulo, não apenas a França, mas outros Estados adotam o sistema de Tribunais de Contas, razão pela qual a atuação de qualquer dessas Cortes pode ser utilizada como modelo para a Corte de Contas brasileira.

Esclarecido esse fato, passa-se a estudar a atuação do Tribunal de Contas francês na proteção do patrimônio cultural, iniciando-se pelo estudo da própria Corte e suas peculiaridades.

Como aduz Mileski (2018), a *Cour des Comptes* tem suas raízes no reinado de Luís IX, monarca que dedicava cuidado especial às finanças, adotando uma técnica requintada de escrituração das contas reais, a partir do método das partidas dobradas. Após, no reinado de Filipe IV, o Belo, foi criado a *Chambre des Comptes*, a quem os servidores do fisco prestavam contas.

A *Cour des Comptes* com a estrutura atual nasceu no reinando de Napoleão Bonaparte em 1807 (KUREK, 2010), sendo uma das primeiras Entidades Fiscalizadoras Superiores do mundo, tendo, atualmente, previsão no artigo 47-2,[135] da Constituição da República da França, de 4 de outubro de 1958.

---

[135] "ARTICLE 47-2. La *Cour des comptes* assiste le Parlement dans le contrôle de l'action du Gouvernement. Elle assiste le Parlement et le Gouvernement dans le contrôle de l'exécution

Como toda Entidade Superior de Fiscalização, pertencente a um Estado Democrático de Direito, a Corte de Contas francesa é um órgão independente, não estando subordinado a nenhum dos poderes. Na verdade, essa Corte é um órgão de permeio que auxilia o Legislativo no julgamento das contas do Executivo e julga as contas dos contadores públicos, possuindo nesse aspecto jurisdição administrativa especial.

Sobre esse aspecto, a doutrina aduz que a *Cour des Comptes* possui atribuições administrativas, no que se refere ao julgamento dos ordenadores de despesa, e função jurisdicional, no julgamento dos contadores públicos. Explicando a jurisdição administrativa da Corte francesa, Medauar (2012) afirma que as suas decisões sobre as contas dos contadores públicos têm natureza de coisa julgada. Nessa perspectiva, Fernandes (2016) defende que o Tribunal de Contas francês possui jurisdição, devido à adoção do sistema de contencioso administrativo. Esse autor afirma que "inequivocamente a Corte de Contas tem função jurisdicional, com o exato sentido do termo: tem poder de dizer o direito" (FERNANDES, 2016, p. 158).

Em razão dessa diferença de função administrativa e jurisdicional, Mileski (2018) aduz que, na gestão pública francesa, a autoridade que ordena o pagamento (ordenador de despesa) nunca é a mesma que o realiza (contador-pagador público).

Das decisões sobre o julgamento das contas dos contadores públicos, cabe recurso apenas ao Conselho de Estado [*Conseil d'État*], órgão máximo da jurisdição administrativa francesa. Com relação aos demais ordenadores de despesa, as decisões dessa Corte têm natureza administrativa, de modo que podem ser revistas pelo Poder Judiciário.

Com relação às contas dos demais ordenadores de despesa, a *Cour des Comptes* tanto realiza o controle de legalidade quanto afere a qualidade da gestão pública. Desse modo, envia dois relatórios sobre as contas do Presidente da República, um sobre a conformidade das contas, outro sobre a qualidade dos gastos, realizando tanto auditorias de regularidade quanto auditorias operacionais.

O principal tipo de controle realizado é o controle *a posteriori*, isto é, após a realização da despesa (FERNANDES, 2016; MILESKI, 2018). As principais funções dessa Corte de Contas são julgar, controlar, certificar e avaliar as receitas e despesas públicas, a fim de verificar a legalidade, regularidade, eficiência e eficácia do emprego dos recursos públicos,

---

des lois de finances et de l'application des lois de financement de la sécurité sociale ainsi que dans l'évaluation des politiques publiques. Par ses rapports publics, elle contribue à l'information des citoyens".

com vistas a auxiliar na tomada de decisões pelo Governo e informar os cidadãos. Nesse sentido, é oportuno apresentar as seguintes palavras:

> Le travail de la Cour est divisé en quatre axes. Le premier et le plus ancien est juger les comptes publics, parmi d'une enquête dont le but est vérifié la correction de l'emploi de l'argent public, la régularité des dépenses et des recettes et peut conduire à la responsabilité personnelle et pécuniaire d'un comptable public. Le deuxième est contrôler la régularité, l'efficience et l'efficacité de la gestion de l'argent public, analysant des agences publiques, des fonctionnaires, les organismes privés qui reçoivent des dons publics, les entreprises publiques, etc. Le troisième consiste en certifier les comptes de l'État et du régime général de la sécurité sociale, afin d'assurer aux citoyens une information financière et comptable «plus claire, lisible, et une image plus fidèle de la réalité financière de l'État et de la sécurité sociale». Le quatrième et dernier axe est le travail d'évaluer les politiques publiques, vérifiant «si les résultats d'une politique publique sont à la hauteur des objectifs fixés, et si les moyens budgétaires sont utilisés de manière efficace et efficiente». (FRANCA FILHO; NÓBREGA, 2019a, p. 160)

Enquanto a Constituição Federal de 1988 detalha analítica[136] e extensivamente toda a competência da nossa Corte de Contas nos artigos de 70 a 75 (sendo que apenas o artigo 71 tem onze incisos e mais quatro parágrafos), a Constituição francesa prescreve sinteticamente, em um único artigo, que cabe ao Tribunal de Contas: auxiliar o Parlamento no controle da ação do Governo; e auxiliar o Parlamento e o Governo no controle da execução das leis de finanças e no cumprimento das leis do financiamento da seguridade social, bem como na avaliação das políticas públicas, contribuindo à informação dos cidadãos, por meio dos seus relatórios.

Apenas essa disposição constitucional basta para fundamentar toda a atuação da *Cour des Comptes* na proteção da cultura e patrimônio cultural. Não há qualquer menção acerca da obrigação de proteção ao patrimônio cultural francês, como ocorre no artigo 216, §1º, da Constituição Federal de 1988. Mas, apesar disso, esse Tribunal fiscaliza o setor cultural, sem que esse trabalho seja questionado nem pela Administração Pública controlada, muito menos pela sociedade francesa.

---

[136] Bulos (2009, p. 49) afirma que a principal marca característica da nossa Constituição é ser analítica. Ele afirma que "A Constituição brasileira de 1988 é longa, pleonástica, amplíssima, detalhista, minuciosa, em nítida oposição aos textos sintéticos, tópicos e sucintos".

Na verdade, o trabalho de controle da Corte francesa na cultura é antigo. Existem trabalhos que datam do século XIX,[137] como, por exemplo, a fiscalização feita sobre os trabalhos de reformas promovidas pelo *baron* Haussmann em Paris, relativa ao exercício financeiro de 1865. Com base nesse trabalho, Jules Ferry escreveu o artigo intitulado "Les Comptes fantastiques D'Haussmann", no qual faz duras críticas às reformas urbanas que causaram destruição de grande parte da Paris histórica e do patrimônio cultural. Nesse artigo, demonstra-se a consciência do homem do século XIX acerca da riqueza, da insubstitutividade e da importância do patrimônio cultural material e imaterial para as gerações futuras, conforme se pode depreender do trecho a seguir:

> Nous sentons aussi que c'est peine perdue de regretter l'ancien Paris, le Paris historique et penseur, dont nous recueillons aujourd'hui les derniers soupirs; le Paris artiste et philosophe, où tant de gens modestes, appliqués aux travaux d'esprit, pouvaient vivre avec 3,000 livres de rente; où il existait des groupes, des voisinages, des quartiers, des traditions; où l'expropriation ne troublait pas à tout instant les relations anciennes, les plus chères habitudes; où l'artisan, qu'un système impitoyable chasse aujourd'hui du centre, habitait côte à côte avec le financier où l'esprit était prisé plus haut que la richesse; où l'étranger, brutal et prodigue, ne donnait pas encore le ton aux théâtres et aux mœurs. Ce vieux Paris, le Paris de Voltaire, de Diderot et de Desmoulins, le Paris de 1830 et de 1848, nous le pleurons de toutes les larmes de nos yeux, en voyant la magnifique et intolérable hôtellerie, la coûteuse cohue, la triomphante vulgarité, le matérialisme épouvantable que nous léguons à nos neveux. Mais, là encore, c'est peut-être la destinée qui s'accomplit. Nos reproches contre l'administration préfectorale sont plus positifs et plus précis. Nous l'accusons d'avoir sacrifié d'étrange façon à l'idée fixe et à l'esprit de système; nous l'accusons d'avoir immolé l'avenir tout entier à ses caprices et à sa vaine gloire; nous l'accusons d'avoir englouti, dans des œuvres d'une utilité douteuse ou passagère, le patrimoine des générations futures nous l'accusons de nous mener, au triple galop, sur la pente des catastrophes. (FERRY, 1868, p. 43).

Desde a sua criação no século XIX até os dias atuais, a *Cour des Comptes* evoluiu em suas competências e métodos de controle. Quanto ao setor cultural, particularmente, essa evolução foi proporcional ao desenvolvimento da cultura na sociedade francesa (DESCHEEMAEKER

---

[137] Infelizmente, a grande parte dos arquivos da Corte de Contas foi destruída durante o incêndio ao *Palais* D'Orsay em 1871, sede deste Tribunal à época, durante a revolta popular de nominada Comuna de Paris.

et al., 2014). Assim, o Tribunal de Contas francês viu suas competências ampliarem-se e evoluírem em consonância com a expansão conceitual de cultura, de modo que deixou de atuar apenas no setor de belas-artes para agir em todos os setores que o conceito de cultura abarca, como artes plásticas, cinema, arquitetura, patrimônio cultural material e imaterial, bibliotecas públicas, museus, orquestra, mecenato cultural. Descheemaeker *et al.* (2014, p. 11) explica o campo de atuação cultural da *Cour des Comptes, ipsis litteris*:

> [...] la création culturelle, arts plastiques, spectacle vivant, cinéma, architecture, les enseignements artistiques, le patrimoine culturel, livre et lecture, Bibliothèque national, musées et collection, monuments historiques, sites et patrimoine immatériel, la langue française, l'administration de la cultures, y compris au niveaux décentralisé, et le droit de la culture; les entreprises culturelles; le mécénat culturel.

A *Cour des Comptes* torna público seus trabalhos por meio de seus relatórios [*rapports*]. São três categorias de *rapports*: o *Rapport Public Annuel* (RPA) [relatório público anual], o *Rapport Thématiques ou Particuliers* (RTP) [relatório temático ou particular], *Rapport de l'article 58-2* [relatórios solicitados pelo Parlamento]. Suas recomendações não vinculam a Administração Pública, mas, segundo dados da Corte, 70% dessas recomendações são seguidas em um prazo de três anos (COUR DES COMPTES, 2017).

Atualmente, a Corte francesa dedica uma das suas seis câmaras, a Terceira Câmara, exclusivamente para fiscalizar as ações de cultura, educação, pesquisa, comunicação e esporte. Em razão dessa estrutura, existem dezenas de *rapports* relacionados ao controle do setor cultural e proteção do patrimônio cultural, elaborados pela Corte francesa ao longo dos séculos XX e XXI. O Tribunal de Contas fiscaliza os museus franceses, a gestão imobiliária dos bens culturais, a proporcionalidade das despesas públicas aplicada em trabalhos de proteção e conservação desses bens, as Óperas Nacionais, o mecenato de empresas, entre outros. A diversidade laboral da Corte e a colaboração das entidades fiscalizadas são admiráveis.

Todas as manifestações culturais que envolvem recursos públicos e bens culturais são objeto de controle pela *Cour des Comptes*. Essas análises não se limitam ao controle de legalidade. Igualmente, é feito o controle de eficiência, por meio dos "rapports de performance", que buscam auferir a eficiência e a eficácia da gestão pública (FRANCA FILHO; NÓBREGA, 2019a). Em 1933, essa Corte elaborou o seu primeiro relatório de performance no setor cultural, tratou-se da análise dos resultados da *Manufactures nationales des Sèvre, des Gobelins et de Beauvais* (DESCHEEMAEKER et al., 2014).

Como exemplos de trabalhos marcantes da Corte de Contas no setor cultural, têm-se os seguintes relatórios: *Réunion des musées nationaux – Rapport de 1927*; *L'Exposition internationale des arts décoratifs et industriels modernes – Rapport de 1928*; *Les Musées nationaux et les collections nationales d'œuvres d'art – RTP de 1997*, o primeiro a versar exclusivamente sobre o setor cultural; *La gestion du patrimoine immobilier du ministère de la culture – RPA de 2001*; *Les Grands chantiers culturels – RTP de 2011*; *Cité de l'architecture et du patrimoine (2004-2013) – RTP de 2014*; *L'Opéra National de Paris (2005-2014) – RTP de 2016*; *Les Archives nationales – Les voies et moyens d'une nouvelle ambition – Rapport 58-2 de 2016*; e *Le Soutien public au mécénat des entreprises – Un dispositif à mieux encadrer – Rapport 58-2 de 2018*.

Agora, analisar-se-ão quatro desses relatórios, com o objetivo de se verificarem o âmbito e a profundidade do controle exercido pelo Tribunal de Contas francês no setor cultural e seus resultados, especialmente, na proteção do patrimônio cultural.

4.4.1 Relatórios públicos anuais de 2001, 2006 e o relatório público temático de 2007 – A gestão do patrimônio cultural e as grandes obras culturais[138]

Como dito, existem dezenas de trabalhos da Corte de Contas no âmbito cultural. Contudo, escolheram-se certos relatórios que são representativos para o presente trabalho, com o objetivo de demonstrar a sua importância e as consequências positivas para a proteção do patrimônio cultural.

Como dito na seção anterior, a Corte de Contas francesa não se detém na análise da legalidade formal das ações governamentais. Na verdade, ela analisa, além da conformidade das ações com as normas legais (auditoria de conformidade), a eficiência, a eficácia e os resultados das políticas públicas culturais adotadas pelo Governo francês, especialmente, pelo Ministério da Cultura, órgão que "joue un rôle de fédérateur dans la gestion du patrimoine intervenant directement ou indirectement" (FRANCA FILHO; NÓBREGA, 2019a, p. 161).

---

[138] Todas as análises e conclusões da *Cour des comptes* expostas nesta seção constam do artigo intitulado "La Protection et la Promotion du Patrimoine Culturel par les Cours des Comptes Française et Brésilienne" (FRANCA FILHO; NÓBREGA, 2019a).

O Tribunal de Contas francês publicou em 2002 um relatório intitulado *La gestion du patrimoine immobilier du ministère de la culture*, confeccionado no exercício de 2001. Esse relatório fez uma longa fiscalização sobre a gestão do patrimônio imobiliário, incluindo o patrimônio cultural imóvel, pelo Ministério da Cultura durante as décadas de 1980 a 2000. Foram detectados erros de gestão que estavam comprometendo o patrimônio cultural. As principais falhas detectadas foram: a falta de conhecimento sobre os bens componentes do patrimônio cultural; ausência de trabalhos de conservação dos bens, o que gerava custosas reformas posteriores; ausência de uma gestão imobiliária estratégica; e monopólio de certos agentes públicos responsáveis pela autorização e fiscalização de reformas em bens tombados.

O Ministério da Cultura foi informado acerca dessas falhas e adotou certas medidas no sentido de saná-las. Essas medidas foram verificadas pela Corte de Contas em um relatório publicado em 2006, intitulado *La gestion du patrimoine immobilier du Ministère de la Culture*. Desse modo, far-se-á uma análise entre falhas detectadas no RPA 2001 e as medidas adotadas pelo Ministério da Cultura analisadas no RPA 2006.

No tocante à falta de conhecimento dos bens imóveis pertencentes ao patrimônio cultural, havia sido constatado que o Ministério da Cultura francês somente detinha dados incompletos, parciais ou errôneos sobre os bens do seu patrimônio imobiliário, inclusive, os bens tombados [*biens classés*]. Então, o mencionado Ministério não sabia as características físicas, jurídicas, estado de conservação desses bens, pois não possuía um sistema informatizado de gestão, mas apenas um arquivo manual de fichas. Isso impedia uma gestão imobiliária eficiente dos bens culturais, no que diz respeito à conservação, reformas, utilização adequada, cessão, entre outros fatos jurídicos relacionados aos bens. Essa falha na gestão dos bens impedia uma política de conservação, restauração, utilização e valorização desse patrimônio, especialmente, dos bens culturais, conforme averiguado pela *Cour des Comptes*.

No RPA de 2006, o órgão de controle verificou que o Ministério da Cultura havia sanado tal falha. Ele substituiu o sistema de fichas manuais por um sistema informatizado, que conseguia identificar todos os bens imóveis públicos, destacando os componentes do patrimônio cultural e, com isso, colocando em prática uma política de gestão desse parque imobiliário, com vistas à sua promoção e conservação.

No que diz respeito à ausência de trabalhos de conservação dos bens, o que gerava custosas reformas posteriores detectadas no RPA 2001, o Tribunal de Contas observou que o Ministério da Cultura destinava a maior parte dos seus créditos orçamentários à criação de novos imóveis culturais, não alocando quase nada em ações de conservação e reforma dos bens culturais já existentes.

Já em 2006, a Corte constatou que o Ministério da Cultura aumentou progressivamente a despesa pública com projetos de reforma e conservação dos bens culturais. Contudo, ainda existiam falhas na gestão orçamentária, o que gerou a interrupção de reformas de importantes bens culturais por falta de recursos, como a restauração da igreja de Madeleine em Paris.

No que diz respeito ao monopólio de agentes públicos nos serviços de autorização e direção dos trabalhos de reforma, conservação e restauração de imóveis tombados ou inventariados, o Tribunal de Contas percebeu sua prática por três categorias funcionais: *les architectes en chef des monuments historiques* (ACMH), *les vérificateurs des monuments historiques* (VMH) et *les architectes des bâtiments* de France (ABF). Esse monopólio era incompatível com o direito de ampla concorrência previsto no âmbito da União Europeia e ainda gerava um sobrepreço aos proprietários de bens culturais, privados ou públicos.

Em 2006, o Ministério da Cultura havia realizado uma reorganização dos serviços, no sentido de reduzir o monopólio e os sobrepreços praticados pelos referenciados funcionários.

Quanto à ausência de uma gestão imobiliária estratégica, a *Cour des Comptes* constatou uma contradição. Enquanto havia uma redução orçamentária geral com as ações de cultura, o Ministério da Cultura dedicava-se a criar novos bens culturais. Assim, a Corte sugeriu a adoção de uma política de tombamento mais seletiva, a revisão de certos tombamentos e a cessão de certos monumentos históricos à administração da iniciativa privada, com o objetivo de adequação aos cortes orçamentários.

Em 2006, o Ministério da Cultura havia começado a repensar a sua política imobiliária e estava buscando readequá-la à redução orçamentária. Assim, esse ministério transferiu a administração de 178 monumentos às *collectivités territoriales*.

Nessa mesma linha de trabalho, a Corte de Contas publicou em 2007 outro relatório, dessa feita, um *Rapport Public Thématique* (COUR DES COMPTES, 2007), denominado *Les grands chantiers culturels*. Nesse *rapport*, a Corte examinou novamente a política adotada pelo Ministério da Cultura quanto ao seu patrimônio cultural, a partir da análise das grandes obras culturais, entre os anos de 1977 a 1995.

Foi constatado que o Ministério da Cultura continuava dedicando a maior parte de suas verbas para a construção nos centros culturais e empregando poucos recursos nos trabalhos de conservação e restauração dos monumentos históricos. Assim, durante o período (1977-1995), o Governo francês realizara 61 grandes obras, as quais alcançaram, indubitavelmente, grande sucesso técnico e cultural, como, por exemplo, o *Centre* Georges Pompidou e a *Blibliothèque* François Mitterrand.

Mas essas grandes obras consumiram a maior parte dos recursos orçamentários, de modo que foram empregados em reforma e conservação apenas 3% da verba pública de investimento do Ministério.

Para resolver os problemas com a redução orçamentária e com a necessidade de investir mais em manutenção e conservação dos bens culturais, o Ministério da Cultura passou a buscar alternativas. Uma das alternativas foi o recurso ao mecenato de empresas, com o objetivo de repassar a responsabilidade das obras de restauração e conservação à iniciativa privada mediante a adoção de medidas fiscais de fomento a essas ações. O mecenato de empresas, por sua vez, foi objeto de outro *rapport,* denominado *Le soutien public au mécénat des entreprises – Un dispositif à mieux encadrer*, que será analisado na próxima seção.

4.4.2 O apoio público ao mecenato das empresas – Um dispositivo que precisa ser melhor regulado[139]

O Parlamento francês solicitou à *Cour des Comptes* uma análise da Lei de 1º de agosto de 2003, a chamada Lei *Aillagon*, norma que concede incentivos fiscais a empresas que praticam o mecenato e regulamenta a constituição de fundações socioculturais.

A Corte de Contas realizou essa análise por meio do relatório denominado *Le Soutien public au mécénat des entreprises – Un dispositif à mieux encadrer* [O apoio público ao mecenato das empresas – um dispositivo que precisa ser melhor regulado], no qual se faz um balanço acerca do período inicial de vigência da Lei *Aillagon*, de 2003 a 2017. O propósito geral desse relatório foi verificar a importância e a eficácia da Lei *Aillagon,* para o desenvolvimento do mecenato pelas empresas no período.

O mecenato de empresas é atualmente uma das principais fontes de recursos para a conservação, preservação e recuperação de bens culturais na França (VERJAT, 2018). É até mesmo possível empregar recursos do mecenato e obter os benefícios da *Loi Aillagon* em obras de reforma e conservação fora do espaço europeu. Nesse sentido, é

---

[139] Todas as análises e conclusões da *Cour des comptes* expostas nesta seção constam do artigo intitulado "Mecenato, renúncia fiscal e auditoria pública – como o Tribunal de Contas francês avalia leis de incentivo à cultura" (FRANCA FILHO; NÓBREGA, 2019b).

possível empregar recursos advindos do mecenato de empresas da *Loi Aillagon* nas seguintes ações:

> [...] des actions humanitaires, soit des actions concourant à la mise en valeurs du patrimoine artistique, à la diffusion de la culture, de la langue et des connaissances scientifiques françaises, soit des actions en faveur de la protection de l'environnement naturel, soit encore des actions scientifiques. (VERJAT, 2018, p. 24)

Para confeccionar seu relatório, a Corte inspecionou diversos órgãos públicos e privados em toda a França, entre os quais se destacam o Ministério da Cultura e o da Comunicação.

Ademais, trabalhou em quatro campos de fiscalização. O primeiro consistiu em analisar o papel do ministério encarregado das finanças no controle e monitoramento dos dispositivos fiscais: verificando a sua dinâmica, os valores financeiros envolvidos, o número de empresas praticantes. O segundo foi uma abordagem setorial da despesa do mecenato, de modo a saber as principais áreas beneficiadas e analisar sua evolução durante o período. O terceiro consistiu em investigar o modo de intervenção das empresas, das fundações e dos fundos de doação [intermediários]. Para isso, fiscalizou três fundações: A Fundação do Patrimônio [*Fondation du Patrimoine*], a Fundação Agir Contra a Exclusão [*Agir Contre l'Exclusion* – privada de utilidade pública], e a Fundação Louis Vuitton [*Fondation Louis Vuitton*]. O quarto e último campo de atuação foi direcionado ao mecenato regional e das pequenas empresas, com vistas a analisar os obstáculos ao seu desenvolvimento.

Com esse trabalho, a Corte chegou a conclusões importantes, detectando boas práticas, pontos fortes, falhas e oportunidades de melhorias, análises típicas das auditorias operacionais, que utilizam a técnica da matriz *SWOT*. No tocante às falhas e oportunidades de melhoria, o órgão de controle sugeriu a adoção de medidas, em especial, aconselhou o controle dessa política pública cultural, de modo a dar-lhe mais transparência, eficácia e eficiência.

A Corte iniciou seu relatório traçando um histórico e os motivos para o desenvolvimento do mecenato na França. Ela apontou como motivos do sucesso da política do mecenato o entendimento de que o Poder Público não é o único a ditar o que é atividade cultural de interesse público. Mas os cidadãos e as empresas também podem tomar a iniciativa e contribuir, de livre escolha, com as suas doações a causas que considerem atividade cultural de interesse público, promovendo "uma maior participação dos cidadãos, das empresas e de toda a sociedade civil, no exercício das missões de interesse geral, ao lado do Estado e de outras autoridades públicas" (FRANCA FILHO; NÓBREGA, 2019b). Como a definição de "atividade cultural de interesse geral" é ampla na lei, várias organizações e setores podem se beneficiar do mecenato.

Nessa direção, o Tribunal francês asseverou que a ajuda pública ao mecenato não é apenas um dispositivo fiscal, mas também visa ao desenvolvimento de estruturas jurídicas que fomentam a iniciativa privada na busca pelo interesse público e, concomitantemente, desenvolvam o próprio mecenato.

A principal medida fiscal criada pela lei *Aillagon* foi o artigo 238 *bis* do Código Geral de Impostos [*Code General d'Impôts* ou CGI], que concede redução de imposto na ordem de 60% dos montantes doados para atividades culturais de "interesse geral", sobre o imposto de renda ou o imposto corporativo para o lucro.[140]

A *Cour des Comptes* elenca as principais transformações sociais e jurídicas ocasionadas pela Lei *Aillagon*. A principal mudança foi o aumento em dez vezes no número de empresas que passaram a praticar o mecenato e beneficiar-se das vantagens fiscais criadas pela referida lei. Isso representou para o Estado uma perda de receitas tributárias na ordem de 900 milhões de euros apenas no exercício de 2016, ou seja, mais de cinco bilhões de reais.[141]

O Tribunal de Contas constatou que essa despesa com renúncia fiscal poderia crescer de tal forma que, em alguns anos, tornar-se-ia uma das vinte maiores despesas do Estado francês.

Ademais, verificou-se que o mecenato continuava concentrado nas grandes empresas, de modo que 24 beneficiárias representaram 44% de toda a vantagem fiscal concedida em 2016. Contudo, apesar de os créditos tributários se concentrarem na região central do Estado francês, a *Île-de-France*, sede das principais empresas mecenas e fundações, os recursos do mecenato estavam sendo alocados em diversas partes do território francês.

Outrossim, averiguou-se que o mecenato de pequenas empresas também estava se desenvolvendo, principalmente, na forma de mecenato

---

[140] Há também outras medidas específicas em favor do mecenato cultural, entre as quais: a redução de imposto sobre as sociedade por ocasião da compra de tesouros nacionais e também para compra de obras de artes de artistas vivos, instrumentos musicais e para reforma de monumentos históricos privados, desde que atendidas as condições legais (FRANCA FILHO; NÓBREGA, 2019b).

[141] Valor considerando-se € 1,00 euro valendo R$5,80, valor cotado no dia 4 de junho de 2020.

coletivo, mesmo havendo barreiras burocrática que restringiam a participação das microempresas.

Outro aspecto importante destacado pela *Cour des Comptes* é que as ações beneficiadas com o mecenato de empresas foram diversificadas. Antes, apenas ligado a atividades culturais e do patrimônio cultural, em sentido estrito, atualmente, o mecenato abrangia diversos setores sociais, como educação, saúde e assistência social, sendo que esse último estaria absorvendo a maior parte dos recursos (28%).

Nem tudo, porém, foi positivo no sistema criado pela Lei *Aillagon*, que, na avaliação geral da Corte, resultou em "une dépense fiscale croissante, à l'efficience mal évaluée et peu contrôlée" (COUR DES COMPTES, 2018).

Apesar do volume de recursos da renúncia fiscal, quase um bilhão de euros, não houve previsão ou estimativa de impacto da queda dos impostos das empresas nos orçamentos públicos de 2018 e 2019, ocasionando graves danos ao planejamento orçamental do Estado.

Outras falhas importantes dizem respeito à ausência de avaliação e à falta de controle específico. O exercício dessas atividades estava pulverizado entre diversos departamentos ministeriais, mas nenhum era capaz de dirigi-lo e controlá-lo de maneira eficaz e com uma visão interministerial.

Ademais, o Estado não possuía ferramentas que permitissem documentar a evolução do mecenato e os seus resultados, ou seja, os benefícios sociais trazidos pelo mecenato. Particularmente, a Administração não sabia o volume de recursos dirigidos pelas empresas para os projetos (culturais, sociais, educacionais, assistenciais) e quais projetos eram esses.

A Corte apresentou sugestões de medidas corretivas a serem adotadas pela Administração Pública, possibilitando o controle da política cultural do mecenato e tornando-a mais transparente e eficiente.

A primeira medida corretiva dizia respeito à falta de controle da política do mecenato, corrigindo a falta de controle. Nessa perspectiva, o Governo francês deveria se mostrar mais ativo, centrando sua atuação em três prioridades: conhecer melhor, avaliar melhor e controlar melhor. Para isso, seria indispensável estabelecer uma administração superior [*chef de file*], que deveria prestar contas, regularmente, ao Parlamento, acerca dos resultados das empresas mecenas e organismos beneficiários pelo mecenato.

A Corte também sugeriu ajustes nas medidas fiscais previstas na *Loi Aillagon*, em especial no artigo 238, *bis* do CGI, para reduzir o montante da renúncia fiscal, em curto e médio prazos.

Além dessas medidas, apontou a necessidade de mais transparência quanto aos projetos e organismos beneficiários do mecenato, haja vista que o crescimento de fundações e dos fundos de doações intermediários reduziu a transparência no setor cultural francês. Por isso, seria fundamental fiscalizar o funcionamento dessas fundações e fundos de doações intermediários, visto que eles dirigiriam ações de interesse público, que demandam recursos públicos – impostos que deixam de ser arrecadados.

Assim, o Governo deveria obrigar as entidades intermediárias a prestarem contas anualmente, declarando os dados sobre as doações recebidas, as empresas mecenas e as ações beneficiárias.

Finalmente, para que o mecenato trouxesse benefícios à sociedade, a Corte pugnou que ele fosse mais rigoroso e fundamentado juridicamente, sendo indispensável, para isso, estabelecer a distinção legal do mecenato e do patrocínio, principalmente, no caso de projetos de alta visibilidade, com impacto significativo em termos de imagem e reputação das empresas.

Nas conclusões gerais do relatório, o Tribunal de Contas francês afirmou que, após quinze anos de vigência, a Lei *Aillagon* cumprira seus dois principais objetivos, quais sejam: o crescimento progressivo do número de empresas mecenas e a criação de fontes de financiamento de ações de interesse público culturais e sociais.

Finalmente, a *Cour des Comptes* concluiu pela adoção das medidas corretivas mencionadas, de modo que a legitimidade e o objetivo de interesse público do mecenato de empresas não se desvirtuem e se transformem em meros interesses particulares.

Após analisar certos exemplos do trabalho da Corte de Contas francesa no domínio da cultura, pode-se afirmar que essa atuação tem resultados incontestáveis na busca pela efetividade da gestão cultural, pelo combate ao desperdício dos já escassos recursos públicos e pelo zelo com os bens culturais.

Viu-se claramente a preocupação da Corte no sentido de que a Administração Pública procure não apenas ampliar o número de bens culturais, mas que busque zelar e conservar os bens existentes, por meio de um planejamento patrimonial, evitando grandes gastos com obras de restauração.

Destaca-se também a preocupação da Corte com a quebra do monopólio do "saber cultural", por certos agentes públicos *experts*, os quais eram os responsáveis exclusivos pela autorização, direção e acompanhamento de obras de reforma e restauração em bens tombados ou inventariados, no sentido de democratizar essas *expertises*.

Igualmente, merece realce o cuidado da Corte com a manutenção da finalidade de interesse público do mecenato de empresas, no sentido de que esse instituto, atualmente uma das maiores fontes de recursos culturais, não seja desviado para atender a finalidades meramente privadas.

Nesse cenário, pode-se afirmar que a *Cour des Comptes* é um dos órgãos públicos que mais se dedicam e contribuem para a defesa da cultura e do patrimônio cultural francês, de modo que a sua atuação deve servir de modelo para o Tribunal de Contas brasileiro que não exerce quase nenhuma atuação no domínio cultural.

4.5 O Tribunal de Contas português e a proteção do patrimônio cultural

A Corte de Contas portuguesa remonta ao século XIII, advinda da Casa dos Contos, mas só foi criada como órgão de controle externo, independente, em 1849, segundo ensina Dal Pozzo (2010). Apesar da independência funcional, o Tribunal de Contas português integra o Poder Judiciário, figurando ao lado de outros tribunais superiores. Nesse aspecto, Medauar (2012, p. 126) aduz que esse órgão é caracterizado, constitucionalmente, como "órgão supremo de fiscalização da legalidade das despesas públicas e de julgamento das contas que a lei lhe manda submeter".

Fernandes (2016, p. 161), corroborando o exposto por Medauar, aduz que o modelo de controle externo adotado pela Constituição portuguesa de 1976 conferiu ao Tribunal de Contas uma "real independência e de superioridade em suas decisões, relativamente às da administração, quando se trata de aplicação do direito". Por esse fato, as decisões da Corte portuguesa têm natureza jurisdicional, só sendo recorríveis ao Tribunal Constitucional, órgão de instância máxima do Poder Judiciário português.

A reforma na organização e funcionamento, ocasionada pelas Leis nº 86/1989 e nº 98/1997, firmou a independência dessa Corte de Contas, estabeleceu a sua estrutura, momento e a forma de controle. Assim, quanto ao momento do controle, atualmente, realiza o controle prévio (antes da despesa), o concomitante (acompanhamento da despesa) e o controle a *posteriori* (posterior à despesa).

Nesse aspecto, Sousa (1999, p. 29) esclarece que as fiscalizações prévia e concomitante do Tribunal de Contas português são feitas pela 1ª Secção ou Câmara, enquanto a fiscalização *a posteriori* é desempenhada pela 2ª Câmara ou Secção, momento que é verificado a legalidade da gestão financeira e também a "economia, eficácia e eficiência, da organização e funcionamento dos serviços e da fiabilidade dos respectivos sistemas de controlo interno". Já a 3º Câmara ou Secção exerce competência jurisdicional, julgando as ações propostas pelo Ministério Público junto ao Tribunal de Contas que visem à cobrança de multas ou de débitos decorrentes de danos ao Erário "reposição de dinheiros públicos por alcance, desvios ou pagamentos indevidos, ou não arrecadação de receitas", como ensina Sousa (1999, p. 30).

Mileski (2018) sintetiza o tipo de fiscalização desenvolvida pelo Tribunal português, afirmando que ele verifica a adequação da aplicação dos dinheiros e valores públicos, segundo a legalidade, a regularidade e a boa gestão, conforme os critérios de economicidade, eficiência e eficácia. Nesse mesmo sentido, Dal Pozzo (2010, p. 69) ensina que "incumbe a fiscalização da legalidade das despesas públicas e do julgamento das contas determinadas em lei. Compete-lhe dar parecer sobre a Conta geral do Estado e efetivar responsabilidade por infrações financeiras".

No tocante à fiscalização do patrimônio cultural, o Tribunal de Contas português realizou uma auditoria integrada (auditoria de regularidade conjugada com auditoria operacional) na Diretoria-Geral do Patrimônio Cultural (DGPC) em 2015, órgão autônomo, tutelado pela Presidência do Conselho de Ministros, responsável pela gestão do patrimônio cultural no Portugal continental (PORTUGAL, 2020).

Assim, para se compreender o trabalho do órgão de controle português no âmbito da cultura e patrimônio, analisar-se-á esse relatório de 2015, que foi o resultado da fiscalização da gestão pública do patrimônio feita pela DGPC entre os exercícios de 2012 a 2014. No relatório, utilizam-se, como metodologia, as normas de auditoria do *Manual de Auditoria e de Procedimentos do Tribunal de Contas português*, bem como as normas da INTOSAI, especialmente, as ISSAIs 10003 e 30004, nas fases de planeamento, execução e avaliação dos resultados. A técnica de auditoria foi a amostragem, que "pretendeu ser representativa do universo da análise" (TRIBUNAL DE CONTAS DE PORTUGAL, 2015, p. 12).

O trabalho foi desenvolvido com a colaboração dos gestores e trabalhadores do órgão fiscalizado, havendo a afirmação de "rápida e eficiente resposta a todas as solicitações decorrentes dos trabalhos desenvolvidos" (TRIBUNAL DE CONTAS DE PORTUGAL, 2015 p. 13). Esse fato demonstra a aceitação e adesão ao controle pelo órgão controlado, e a compreensão pela Administração Pública portuguesa de que o controle pode ser instrumento de aperfeiçoamento da gestão pública. Esse entendimento também foi detectado na análise do trabalho da *Cour des Comptes*, não havendo uma percepção de animosidade ou invasão de competência, mas de assistência mútua.

Também foi assegurado o contraditório e a ampla defesa aos dirigentes do DGPC e dos órgãos extintos que lhe formaram.

Inicialmente, foi analisada a estrutura organizacional do DGPC. Esse órgão resultou da fusão de três órgãos que cuidavam da gestão do patrimônio cultural em Portugal, o Instituto dos Museus e da Conservação, o Instituto de Gestão do Patrimônio Arquitetônico e Arqueológico e a Direção Regional de Cultura de Lisboa e Vale do Tejo. Essa fusão foi feita em razão de um Plano de Redução e Melhoria da Administração Central do Estado, o qual resultou em redução de departamentos, de divisões, de serviços, do quantitativo de trabalhadores e da despesa com pessoal e encargos.

A Corte analisou o resultado desse processo de fusão que gerou a DGPC, no tocante à eficácia e à eficiência dos recursos humanos, financeiros e patrimoniais empregados, bem como em relação à qualidade dos serviços culturais ofertados. Como conclusão, apontou, como pontos fortes, a redução de gastos, a centralização de decisão e a racionalização de recursos; e, como pontos francos, a perda de autonomia e a falta de capacidade de resposta.

A Corte de Contas observou que, após a fusão, o DGPC ficou responsável pelo desenvolvimento da política portuguesa de salvaguarda e valorização do patrimônio; pela gestão de 25 museus, 5 monumentos classificados como patrimônio mundial da UNESCO, de bibliotecas e arquivos; por ações pedagógicas, de ensino e de pesquisa; pela classificação do patrimônio; pelas obras de reabilitação, conservação e restauro de patrimônio móvel; e, finalmente, pelo apoio a outras entidades.

Para a formação da DGPC foram destinados 55 bens imóveis, 401.865 m^2 de espaços abertos ao público, compostos por 803 espaços que incluem salas, igrejas, claustros e jardins. Também houve a desafetação de 56 bens imóveis que foram transferidos à administração da iniciativa privada.

O Tribunal de Contas realizou fiscalização patrimonial nesses bens, detectando que tanto os bens móveis quanto os imóveis estavam devidamente inventariados em um sistema denominado "Matriz". Esse sistema tinha por finalidade inventariar, gerir e divulgar o patrimônio material, imaterial e natural português.

Contudo, observou o mau estado de conservação de muitos bens transferidos ao DGPC, a exemplo do Museu Nacional dos Coches e do conjunto sineiro do Palácio Nacional de Mafra, indicando a necessidade de restauração desses imóveis.

No tocante ao usufruto do patrimônio cultural português, o Tribunal verificou o quantitativo de visitas aos equipamentos culturais, exposições temporárias e atividades pedagógicas, observando aumento no número de visitas. Ranqueou os equipamentos mais visitados, observando a variação da receita com bilheteria e de preços dos bilhetes.

Ademais, analisou a divulgação e *merchandising* relacionados ao patrimônio cultural feito pelo DGPC, nos diversos veículos de comunicação e nas redes sociais, com o objetivo de averiguar se houve sensibilização e informação à coletividade acerca das atividades culturais desenvolvidas pelo órgão, bem como a importância do patrimônio cultural para toda a coletividade.

A Corte realizou a fiscalização financeira, verificando as receitas arrecadadas, compostas por transferências correntes, advindas do Orçamento do Estado, e venda de bens e serviços, correspondendo à venda de bilhetes, venda nas lojas e aluguéis, verificando incremento nas duas fontes, no comparativo entre os anos de 2012 a 2014.

Também procedeu a uma fiscalização contábil, por meio da qual detectou falhas de escrituração no mapa de fluxos de caixa e que as disponibilidades não obedeciam ao princípio contábil de unidade de tesouraria.

Quanto à execução orçamentária da receita e da despesa, verificou um incremento na receita e uma redução na despesa corrente com pessoal, decorrente da economia gerada pelo processo de fusão, havendo, assim, um resultado orçamentário superavitário. Ademais, concluiu pela fiabilidade das demonstrações financeiras.

O planejamento do órgão fiscalizado também foi objeto de análise. Verificou-se a sua elaboração, por meio da fixação de objetivos estratégicos e operacionais, indicadores de desempenho e grau de realização dos objetivos definidos, bem como a revisão e monitoramento de objetivos.

No tocante ao *compliance*, constatou-se que o DGPC possuía um controle interno regular, um plano de prevenção de riscos de corrupção e infrações, um sistema de controle de receitas de bilheteria dos equipamentos culturais, que previne situações anômalas, mas o controle dos arquivos e documentos era inadequado e a contabilidade analítica apresentava falhas.

A Corte de Contas executou uma fiscalização operacional, verificando a qualidade dos serviços culturais desenvolvidos pelo órgão fiscalizado, por meio de pesquisa de satisfação com os usuários. Com isso, identificou os pontos fortes, mas também as falhas nos serviços e oportunidades de melhorias.

Finalmente, a Corte de Contas apresentou quinze recomendações à DGPC, todas voltadas à correção de irregularidades e falhas, bem como sugestões de melhoria dos serviços públicos culturais prestados.

Analisando a auditoria realizada na gestão cultural, observa-se que houve a análise nos aspectos contábeis, financeiros, orçamentários, patrimoniais e operacionais do DGPC. Especial atenção foi dada ao desempenho do órgão fiscalizado, à divulgação das ações culturais e à qualidade dos serviços culturais prestados. Certamente, a auditoria cultural realizada pelo Tribunal de Contas de Portugal na Diretoria-Geral do Patrimônio Cultural tanto identificou falhas, irregularidades, quanto aferiu o desempenho do órgão, auxiliando na tomada de decisão pelos gestores na elaboração de políticas culturais, e no aprimoramento da gestão cultural.

4.6 Atuações dos Tribunais de Contas brasileiros na defesa do patrimônio cultural

Analisando as competências, os tipos de controle, o momento do controle, o lugar institucional, as prerrogativas dos seus membros, consta-se que os Tribunais de Contas estudados, francês e português, têm muito mais semelhanças com o Tribunal de Contas brasileiro do que diferenças.

Assim, não existe amplos empecilhos de ordem jurídica ou técnica para a utilização dos trabalhos dessas Cortes como *benchmarking* para a atuação dos Tribunais de Contas brasileiros na esfera do patrimônio cultural. Some-se a isso a padronização internacional das normas de auditoria, pela tendência de adoção das normas da INTOSAI pelas Entidades Fiscalizadoras Superiores.

Existem trabalhos pontuais realizados pelas Cortes de Contas brasileiras que são promissores e que demonstram a tomada de consciência dos membros e servidores desses órgãos na realização do *cultural accountability*, ou seja, na construção de uma prestação de contas da política de gestão do patrimônio cultural, ofertando aos cidadãos o conhecimento e a informação necessária para o controle social.

Mas, apesar desses trabalhos, existe uma grande carência de controle efetuado pelos Tribunais de Contas brasileiros no âmbito da salvaguarda e promoção do patrimônio cultural. Essa falta de controle pode dar azo a certas ações ou omissões irregulares, antieconômicas, ou, até mesmo, danosas ao patrimônio. Assim, é essencial que os Tribunais de Contas brasileiros passem a desempenhar efetivamente seu papel no controle externo das ações e políticas patrimoniais e culturais, cumprindo e fiscalizando o cumprimento pelos demais órgãos públicos dos desígnios constitucionais insertos, especialmente, no artigo 216, §1º.

Entre os Tribunais de Contas brasileiros que laboram no âmbito do patrimônio cultural destaca-se o Tribunal de Contas de Pernambuco (TCE/PE), o qual atua na proteção dos bens culturais desde 2003. Ademais, o Tribunal de Contas da União (TCU), usando como suporte o trabalho do TCE/PE, tem desenvolvido intervenções sobre as ações culturais que demandam recursos federais ou são de competência da União.

Outro Tribunal de Contas que está adotando ações promissoras e inovadoras no campo cultural é o Tribunal de Contas do Estado da Paraíba (TCE/PB). Entre elas, destacam-se: o projeto Defesa do Estatuto da Cidade (DECIDE), para uma ação de planejamento urbano e o bem-estar social das cidades; e a recente Força-Tarefa de Proteção do Patrimônio Cultural, criada em 6 de novembro de 2019, no âmbito do Ministério Público de Contas, braço do Ministério Público, que atua junto ao Tribunal de Contas do Estado da Paraíba (MPC-TCE/PB), com o objetivo de fiscalizar as ações de conservação do patrimônio cultural no Estado da Paraíba.

Assim, passa-se a estudar essas ações dos tribunais de contas brasileiros na esfera do patrimônio cultural.

4.6.1 Tribunal de Contas de Pernambuco – Auditoria cultural: intervenções em bens culturais afetados por proteção legal

Em 2014, o Tribunal de Contas do Estado de Pernambuco (TCE/PE) publicou um manual intitulado *Auditoria cultural: intervenções em bens culturais afetados por proteção legal,* objetivando orientar tecnicamente os gestores quanto aos procedimentos e cuidados durante a realização de obras de intervenção nos bens culturais.

Tal publicação consolidou um trabalho pioneiro voltado à fiscalização da gestão pública do patrimônio cultural, no controle externo brasileiro, iniciado em 2003, com vistas a aferir "o dever e responsabilidade do Poder Público na conservação desse acervo" (TCE/PE, 2014, p. 4).

Essa atuação é fruto da conscientização dos membros e servidores da Corte de Contas de Pernambuco quanto ao seu dever-poder de salvaguarda do patrimônio cultural, no exercício das suas competências constitucionais. E essas competências vão além da fiscalização, pois, como exposto na seção 4.3.5, compreendem também um dever de orientação aos jurisdicionados, ou seja, às pessoas que sofrem a fiscalização.

O órgão de controle destacou três motivos para a sua atuação na defesa do patrimônio cultural. O primeiro foi a perda gradativa dos bens culturais, ocasionada pela omissão e desatenção do Poder Público. O segundo motivo foi a adoção de certas condutas interventivas pelos gestores que geraram perdas parciais ou totais dos valores culturais dos bens, como originalidade, autenticidade, integridade, entre outras, pois, nessas intervenções danosas, não houve a preocupação em preservar a significação cultural do bem, isto é, "os seus valores históricos, artísticos, arqueológicos, arquitetônicos, estéticos, científicos, sociais" (TCE/PE, 2014, p. 11).

Ademais, o Tribunal detectou que as obras de intervenção nos bens culturais demonstravam insuficiência ou deficiência técnica, metodológica e operacional, prejudicando a sua qualidade, tanto no projeto quanto na execução.

Por outro lado, a publicação do TCE do Estado de Pernambuco teve o objetivo de dar conhecimento à sociedade e aos demais Tribunais de Contas da sua atuação na defesa de patrimônio cultural, convocando a sociedade para uma atuação conjunta, voltada para a construção de uma consciência coletiva em defesa da sustentabilidade cultural.

O TCE-PE destacou a necessidade de uma sensibilização da sociedade, por meio de uma educação patrimonial. Essa sensibilização, em conjunto com o uso adequado do bem (denominada de afetação adequada), possibilitaria um monitoramento e controle social e, consequentemente, uma manutenção contínua e duradoura do bem cultural. Essa manutenção adequada e duradoura do bem cultural tornaria desnecessárias ações mais agressivas e dispendiosas, como obras de restauro, possibilitando o uso eficiente dos recursos públicos.

Como fundamento normativo da sua atuação, a Corte utilizou os conceitos e princípios expressos nas cartas patrimoniais da Carta de Veneza (ICOMOS, 1964) e da Carta de Burra (ICOMOS, 1980), na Constituição Federal de 1988; no Decreto-Lei nº 25/1937; na Convenção da UNESCO de 1972; na Lei Federal nº 9.605/1998 (Lei dos Crimes Ambientais); e na Lei Nacional nº 8.666/1993 (Lei de Licitações e Contratos Administrativos).

A atuação da Corte de Contas de Pernambuco (TCE/PE, 2014, p. 7) visou "aferir, além dos aspectos de economicidade, legalidade e efetividade das ações voltadas para a preservação desse acervo, a garantia da salvaguarda de valores que expressam a sua significância cultural". Para isso, os auditores da Corte obtiveram os dados necessários à confecção do manual por meio dos processos de prestações de contas anuais (PCA), dos processos de acompanhamento da gestão e dos processos de denúncias, nos quais constavam obras de restauro, conservação, requalificação de bens culturais tombados ou protegidos por lei, tanto públicos como privados, urbanos ou rurais, em todo o estado de Pernambuco.

Para elaborar esse manual de orientações, o TCE-PE promoveu Oficias de Ausculta Técnicas com a participação de atores culturais das três esferas federativas, como o IPHAN (federal), a Fundação Joaquim Nabuco (FUNDAJ) (federal), a Fundação do Patrimônio Histórico e Artístico de Pernambuco (FUNDARPE) (estadual); a Diretoria de Preservação do Patrimônio Cultural da Secretaria de Cultura do Recife (municipal) e a Diretoria de Preservação da Secretaria de Patrimônio e Cultura de Olinda (municipal).

O manual contém ensinamentos necessários à realização de uma intervenção de sucesso nos bens culturais. Inicia com a motivação da intervenção, ou seja, a justificação acompanhada das informações necessárias. Em seguida, aponta a essencialidade da realização de estudo técnico, contendo todos os dados qualitativos e quantitativos necessários, o qual deve guardar o rigor técnico-científico e garantir o respeito às características culturais do bem (a autenticidade, a originalidade e a integridade). Nessa perspectiva, o manual acrescenta que o mencionado estudo compreende as seguintes etapas:

> Esses estudos referem-se aos exames e levantamentos prévios indispensáveis à compreensão arquitetônica, histórico, física, social e cultural do Bem; à composição de um diagnóstico do seu estado de conservação; e para obtenção das características construtivas e estruturais dos seus elementos constituintes e dos materiais utilizados. (TCE/PE, 2014, p. 36)

O manual coloca em destaque o estudo técnico, pois ele deve tanto subsidiar o projeto básico, previsto no artigo 7º, parágrafo 2º, da Lei nº 8.666/1993, quanto servir de base para a busca da proposta técnica mais adequada quando da contratação de empresa responsável pela execução dos serviços de intervenção no bem cultural.

O estudo técnico deve conter: memorial de caracterização do bem, com pesquisa histórica e física do bem e mapa de danos. O projeto de intervenção deve apresentar: projeto arquitetônico; projeto de restauro de bens integrados; projeto de restauro de bens não integrados; caderno de encargos; planilha quantitativa e orçamentária; cronograma físico-financeiro. Ademais, o TCE-PE aponta para a necessidade de elaboração do plano de manutenção e uso do bem cultural.

Dessa forma, o órgão de controle não se limitou a fiscalizar e apurar a responsabilização dos gestores quanto às ações ilegais, antieconômicas e ilegítimas, ou mesmo, aos danos causados ao patrimônio por condutas omissivas ou comissivas, mas, antes, buscou orientá-los, por meio da sua função pedagógica.

Assim, constata-se que a atuação do TCE-PE é uma ação de vanguarda e promissora, que pode trazer diversos benefícios à gestão do patrimônio, começando pela educação e qualificação dos gestores responsáveis, de modo que deve ser replicada por outros Tribunais de Contas.

4.6.2 Tribunal de Contas da União – Auditoria operacional "O turismo no patrimônio mundial da humanidade no Brasil"

O Tribunal de Contas da União realizou a Auditoria operacional intitulada "O Turismo no Patrimônio Mundial da Humanidade no Brasil" (TCU, 2016), com o objetivo de fiscalizar a utilização de recursos federais repassados aos municípios responsáveis pelas ações de salvaguarda e promoção de 19 bens culturais materiais e naturais,[142] declarados como Patrimônio Mundial da Humanidade pela UNESCO[143] no Brasil, por possuírem valor universal excepcional. Os bens materiais componentes do patrimônio material da humanidade estavam sob a tutela do IPHAN e os bens naturais, sob a responsabilidade do Instituto Chico Mendes de Preservação da Biodiversidade (ICMBio).

---

[142] Durante a execução dessa auditoria, o Conjunto Moderno da Pampulha, em Belo Horizonte (MG), ainda não havia sido incluído na lista do Patrimônio Mundial, o que somente ocorreu em julho de 2016. No Brasil, atualmente, existem vinte e dois bens naturais, culturais e misto da humanidade declarados pela UNESCO, sendo quatorze culturais, sete naturais e um misto. Em 2016, o Brasil ocupava a 11ª posição no *ranking* mundial de Estados com o maior número de bens culturais mundiais.

[143] A Auditoria listou os critérios utilizados pela UNESCO para a declaração de um bem como patrimônio mundial da humanidade, os quais constam no Apêndice 2, esclarecendo que existem cerca de mil bens que possuem tal título pelo mundo.

Essa auditoria realizada pelo TCU teve como modelo a pioneira realizada pelo TCE-PE, que foi objeto de estudo na seção 4.6.1.[144] A motivação desse trabalho feito pelo TCU pode ser depreendida do Acórdão TCU nº 3.155/2016, que julgou o resultado da auditoria, que consistiu na percepção dos benefícios econômicos, sociais e culturais advindos do patrimônio cultural, especificamente, das consequências positivas decorrentes do potencial turístico-econômico gerado pelos bens culturais e naturais. Essa constatação surgiu após a verificação do aumento do quantitativo de turistas no Brasil ocasionado pela realização da Copa do Mundo FIFA de 2014, da Jornada Mundial da Juventude, dos Jogos Olímpicos e Paraolímpicos do Rio de 2016, período em que o Brasil ultrapassou destinos turísticos mais tradicionais e angariou recursos financeiros.

Como fundamento para a sua atuação, o TCU apontou duas obrigações da União: o dever de proteger e promover o patrimônio cultural, além de incentivar o turismo, como fatores de desenvolvimentos econômico e social, nos termos do artigo 180 e artigo 216, §1º da Constituição Federal de 1988; e o encargo de repassar recursos aos demais entes federativos, com vistas a promover essas ações. Essas duas responsabilidades do Governo Federal atraíram a competência de fiscalização pelo TCU, ao qual compete o controle externo de todas as ações que envolvam recursos federais, nos termos do artigo 71, da CF/88.

Com o propósito de viabilizar essa auditoria operacional, o TCU buscou, inicialmente, obter dados sobre os sítios e os conjuntos declarados como patrimônio mundial da humanidade no Brasil, bem como tratou de identificar as principais atividades relacionadas à gestão de tais bens, especialmente, os programas, ações e arcabouço legal-normativo.

Para isso, por meio de técnicas de diagnósticos,[145] coletou informações com os principais atores institucionais: Organização das Nações Unidas para a Educação, a Ciência e a Cultura (UNESCO), Ministério do Turismo (MTur), Instituto Brasileiro de Turismo (Embratur), Instituto Chico Mendes de Preservação da Biodiversidade (ICMBio), Instituto do Patrimônio Histórico e Artístico Nacional (IPHAN), Instituto de Pesquisa Econômica Aplicada (IPEA) e Controladoria Geral da União (CGU).

---

[144] No manual elaborado pelo TCE/PE, que foi estudado na seção 4.6.1, consta ainda a informação de que "O Tribunal de Contas da União, através de proposição do Ministro Marcos Villaça, solicitou ao TCE o conjunto de informações necessárias à modelagem de ações de idêntico caráter a serem implementadas por aquela Corte" (TCE/PE, 2014, p. 5).

[145] Para mais informações sobre técnicas de auditoria, ver seção 4.3.5.

Durante o trabalho, foram aplicadas certas técnicas usadas nas auditorias operacionais, como a realização de reuniões com os principais atores institucionais, entrevistas, painéis de referência para a validação da matriz de planejamento da auditoria. Ademais, foram realizadas visitas a 10 dos 19 bens culturais e naturais da humanidade no Estado brasileiro, com o objetivo de efetuar observações diretas [*in loco*].[146] Após a utilização dessas técnicas de auditoria operacional, foi concebida uma Matriz SWOT, na qual foram relacionadas as principais forças e fraquezas, oportunidades e ameaças, envolvendo os aspectos internos e externos, respectivamente, da gestão cultural dos bens culturais e naturais da humanidade.

A Auditoria utilizou como fundamentação legal o Decreto-Lei nº 25/1937, a Convenção para a Proteção do Patrimônio Mundial, Cultural e Natural (UNESCO, 1972) e a Constituição Federal de 1988. Para delimitar e conceituar o objeto do trabalho, o TCU foi auxiliado por *experts* do IPHAN e da UNESCO, segundo estabelecido na Norma de Auditoria Governamental nº 2.205 (TC, 2010) que recomenda a utilização dos serviços de consultores e especialistas, externos ao quadro funcional, para auxiliar nos trabalhos que exigem conhecimento muito específico. Por meio das normas e do auxílio dos *experts*, chegou-se ao seguinte entendimento acerca do objeto da auditoria:

> O conceito de Patrimônio Mundial é excepcional devido a sua aplicação universal. Os sítios do Patrimônio Mundial pertencem a todos os povos do mundo, independentemente do território em que estejam localizados, e os países reconhecem, sem prejuízo da soberania ou da propriedade nacionais, que este patrimônio é universal e que a comunidade internacional tem o dever de cooperar para sua proteção. A deterioração ou o desaparecimento desses bens constitui empobrecimento do patrimônio de todos os povos. (TCU, 2016, p. 5)

Também se retirou desses instrumentos normativos a premissa de que o Estado brasileiro, especialmente, o Governo Federal, teria a obrigação com a identificação, proteção, conservação, valorização e transmissão às gerações futuras dos bens culturais e naturais da humanidade, ações que seriam todas objeto de fiscalizações e recomendações.

---

[146] Dentre os bens naturais patrimônio da humanidade, apenas o Complexo de Conservação da Amazônia Central ficou de fora dessas visitas, devido à distância e à dificuldade de acesso, mas recebeu uma auditoria operacional na modalidade "Fiscalização de Orientação Centralizada".

Assim, para cumprir essas ações, o TCU ponderou que o Governo Federal teria o dever de empreender ações de integração da proteção, do planejamento central e regional, além da "realização de pesquisas científicas e técnicas sobre a conservação, e a incorporação deste patrimônio na vida cotidiana da comunidade local, para que se fortaleça a valorização dos bens inscritos" (TCU, 2016, p. 5).

A auditoria também teve por objetivo analisar as consequências sociais e econômicas decorrentes do reconhecimento dos bens culturais e naturais como patrimônio mundial pela Unesco. Para isso, o TCU utilizou, como base, dados de pesquisa realizada pelo Fundo Monetário Internacional (FMI) em 2014, os quais apontavam que nove entre dez Estados com o maior número de bens culturais da humanidade eram os que receberiam o maior número de turistas, haja vista que a cada bem cultural da humanidade declarado há, em regra, o aumento de 1% no número de turistas estrangeiros. Assim, esses dados revelam que existe uma relação de atratividade entre os bens componentes do patrimônio cultural e natural com o turismo.

Baseada em estudos dos *experts* da UNESCO, a Corte elencou os benefícios da atividade turística para o patrimônio cultural e coletividade afetada. Tais proveitos seriam: um crescimento da economia local; fortalecimento das ações culturais, como a criação de museus e instituições de ensino e pesquisa, o que disseminaria a educação patrimonial e a conscientização sobre a importância desses bens e, consequentemente, a sua maior proteção.

A partir de reunião com membros da UNESCO, o TCU (2016, p. 7) levantou os seguintes benefícios para o Estado brasileiro, ocasionados pelo reconhecimento de um bem como pertencente ao patrimônio cultural mundial:

a) aumento da projeção internacional e visibilidade;
b) reconhecimento e valorização do patrimônio, trazendo benefícios sociais, educacionais, culturais e políticos;
c) qualidade dos ambientes urbanos e o valor dos imóveis preservados pode ser maior nas áreas declaradas patrimônio;
d) atração de aportes de doadores privados para a área;
e) maior responsabilidade do poder público com a conservação, o que resulta em maiores investimentos;
f) investimentos em preservação e restauração têm efeitos multiplicadores, repercutindo na cadeia
produtiva secundária e terciária;

g) aumento do fluxo turístico, pois países com mais sítios reconhecidos como Patrimônio Mundial recebem mais turistas (conforme demonstrado anteriormente);
h) geração de empregos e renda; e
i) auxílio potencial na redução da pobreza das populações envolvidas.

Contudo, o TCU constatou que o Brasil é uma exceção à conclusão dos estudos feitos pelo FMI em 2014, pois, apesar de ser um Estado com muitos bens culturais e naturais da humanidade, está longe de ser um dos principais destinos turísticos mundiais. Esse fato foi obtido pela análise do relatório do Fórum Econômico Mundial, intitulado *The Travel & Tourism Competitiveness Report* de 2015, que aponta o Brasil como o primeiro no *ranking* de "atrativos naturais", mas apenas o 28º no *ranking* de competitividade no turismo global, possuindo grande potencial de crescimento, o qual está sendo impedido pela falta de infraestrutura turística básica.

Esse fato levantado pelo TCU na auditoria estudada corrobora a pesquisa feita pelo Banco Nacional de Desenvolvimento Econômico e Social (BNDES) em 2009, intitulada "A preservação do patrimônio cultural como âncora do desenvolvimento econômico". Nesse estudo, o BNDES verificou que o patrimônio pode ser mola propulsora do desenvolvimento econômico local e que, com a preservação e/ou restauração, os bens culturais podem se tornar relevantes ativos culturais e turísticos. Os técnicos do BNDES (2009, p. 352) observaram que "Ao contrário do que muitos acreditam, a existência desse patrimônio protegido não pode ser vista como um fardo inútil e um entrave ao crescimento, mas como um importante ativo a ser explorado em prol do desenvolvimento".

Contudo, a partir da análise do projeto de recuperação do centro histórico de Quito, no Equador, e a zona portuária de Barcelona, na Espanha, o BNDES concluiu que os bens culturais só têm atratividade turística se tiverem preservados e não descaracterizados. Ademais, esse estudo concluiu que a preservação do patrimônio só é duradoura se acompanhada de ações de monitoramento do poder público e do envolvimento da sociedade civil, este último obtido por meio de projetos de investimentos em educação cultural e sustentabilidade dos monumentos. Assim, caso não houvesse tal investimento em sensibilização cultural, o bem restaurado seria rapidamente deteriorado pela própria população local, que não reconheceria a importância daquele bem, nem seus valores culturais.

Além do precário estado de conservação de certos bens culturais, como o das igrejas de Olinda e do centro histórico de São Luiz, o TCU verificou a falta de investimento em estrutura básica de turismo, citando como exemplo a visitação às ruínas das Missões Jesuíticas Guaranis, para a qual seria preciso viajar "476 km de carro a partir de Porto Alegre ou 250 km, saindo de Passo Fundo, o aeroporto regional mais próximo e operação, com poucos voos disponíveis" (TCU, 2016, p. 30).

Tais problemas, estado precário de conservação de certos bens culturais e falta de estrutura básica para usufruto turístico dos bens culturais, seriam gerados por três conjuntos de fatores, segundo identificados pelo TCU.

O primeiro fator é a falta de desenvolvimento de ações integradas e articuladas entre o Ministério do Turismo (responsável pelo desenvolvimento do turismo), o IPHAN (responsável pela gestão federal dos bens culturais), o ICMbio (responsável pela gestão do patrimônio natural) e os órgãos locais, com o objetivo de promover e estimular o turismo nesses locais, existindo apenas certas ações isoladas, limitadas, desarticuladas e com planejamento de curto prazo. Na verdade, verificou-se que não existe uma política, programa, diretriz ou instrumentos de cooperação entre os diversos atores institucionais voltados ao desenvolvimento do turismo nos locais onde há patrimônio cultural.

Como causa para isso, a auditoria apontou a falta de servidores do IPHAN e do Mtur, a inexistência de cooperação e conflitos entre as gestões locais, a falta de dados e informações para auxiliar na elaboração de políticas públicas efetivas. Quanto ao Ministério do Turismo, a situação de falta de diálogo com as autoridades dos locais dos bens culturais agrava-se pela falta de descentralização do órgão.

O segundo fator é a ausência de estratégia de promoção turística que envolva os locais históricos que abrigam os bens culturais da humanidade, que seria de responsabilidade do Mtur, internamente, e da Embratur, internacionalmente. Para corrigir essa falha, seria necessário um gerenciamento duradouro pelo Mtur, voltado ao aproveitamento do potencial turístico dos bens culturais, de forma a induzir investimentos públicos e privados nas áreas que necessitassem de infraestrutura turística e a promover o fluxo turístico onde fosse necessário.

O terceiro é a baixa execução do Programa de Aceleração do Crescimento – Cidades Históricas (PAC-CH), que, à época, era o principal instrumento orçamentário voltado à restauração de monumentos e adequação dos espaços urbanos. Os técnicos do TCU verificaram que apenas 4% dos projetos do PAC-CH foram concluídos e 64% não passaram da fase preparatória.

Isso prejudicou e até impediu a fruição dos benefícios econômicos e sociais decorrentes da declaração dos bens como patrimônio cultural da humanidade. Assim, existiam localidades que possuíam bens da humanidade, com fluxo de turismo incipiente, frustrando a perspectiva das populações locais.

A Auditoria também identificou boas práticas pontuais, como uma ação do IPHAN em Goiás, onde a autarquia cedeu imóveis a outros órgãos públicos, por tempo limitado, ficando tais órgãos obrigados a conservar e a promover os bens cedidos por meio de ações educativas. Com essas cessões, o IPHAN não teria despesas com a manutenção e a conservação dos bens, e a comunidade passaria a usufruir dos seus valores culturais. Também, em Goiás, houve o fomento à ocupação de bens do IPHAN por instituições de ensino, como faculdades, o que causou a revitalização do centro histórico das cidades e a estimulação do desenvolvimento da economia local. Outra boa prática indicada foi a concessão da exploração do Parque Nacional do Iguaçu à iniciativa privada, melhorando a infraestrutura no local.

Contudo, conforme destacou o TCU, essas boas práticas foram pontuais e escassas, não sendo suficientes para alavancar o turismo. Para tanto, a auditoria apontou sugestões, de modo que os bens culturais mundiais pudessem produzir o potencial turístico, econômico e social esperado no Brasil.

Inicialmente, seria necessária a criação de políticas centralizadas, articuladas e de longo prazo entre os mencionados órgãos (IPHAN, Mtur e ICMBio) e os gestores locais. Ademais, haveria a necessidade da adoção de uma gestão dos bens componentes do patrimônio mundial como uma política de Estado, coordenada e planejada entre os entes federativos e os diversos setores da sociedade, conforme indicado pelo TCU, o qual tomou como base as experiências e as boas práticas internacionais. Outrossim, o MTur, que é o principal responsável por essa articulação, deveria criar e coordenar os vínculos de cooperação necessários, investindo em infraestrutura e induzindo o investimento do setor privado.

A auditoria concluiu que, no Brasil, não há a priorização da exploração do potencial e das vantagens trazidas pela declaração dos bens culturais, como pertencentes ao patrimônio mundial, de modo que o Estado brasileiro tem aproveitado apenas uma pequena parcela desses benefícios.

Finalmente, o TCU apresentou como recomendação ao Governo Federal a criação de uma política nacional de gestão do patrimônio mundial da humanidade, que contemplasse, entre seus objetivos, a exploração turística adequada e a definição das responsabilidades das instituições em todas as instâncias federativas, para que houvesse a estruturação dos locais onde estão os bens culturais e naturais, tornando tais locais autossustentáveis e mais acessíveis, devendo, para isto, priorizar as seguintes ações: padronização da sinalização, da comunicação visual e do atendimento ao turista; adequação da infraestrutura de transporte, de hospedagem e de acesso; estratégia de divulgação e promoção; formação de mão de obra especializada; e outras que eventualmente fossem necessárias.

4.6.3 O Tribunal de Contas do estado da Paraíba e a proteção do patrimônio cultural

O TCE/PB realizou algumas ações vanguardistas no âmbito do controle do patrimônio cultural, escolhidas como objeto de estudo em razão dos efeitos promissores na sua promoção e proteção. A primeira ação foi a implementação do programa de Defesa do Estatuto da Cidade (DECIDE),[147] em 2019, cuja finalidade foi auxiliar os gestores públicos do Estado da Paraíba, especificamente dos municípios, na resolução de problemas que afetam o desenvolvimento econômico-social e a vida dos habitantes dos núcleos urbanos, nas áreas de segurança, moradia, bem-estar social, preservação do patrimônio cultural e equilíbrio ambiental.

O programa DECIDE propôs uma colaboração entre o TCE/PB e os gestores públicos, voltada à construção de projetos e programas que tornem as cidades mais planejadas urbanisticamente, aumentando a sua beleza e o bem-estar econômico-social dos seus habitantes, como pode se depreender do seu lema "Ação do TCE para o planejamento urbano, o bem-estar social e cidades mais belas".

No tocante ao dever do gestor público de tornar as cidades mais belas, é oportuno citar a Constituição de Siena [*Costituto Senese*] de 1309 que estabelecia que: "Aqueles que governam deveriam ter em seu coração acima de tudo a beleza da cidade, por razões de deleite e alegria para os silvicultores, por honra, prosperidade e crescimento da cidade e dos cidadãos" (FRANCA FILHO, 2019)[148].

---

[147] TRIBUNAL DE CONTAS DO ESTADO DA PARAÍBA (TCE/PB). Defesa do Estatuto da Cidade – DECIDE. João Pessoa: TCE/PB.

[148] Franca Filho (2019) afirma que o manuscrito conhecido como *Costituto Senese* "foi a primeira 'constituição' escrita no vernáculo italiano e não em latim. Trata-se de um conjunto de regras e leis que regiam a vida pública sienense no princípio do século XIV. O seu texto, repleto de conteúdo estético, dizia que quem governa deve ter em conta 'acima de tudo, a beleza

Essa antiga norma jurídica demonstra que a preocupação da beleza nas cidades é voltada para o bem-estar dos seus cidadãos, perspectiva que é compatível com a ordem jurídica brasileira, principalmente quando estabelece que as ações da Administração Pública devem ser sempre voltadas ao interesse social.

Esse programa tem como fundamento jurídico o disposto nos artigos 182 e 183 da Constituição Federal de 1988, que regulam a política de desenvolvimento urbano, executada pelo Poder Público municipal, e limitam o exercício do direito de propriedade, o qual deve ser exercido segundo a sua função social e o interesse público; as normas estabelecidas na Lei Federal nº 10.257, de 10 de julho de 2001 (Estatuto das Cidades), que fixam diretrizes gerais voltadas ao ordenamento, ao bem-estar e ao desenvolvimento das funções sociais das cidades; e na Lei Federal nº 11.888/2008, que assegura assistência pública para construção de moradias às famílias pobres.

O Tribunal de Contas do Estado da Paraíba começou o DECIDE como um "projeto-piloto", com apenas doze municípios do Estado da Paraíba que estão localizados na microrregião do Brejo paraibano e entorno, os quais possuem certos atrativos turísticos devido ao clima ameno, paisagens e elementos do patrimônio cultural imaterial, como costumes e festivais.

O auxílio proposto pelo TCE/PB se materializaria por meio da função pedagógica do controle, com a orientação, informação e sensibilização dos gestores e da população concernente, por meio de uma cartilha, oficinas e palestras. Ademais, o órgão de controle externo dispôs-se a fornecer subsídios e dados para a elaboração do Plano Diretor das doze cidades, por meio da realização de levantamento aerofotogramétrico dos perímetros urbanos, feitos por drones operados pela equipe de auditores da Corte de Contas.

Esse programa demonstra que o Tribunal de Contas, por meio de sua ação pedagógica, pode proporcionar aos gestores e ao povo, nos lugares mais distantes do Estado brasileiro, uma sensibilização acerca do patrimonial cultural e de sua importância para o desenvolvimento econômico, social e cultural da coletividade à qual ele pertence.

Ademais, o DECIDE comprova que as Cortes de Contas podem ser instrumentos de cumprimento dos Objetivos de Desenvolvimentos Sustentável da Agenda 2030 (ONU, 2015), pois esse programa auxilia

---

da cidade, para o prazer e alegria de estranhos, para a honra, prosperidade e crescimento da cidade e seus cidadãos' (ELSHEIKH, Mahmoud Salem (ed.). Il Costituto del Comune di Siena volgarizzato nel MCCCIX-MCCCX. vols. I-IV. Siena: FMPS, 2002)".

no cumprimento do ODS 11, o qual é voltado a "Tornar as cidades e os assentamentos humanos inclusivos, seguros, resilientes e sustentáveis", bem como na Meta ODS 11.1, que visa "garantir o acesso de todos à habitação segura, adequada e a preço acessível, e aos serviços básicos e urbanizar as favelas" e na Meta ODS 11.4, que busca "fortalecer esforços para proteger e salvaguardar o patrimônio cultural e natural do mundo".

Também com o objetivo de cumprir a Meta ODS 11.4 e o disposto no artigo 216, §1º, da CF/88, o Ministério Público que atua junto ao TCE/PB criou, em 6 de novembro de 2019, a Força-Tarefa de Proteção do Patrimônio Cultural voltada à fiscalização de ações de conservação do patrimônio cultural no Estado da Paraíba.

Essa Força-Tarefa de Proteção do Patrimônio Cultural emitiu uma importante recomendação, a Recomendação FTPC-MPC/PB nº 01/2020,[149] direcionada aos gestores públicos do estado da Paraíba responsáveis pela gestão dos bens componentes do patrimônio cultural.

A Recomendação FTPC-MPC/PB nº 01/2020 foi fundamentada em recomendação expedida pelo *Internacional Council of Museums* Brasil (ICOM) em abril de 2020, que alertou para uma situação de perigo potencial ao patrimônio cultural, durante a pandemia do novo coronavírus (2019-nCOV), ocasionada pela crise mundial na econômica e na saúde, pelo esvaziamento dos espaços públicos culturais, pelo relaxamento da segurança dos bens culturais e por uma possível migração dos criminosos do tráfico de drogas para outros crimes que poderiam acometer o patrimônio cultural.

Ademais, essa recomendação mencionou exemplos de dano ao patrimônio cultural ocorridos no Estado brasileiro e em outros Estados, durante a pandemia, como: o roubo do quadro Jardim da Primavera, de Vincent van Gogh, no Museu Singer Laren, Holanda, em 30 de março de 2020; e o incêndio na capela de Nossa Senhora da Imaculada Conceição, declarada Patrimônio Mundial da UNESCO em 13 de abril, no Haiti.

Assim, objetivando a proteção do patrimônio cultural, essa recomendação estabeleceu que gestores públicos do estado da Paraíba deveriam adotar medidas preventivas de vigilância e reforço na segurança e proteção aos bens culturais existentes no território sob sua responsabilidade durante o Estado de Emergência em Saúde Pública de Importância Nacional (ESPIN).

---

[149] Ministério Público junto ao Tribunal de Contas. Recomendação FTPC-MPC/PB 01/2020, emitida em 15 de abril de 2020. Publicada no DOE do Tribunal de Contas do estado da Paraíba de 24/04/2020.

Antes, contudo, a Força-Tarefa de Proteção do Patrimônio Cultural do MPC TCE/PB teve importante atuação na denúncia formulada pela Associação Cultural Balaio Nordeste perante o TCE/PB, em razão da atuação do seu Chefe, o Procurador Marcílio Toscano Franca Filho.

A Associação Cultural Balaio Nordeste denunciou que certos gestores públicos municipais estavam solicitando e recebendo recursos federais para custear as festas juninas, especialmente, o São João, motivando seus projetos na necessidade de fortalecimento dos valores culturais do festejo, mas estariam desvirtuando tal motivação com a contratação de atrações musicais que não faziam parte da tradição.

Assim, a associação alegou desvirtuamento da motivação exposta nos projetos de obtenção de recursos públicos, pois, no lugar de contratação de artistas de ritmos tradicionais, como o baião, o xote, o xaxado, a ciranda, o coco, a embolada, as marchinhas, estavam sendo contratados artistas, segundo o gosto do gestor público, de ritmos que não teriam qualquer relação com a tradição da festa junina, como funk, sertanejo, breganejo, axé, rap, entre outros. Essa prática, alegada pela associação, desrespeitaria o valor cultural da tradição da festa, ocasionando um "desmonte da cultura atrelada ao momento junino" (TCE/PB, 2019, p. 7).

Ademais, a Associação Balaio Nordeste alegou irregularidade na contratação, no pagamento de cachês e na publicidade dada às atrações musicais na festa. Enquanto os artistas do forró eram obrigados a participarem de processo licitatório, percebiam baixa remuneração e ficavam relegados aos palcos secundários. As grandes atrações nacionais, que não tinham relação com a tradição junina, receberiam altas remunerações, ocupariam os palcos principais e seriam contratados sem licitação, por meio de inexigibilidade de licitação e utilizando-se de intermediários, havendo, assim, desrespeito à Lei nº 8.666/1993, a lei nacional de licitações.

A denúncia foi recebida pelo TCE/PB, mas a auditoria da Corte entendeu pelo arquivamento da denúncia, pois seria genérica, impossibilitando a atuação da Auditoria. Ademais, os auditores aduziram que seria competência do Poder Público proteger a cultura, mas não haveria uma "legislação concreta que vincule os festejos juninos ao ritmo do forró" (TCE/PB, 2019), de modo que não haveria embasamento legal para apontar irregularidades no comportamento dos gestores que contratam atrações musicais de diversos gêneros.

Indo o processo ao Ministério Público de Contas, o membro e Chefe da Força-Tarefa de Proteção do Patrimônio Cultural sustentou a atuação da Corte de Contas no processo, lembrando, incialmente, o exercício do controle das políticas culturais e de patrimônio pelas Cortes de Contas francesas, italianas, entre outras (TCE/PB, 2019).

Além disso, o procurador sustentou o dever-poder de atuação do Tribunal de Contas na proteção do patrimônio cultural, em razão do determinado no artigo 216, §1º, da CF/88 e do estabelecido no Objetivo de Desenvolvimento Sustentável ODS 11.4 da Agenda 2030 (ONU, 2015), normativos que impõem a obrigação de salvaguarda do patrimônio a todos os órgãos públicos.

Afirmou ainda que a ordem constitucional impôs à Corte de Contas o deve de fiscalizar a legitimidade da despesa pública, o que implicaria um exame para além do controle meramente formal, mas uma fiscalização de resultados e de justiça na aplicação dos recursos públicos.

Como o forró é bem cultural intangível, integrante do patrimônio cultural imaterial do estado da Paraíba, reconhecido por meio da Lei nº 9.156/2010,[150] esse fato atrairia a competência da Corte de Contas na sua proteção e promoção, como determina a Constituição Federal de 1988. Com essa perspectiva, o Procurador ponderou que caberia não somente ao Tribunal de Contas, mas a todo o Poder Público o dever de salvaguarda e impulsionamento do forró, como bem cultural imaterial reconhecido, sendo as festas juninas o momento para isso.

Além disso, o Chefe da Força-Tarefa de Proteção do Patrimônio Cultural esclareceu que o incentivo à cultura não seria apenas o pagamento de "shows, filmes, peças de teatro, mega-eventos, forrós, festas populares, museus ou exposições" (TCE/PB, 2019, p. 80), mas também o investimento financeiro com o objetivo de viabilizar o exercício de manifestações culturais que dessem identidade e o sentimento de pertencimento a um povo.

Todavia, o Procurador asseverou que não caberia ao órgão de controle externo ingressar na discricionariedade do gestor público, impondo o estilo musical da atração a ser contratada para os festejos populares, ou mesmo classificar as manifestações culturais, dizendo o que é cultural ou não, em função da sua qualidade. Fundamentou o seu posicionamento em julgamento do STF (RE nº 221239)[151] e do Tribunal

---

[150] Institui o Registro do Forró como Patrimônio Imaterial do Estado da Paraíba. *Diário Oficial do Estado da Paraíba*, João Pessoa, 11 jun. 2010.
[151] CONSTITUCIONAL. TRIBUTÁRIO. IMUNIDADE. ART. 150, VI, "D" DA CF/88. "ÁLBUM DE FIGURINHAS". ADMISSIBILIDADE. 1. A imunidade tributária sobre livros, jornais, periódicos e o papel destinado à sua impressão tem por escopo evitar embaraços ao exercício da liberdade de expressão intelectual, artística, científica e de comunicação, bem como facilitar o acesso da população à cultura, à informação e à educação. 2. O Constituinte, ao

Regional Federal da 3ª Região, bem como na Convenção sobre a Proteção e Promoção da Diversidade das Expressões Culturais de Paris de 2005 (UNESCO, 2005)[152]. O Procurador lembrou que esta última convenção estabelece que "a diversidade cultural é uma característica essencial da humanidade, constituindo-se seu patrimônio comum, que deve ser valorizado e cultivado por todos", de modo que não caberia ao Estado, por meio do órgão de controle externo "limitar ou cercear quaisquer manifestações culturais" (TCE/PB, 2019, p. 85).

Assim, o Procurador concluiu pelo recebimento da denúncia, realização de auditoria de conformidade nos procedimentos de contratações musicais das principais festividades realizadas, como o São João, *Réveillon*, festas de padroeiras, entre outras, mas pela impossibilidade de imposição de contratação de atrações de determinado gênero musical, devendo ser preservada a discricionariedade dos gestores públicos.

Após, a Corte de Contas julgou a denúncia, parte do Processo nº 07037/19, por meio do Acórdão AC2 TC nº 00883/20, cujo relator foi o Conselheiro André Carlos Torres Pontes, o qual deu razão à auditoria, observando que a matéria não seria uma denúncia devido à ausência de imputação de responsabilidade a qualquer gestor, mas pedido de "um olhar mais acurado no exame das despesas públicas relacionadas ao financiamento de festividades, quer diretamente pelos órgãos estatais, quer pelas formas administrativas de desconcentração (contratos) ou descentralização (terceirização)" (TCE/PB, 2019, p. 102).

O relator lembrou que o Tribunal de Contas fiscaliza corriqueiramente as contratações de atrações musicais para festas populares, mas observou que o que a associação denunciante buscava, na verdade, seria uma "atuação governamental para aproximar os investimentos em festividades da identidade regional nordestina" (TCE/PB, 2019, p. 102).

Ademais, o Conselheiro relator lembrou a existência de uma Resolução Normativa RN TC nº 01/2013 do TCE/PB[153] que estabelece a "relevância do controle das despesas com manifestações culturais,

---

instituir esta benesse, não fez ressalvas quanto ao valor artístico ou didático, à relevância das informações divulgadas ou à qualidade cultural de uma publicação. [...] 3. Não cabe ao aplicador da norma constitucional em tela afastar este benefício fiscal instituído para proteger direito tão importante ao exercício da democracia, por força de um juízo subjetivo acerca da qualidade cultural ou do valor pedagógico de uma publicação destinada ao público infanto-juvenil. 4. Recurso extraordinário conhecido e provido. (RE 221239, Relator(a): ELLEN GRACIE, Segunda Turma, julgado em 25/05/2004, DJ 06-08-2004).

[152] Ratificada pelo Brasil, por meio do Decreto Legislativo nº 485/2006.
[153] Resolução Normativa RN TC nº 01/2013. Dispõe sobre o encaminhamento ao Tribunal de Contas do Estado da Paraíba de documentos relativos à realização de festividades locais.

para fins de acompanhamento qualitativo e quantitativo dos gastos públicos", o que reforçaria a competência da Corte em fiscalizar os gastos com cultura.

O relator finalizou concordando com o Procurador do *Parquet* de Contas no sentido de ser vedada a "discriminação quanto a gênero musical, preservando-se nesse ponto a discricionariedade administrativa do gestor nos limites constitucionais e legais para dar cumprimento à Política Nacional de Cultura" (TCE/PB, 2019, p. 107).

Certos aspectos desse trabalho realizado pelo TCE/PB têm importância basilar para este livro. O primeiro aspecto é a afirmação da legitimidade jurídica de atuação do órgão de controle externo na fiscalização das políticas culturais e patrimoniais, tanto pelo disposto nos artigos 215, 216, §1º da CF/88, quanto pelo estabelecido na Meta ODS 11.4 da Agenda 2030 da ONU (2015). Essa afirmação de competência demonstra o espírito de vanguarda da Corte de Contas, especialmente, pelo reconhecimento de controle do patrimônio cultural imaterial, que, no caso, foi o forró, patrimônio imaterial reconhecido pela Lei estadual nº 9.156/2010, havendo normativo próprio do órgão de controle que reconhece a relevância do controle de regularidade e de qualidade das despesas com manifestações culturais.

O segundo aspecto relevante é a manifestação da vontade social para uma atuação efetiva do Tribunal de Contas na defesa do patrimônio cultural. Essa vontade foi percebida pelos membros da Corte, que observaram que a petição da Associação Cultural Balaio Nordeste não se tratava de uma denúncia, pois sequer apontava fato específico, responsável ou a entidade envolvida.

Na verdade, a associação estaria pedindo um olhar do controle externo para as políticas culturais e patrimoniais. Esse pedido da associação demonstra que o Tribunal de Contas tem não apenas legitimidade constitucional, mas uma legitimidade social para atuar nas ações de controle do patrimônio cultural, seja material seja imaterial.

Além da legitimidade jurídico-social, surge um terceiro aspecto importante que é o reconhecimento de que a atuação da Corte de Contas tem um limitador, qual seja, o mérito do ato administrativo, como exposto na seção 4.3.2. A ordem constitucional dotou o Tribunal de Contas do dever-poder de atuar na fiscalização da legalidade, legitimidade e economicidade dos gastos públicos com cultura, compreendendo, no exame de legalidade, a verificação do respeito aos princípios constitucionais implícitos e explícitos, especialmente, os princípios culturais. Contudo, essa atuação é limitada ao juízo de conveniência e oportunidade do administrador público, que, no caso, traduz-se pela escolha do gênero musical da atração dos festivos públicos.

Finalmente, um quarto importante aspecto é a declaração de que o Poder Público não pode realizar discriminações culturais, julgando uma suposta ausência de qualidade de determinados gêneros culturais, haja vista a obrigação de respeito à diversidade cultural assumida pelo Estado brasileiro quando da aceitação da Convenção sobre a Proteção e Promoção da Diversidade das Expressões Culturais de Paris (UNESCO, 2005).

Essa perspectiva adotada pela Corte de Contas demonstrou claro respeito aos diversos ritmos do país, conduta consentânea com a Constituição Federal e normativos internacionais sobre direito cultural dos quais o Estado brasileiro é signatário, pois o Poder Público, muito menos o órgão de Controle externo, não deve estabelecer hierarquia de manifestações culturais.

4.7 Finalidades da atuação do Tribunal de Contas na proteção do patrimônio cultural

A partir da análise do exercício das ações de controle e fiscalização, tentou-se responder ao segundo questionamento realizado no início deste capítulo, "Como ele irá atuar?", demonstrando a forma como as Corte de Contas podem realizar o controle das ações e políticas culturais. Isso foi feito pela análise das competências constitucionais do Tribunal de Contas, a forma de atuação, isto é, pelas auditorias, bem como pelos exemplos da atuação sistemática que é feita nos Tribunais da França e de Portugal e certas ações pontuais feitas pelos Tribunais de Contas brasileiros.

Visto isso, cabe agora tentar responder ao último questionamento, que é "Para que ele deve atuar?", ou seja, qual a finalidade da atuação do Tribunal de Contas na proteção e promoção do patrimônio cultural?

Da análise das competências e das experiências dos Tribunais de Contas é possível extrair certas respostas para essa demanda. Pode-se afirmar que a fiscalização, nas ações e políticas de cultura e patrimônio cultural, tem por objetivo primevo detectar ou impedir as políticas, ações ou omissões ilegais, ineficientes e antieconômicas, bem como a malversação de recursos públicos destinados à cultura, por meio das auditorias de regularidade. Após a identificação dessas ações irregulares, cabe ao Tribunal determinar ações reparadoras, bem como quantificar e responsabilizar os agentes pelos prejuízos ao patrimônio cultural, por meio da imputação de débito e aplicação de multa.

Na auditoria sobre *La gestion du patrimoine immobilier du ministère de la Culture* (COUR DES COMPTES, 2002), a *Cour des Comptes* analisou toda a gestão do patrimônio cultural pelo Ministério da Cultura francês, verificando o estado de conservação dos bens, os recursos orçamentários destinados ao cuidado do patrimônio cultural, os dados e cadastros dos bens culturais, a existência de grupos realizando monopólio no patrimônio, ausência de políticas e estratégias de conservação e aproveitamento do patrimônio cultural. Muitas dessas falhas foram corrigidas pelos gestores, conforme constatado posteriormente pela própria *Cour des Comptes* (COUR DES COMPTES, 2006).

Assim, é inegável que a atuação do órgão de controle trouxe benefícios para o patrimônio cultural, para o conhecimento acerca dos bens culturais, para a organização das ações e políticas culturais patrimoniais, para a otimização dos recursos públicos com cultura e patrimônio, que também são limitados no Estado francês.

Ademais, por meio das auditorias operacionais, a Corte de Contas pode identificar a qualidade e os resultados das ações, políticas e serviços púbicos concernentes ao patrimônio cultural, bem como auxiliar na tomada de decisões pelos gestores públicos quanto às políticas culturais a serem adotadas. Isso foi feito na auditoria sobre a *Lei Aillagon*, que é a lei que regulamenta o mecenato de empresas na França, por meio da qual há a destinação de recursos ao patrimônio cultural. Nesse trabalho, o órgão de controle externo francês aferiu os resultados das políticas culturais e fez uma série de sugestões voltadas ao seu aprimoramento. Certamente, é possível concluir que se os gestores públicos franceses adotarem essas medidas, haverá ganho na gestão do patrimônio cultural e melhor utilização dos recursos públicos.

Nessa mesma linha de auditoria em políticas públicas culturais, o TCU verificou a falta de aproveitamento econômico, social e cultural dos bens declarados como Patrimônio Cultural da Humanidade no Brasil, detalhando todos os processos, atores envolvidos, falhas e oportunidades de melhoria, apontando saídas e ações que devem ser implantadas para o melhor usufruto dos bens culturais brasileiros.

Outra linha de atuação do controle está ligada à orientação e educação dos servidores e gestores públicos, por meio de uma ação pedagógica, acerca da importância social, econômica e cultural da preservação do patrimônio cultural. Essa ação pedagógica também permite aos gestores o conhecimento de técnicas e meios adequados à promoção e salvaguarda do patrimônio cultural, como ocorreu na Cartilha elaborada pelo TCE/PE e no programa DECIDE do TCE/PB.

Finalmente, o objetivo primevo e essencial de todo esse trabalho de controle da cultura e do patrimônio cultural pelo Tribunal de Contas é a realização do *cultural accountability*, traduzido na informação acerca da gestão pública da cultura e do patrimônio. O *cultural accountability*, por sua vez, permitirá a efetivação do direito humano cultural à participação democrática na gestão patrimonial.

Por viabilizar a efetivação de um direito humano cultural, deve-se aprofundar a realização do *cultural accountability* pelo Tribunal de Contas.

4.7.1 O Tribunal de Contas e o *cultural accountability*

Entre os benefícios ocasionados pela atuação dos Tribunais de Contas, há a fiscalização dos gastos com políticas culturais e patrimoniais, evitando-se desvios e malversação dos recursos públicos e garantindo que tais recursos sejam usados em prol do bem comum, e não de interesse de determinados grupos. Também existe a possibilidade de análise da qualidade e dos resultados das despesas públicas, por meio das auditorias operacionais; a verificação do cumprimento da obrigação de proteção e promoção do patrimônio cultural; a possível responsabilização dos agentes omissos; a promoção do conhecimento patrimonial, pela ação pedagógica da Corte de Contas.

Contudo, fora todos os proveitos da atuação do Tribunal de Contas, existe uma consequência benéfica que merece destaque, por estar relacionada à finalidade primeva desse órgão de controle e por possibilitar a efetivação de um direito fundamental, que é o direito à participação na gestão democrática do patrimônio cultural.

Esse efeito benéfico é denominado *cultural accountability*, isto é, a informação aos cidadãos acerca dos gastos com a política cultural e patrimonial, de forma que toda a coletividade possa conhecer as ações estatais sobre o patrimônio e exercer sua própria fiscalização e intervenção nessa gestão.

O Tribunal de Contas torna possível o *accountability*, pois uma das suas principais missões é informa o povo sobre a gestão dos recursos públicos. *Accountability*, termo sem tradução fidedigna para o português, significa a sujeição dos agentes públicos, executores das funções públicas, a "estruturas formais e sistematizadas de constrangimento de suas ações frente à gestão pública, de modo a serem obrigados a prestarem contas e dar transparência a seus atos" (MOTA, 2006, p. 37).

O *accountability* instrumentaliza o *check and balances*, sendo muito maior que a simples prestação de contas. "É mais do que prestar contas, é demonstrar o bom uso dos recursos públicos, de modo a obter credibilidade perante a sociedade" (MOTA, 2006, p. 37), é a "responsabilização dos agentes públicos, perante os seus cidadãos" (FILGUEIRAS, 2011, p. 67).

Nessa perspectiva, o *accountability* é o dever do administrador público de provar ao povo, verdadeiro dono dos recursos públicos, a sua boa gestão, por meio da prestação de contas. E essa comprovação de boa gestão não se limita à demonstração da legalidade dos gastos, mas engloba também a evidenciação da qualidade dos dispêndios, por meio da comprovação da eficiência e da economicidade.

A existência do *accountability* é um dos requisitos essenciais para que exista uma democracia plena e efetiva. Ele proporciona o fortalecimento da cidadania participativa e está refletido nos princípios republicano e democrático, bem como nas suas consequências lógicas, que são: o princípio da prestação de contas; dever de eficiência e transparência; existência de mecanismos de controles técnicos de gestão; existência de mecanismos de controle social (PASCOAL, 2008).

O'Donnell (1998) dividiu o *accountability* em duas dimensões, de modo que existe o *accountability* vertical, exercido pelos cidadãos durante a escolha dos governantes, por meio de eleições livres e justas; e o *accountability* horizontal, realizado por agências que têm o dever-poder legal de supervisionar as demais agências públicas, que, no caso, serão ou os Tribunais de Contas, nos países de tradição latina, ou as Controladorias, nos países de tradição inglesa.

No desenvolvimento do conceito de *accountability* vertical proposto por O'Donnell, surgiu o conceito de *accountability* societal (ou social), defendido por Smulovitz e Peruzzotti (2003). O *accountability* social é o controle da Administração Pública pela sociedade, por meio de associações, ONGs, movimentos sociais e, mais modernamente, por meio das mídias sociais.

Na visão de O'Donnell (1998, p. 40), o *accountability* horizontal pode ser compreendido como:

> [...] a existência de agências estatais que têm o direito e o poder legal e que estão de fato dispostas e capacitadas para realização de ações que vão desde a supervisão de rotina a sanções legais e até o *impeachment* contra ações e emissões de outros agentes ou agências do estado que possam ser qualificadas como delituosas.

Essas agências devem ser altamente profissionalizadas, dotadas de recursos suficientes e autonomia, de maneira a não se submeterem aos caprichos do Poder Executivo, estando dispostas e capacitadas ao seu mister[154] (O'DONNELL, 1998). Nos Estados que adotam o sistema de Tribunal de Contas, o *accountability* horizontal será exercido por essa Corte administrativa, à qual devem ser conferidas autonomia, independência funcional aos seus membros e servidores, garantias equivalentes às da magistratura, além de recursos financeiros, ferramental técnico e humano capaz de tornar possível o controle.

Assim, em última análise, o objetivo do *accountability* horizontal é informar aos cidadãos acerca da gestão dos recursos públicos e viabilizar o *accountability* vertical e o social, ou seja, a escolha de bons administradores públicos e a fiscalização da gestão pública.

No âmbito cultural, o *accountability* horizontal deve ser capaz de informar os cidadãos acerca das políticas culturais. Deve dar ciência à sociedade sobre as ações que envolvam gastos públicos com a cultura e o patrimônio cultural, além de ser capaz de aferir a eficiência e a qualidade dessas despesas. Ademais, deve informar a sociedade quanto à omissão na realização das ações culturais, pois a inação também pode gerar a responsabilização do gestor público, devido ao descumprimento do seu dever constitucional e aos possíveis danos causados ao patrimônio.

Assim, a atuação do Tribunal de Contas, fiscalizando os gastos públicos com políticas culturais e informando os cidadãos, gera uma nova dimensão do *accountability*: o *cultural accountability*, que nada mais é do que a informação e o conhecimento coletivo acerca da gestão dos recursos públicos relacionados à cultura e ao patrimônio cultural, possibilitando o exercício do direito à participação cultural de forma substantiva.

Como visto no Capítulo 2 sobre os direitos culturais, o direito humano ao patrimônio cultural é um gênero que abarca espécies de direitos relacionados ao patrimônio (MIRANDA, 2019; SOARES; CUREAU, 2015). Dentre as espécies de direitos ao patrimônio cultural, destacam-se quatro, a saber: o direito à informação, participação e controle sobre o patrimônio cultural; o direito de promover a prevenção ou cessação de atos de degradação do patrimônio; o direito de participar

---

[154] De acordo com O'Donnell (1998, p. 49): "em segundo lugar, não seria menos importante que as agências que desempenham um papel essencialmente preventivo, tais como os Tribunais de Contas [...], fossem altamente profissionalizadas, dotadas de recursos tanto suficientes quanto independentes dos caprichos do Executivo, e o mais isoladas que seja possível no governo".

na proteção, valorização e promoção do patrimônio cultural; o direito à participação democrática na gestão do patrimônio.

Tais direitos só podem ser completamente realizados se o órgão responsável pelo *accountability* horizontal, que no caso brasileiro será o Tribunal de Contas, desempenhar efetivamente a sua missão de informar o povo acerca da gestão pública do patrimônio.

Os países que aderiram à Convenção-Quadro (CONSELHO DA EUROPA, 2005) têm o compromisso de que as suas Cortes de Contas informem os cidadãos acerca da gestão pública do patrimônio, pois a "fórmula direito a participar da vida cultural", representando a liberdade de exercício dos direitos culturais relativos ao patrimônio, depende da transparência das políticas culturais e amplo acesso à informação sobre o patrimônio cultural.

Portanto, constata-se a importância da atuação do Tribunal de Contas no patrimônio cultural, pois o exercício efetivo dessa missão constitucional tornará possível o *cultural accountability*, e, com isso, efetivará o direito humano de participação na vida cultural e na gestão democrática do patrimônio.

CAPÍTULO 5

CONSIDERAÇÕES FINAIS

O propósito deste livro foi o de apresentar uma análise sobre as competências constitucionais do Tribunal de Contas, especialmente as ações fiscalizatórias e pedagógicas, as quais podem ser desenvolvidas para a efetivação da promoção e da proteção do patrimônio cultural brasileiro, de modo que esse órgão público atue mais efetivamente e sistematicamente na concretização dos direitos culturais inerentes ao patrimônio cultural, sem a pretensão de esgotar o tema.

Para cumprir esse objetivo, no Capítulo 2, buscaram-se respostas para certas indagações, que correspondem aos dois primeiros objetivos específicos deste estudo, voltados a encontrar um conceito de cultura para a ciência jurídica e alcançar os benefícios decorrentes do exercício dos direitos culturais, entre eles os direitos atinentes ao patrimônio cultural, para a dignidade e a liberdade humana, por meio da investigação da definição, da classificação e das espécies de direitos culturais e de como a ordem positiva brasileira colocou em prática os compromissos internacionais assumidos pelo Estado brasileiro.

A busca por conceito tão impreciso demandou um diálogo interdisciplinar, por meio do qual se apresentou um conceito de cultura para a ciência jurídica, entendendo-a como um conjunto de valores culturais de representatividade e significação, protegido pela norma jurídica, gerando situações jurídicas positivas aos seus titulares, que poderão se opor contra quem o desrespeitar e exigir a sua tutela pelo Estado, inclusive, utilizando os meios administrativos e judiciais cabíveis.

Em seguida, no Capítulo 3, pesquisou-se um conceito de patrimônio cultural, com vistas a responder o terceiro e o quarto objetivos específicos. Entendeu-se que os bens componentes do patrimônio cultural diferem de outros bens por possuírem os valores culturais. Contudo, observou-se que as normas jurídicas não encerram um conceito de patrimônio cultural, mas apenas apresentam um dimensionamento e critérios para a declaração de pertencimento a esse patrimônio (SALDANHA; CUNHA FILHO, 2018).

Assim, para se compreender o patrimônio para o Direito, foi necessária uma integração e interdisciplinaridade com outros ramos do conhecimento, de modo a se preencherem as lacunas da ciência jurídica. Utilizando a doutrina de Barbosa (2015), que estuda o patrimônio por meio da análise das políticas públicas patrimoniais, concordou-se que existem três planos de conhecimento e escolha do patrimônio, quais sejam: o plano cognitivo, o plano normativo e o plano instrumental ou operacional. Os dois primeiros planos dizem respeito à descoberta do patrimônio e seu estudo técnico. O terceiro plano versa sobre o reconhecimento jurídico, proteção, administração e promoção do patrimônio.

Com isso, diante de uma infinidade de bens culturais, alguns são escolhidos ou descobertos para comporem o patrimônio cultural e serem preservados, protegidos e usufruídos pelas gerações presentes e futuras, em razão dos valores culturais de determinado momento histórico. Essa escolha ou descoberta ocorre nos planos cognitivo e normativo, bem como obedecem a critérios técnicos advindos de outras ciências, como a Arquitetura, a História, a Arte, a Antropologia, a Museologia, a Sociologia, não sendo campo para a atuação da ciência jurídica, a qual não tem ferramental próprio para descobrir os valores culturais.

Nessa perspectiva, observou-se que o Direito vai atuar no plano instrumental ou operacional, ou seja, quando ocorre a declaração jurídica de determinado bem cultural como pertencente ao patrimônio, momento em que são observados os critérios estabelecidos na Constituição Federal de 1988 e demais normas jurídicas. Por meio dessa perspectiva, deduziu-se que existem dois tipos de patrimônio cultural: o patrimônio latente, ou seja, o patrimônio que não foi declarado juridicamente e é objeto de outras ciências, e o patrimônio declarado, que é o patrimônio reconhecido pelo Direito.

Assim, constatou-se que somente o patrimônio declarado, ou em processo de declaração é objeto da ciência jurídica, pois, segundo a teoria kelseniana, apenas será objeto da ciência jurídica o que é objeto da norma jurídica, de modo que o Direito vai se ocupar do plano declaratório do patrimônio cultural, pois o plano constitutivo é objeto de outros campos do saber humano. Por essa razão, sustentou-se que os instrumentos jurídicos de proteção (tombamento e inventário, para bens materiais, e o registro, para os bens imateriais) são atos administrativos meramente declaratórios, pois o bem cultural já existe e pertence ao patrimônio *per si*, cabendo ao Direito o seu reconhecimento, por meio de declaração pelos órgãos competentes, após procedimento regulado em norma jurídica.

A partir de todas as lições apresentadas, propôs-se um conceito jurídico de patrimônio cultural como sendo um conjunto de bens tangíveis e intangíveis declarados pela norma jurídica ou em processo de declaração, como portador de valores culturais, com relevância e continuidade histórica, para um determinado grupo de pessoas de um local definido, que é escolhido para ser preservado como herança das gerações presentes e futuras.

Esse conceito jurídico de patrimônio teve importância porque delimitou o escopo do presente estudo, pois o Tribunal de Contas atua apenas na salvaguarda e promoção do patrimônio reconhecido.

Finalmente, nesse terceiro capítulo, dedicou-se ao estudo do patrimônio como um bem público *latu senso*, concluindo-se, com fundamento no marco teórico de Giannini (1976), entre outros autores, especialmente da economia, como Barzel (1997), que todo bem cultural material tem seu componente material, que pertence ao proprietário (Estado ou particular), e também o seu componente imaterial, que pertence a toda coletividade concernente a esse bem, pois tem natureza jurídica híbrida. Nesse sentido, apresentou-se o entendimento de Victor Hugo (1832), quando o escritor francês afirmou a transindividualidade dos bens culturais no seguinte pensamento: *"Il y a deux choses dans un édifice: son usage et sa beauté. Son usage appartient au propriétaire, sa beauté à tout le monde, à vous, à moi, à nous tous. Donc, le détruire, c'est dépasser son droit"*.

O Capítulo 4, por sua vez, foi dedicado ao estudo do Tribunal de Contas, suas competências e experiências de sua atuação no campo do patrimônio cultural, para responder as três perguntas que corresponderam aos últimos três objetivos específicos deste estudo e formaram a linha mestra do seu desenvolvimento, quais sejam: "Por que esse órgão deve atuar?", "Como ele irá atuar?" e "Para que ele deve atuar?".

A primeira pergunta foi referente à fundamentação jurídica da ação do Tribunal de Contas na salvaguarda do patrimônio cultural. Tal questionamento foi respondido a partir da constatação de que esse órgão de controle externo tem competência constitucional própria conferida pelo artigo 216, §1º, da CF/88, bem como tem o dever-poder, como órgão da Administração Pública, de contribuir para o cumprimento dos Objetivos de Desenvolvimento Sustentável, estabelecidos na Agenda 2030 (ONU, 2015), dos quais o Brasil é signatário, na proteção e promoção da cultura e do patrimônio cultural.

A segunda pergunta foi concernente à forma de atuação desse órgão, que abarcou o estudo do controle externo, do sistema de Tribunais de Contas, da natureza jurídica desse órgão de controle e de suas decisões, as suas competências constitucionais, os limites de sua atuação, as formas de trabalho e a análise da experiência de Cortes de Contas que têm atuação efetiva no âmbito cultural e patrimonial.

A terceira e última pergunta foi pertinente à finalidade da ação do Tribunal de Contas no âmbito da cultura e do patrimônio cultural, extraindo-se os benefícios à cultura e ao patrimônio cultural decorrentes dessa atuação, dando-se ênfase à construção do *cultural accountability*, ou seja, a informação ao povo acerca da gestão cultural e da política patrimonial, permitindo-se, assim, o exercício efetivo do direito cultural à participação democrática da gestão do patrimônio.

No desenvolvimento do Capítulo 4, constatou-se, inicialmente, que o Estado brasileiro adotou o sistema de Tribunal de Contas, no qual há um órgão de natureza constitucional, colegiado, independente, dotado de autonomia administrativa, financeira e orçamentária, que não possui qualquer relação de subordinação ou de pertencimento com os demais Poderes, cujos membros são dotados de garantias, prerrogativas e vencimentos iguais aos dos membros do Poder Judiciário (art. 73, §3º, CF/88), para estarem protegidos contra perseguições políticas e poderem desempenhar as suas funções com independência e imparcialidade.

Assim, constatou-se que Corte de Contas é dotada de competências constitucionais próprias e privativas, como o poder-dever de julgar as contas dos demais administradores de bens, dinheiros e valores públicos e de auxiliar o Poder Legislativo no exercício do controle externo, titularizado por esse Poder (artigo 70, CF/88), fornecendo subsídios técnicos para que o Parlamento possa julgar a gestão de recursos públicos pelo Poder Executivo.

Foram estudadas as competências dos Tribunais de Contas, as quais giram em torno do controle de todas as pessoas, físicas ou jurídicas, públicas ou privadas (PASCOAL, 2013), que utilizem, guardem, arrecadem, gerenciem ou administrem bens, dinheiros e valores públicos. Verificou-se que esse controle abrange a fiscalização contábil, financeira, orçamentária, operacional e patrimonial, nos aspectos da legalidade, da legitimidade e da economicidade.

Após, passou-se à investigação acerca da natureza administrativa do controle, dos limites do controle, verificando-se que ele não pode ingressar no mérito do ato administrativo, cabendo-lhe fiscalizar a legalidade das ações de gestão pública, incluindo-se nesse conceito de legalidade o cumprimento aos princípios constitucionais, por meio das auditorias e inspeções. Em seguida, analisou-se o Ministério Público que atua junto ao Tribunal de Contas, órgão constitucional e independente que funciona dentro da estrutura do órgão de controle externo, cuja finalidade é zelar pelo cumprimento das leis e do interesse público no âmbito da gestão dos recursos públicos.

Depois da análise das auditorias, inspeções e normas internacionais de auditoria (INTOSAI, 2013), debruçou-se sobre uma importante função da Corte de Contas: a função pedagógica, a qual pode ser muito importante para a sensibilização e educação relacionadas à cultura e ao patrimônio cultural, não só dos gestores, mas de toda sociedade.

Em seguida, com o objetivo de contribuir para o aperfeiçoamento do sistema brasileiro de controle externo na fiscalização da gestão pública da cultura e do patrimônio, analisou-se a atuação dos Tribunais de Contas da França, de Portugal, e certos Tribunais de Contas brasileiros, especialmente, do Tribunal de Contas do Estado de Pernambuco, do Tribunal de Contas da União e do Tribunal de Contas da Paraíba, observando-se que as ações desses órgãos de controle externo podem trazer benefícios à cultura e ao patrimônio cultural.

Da análise das competências e das experiências desses Tribunais de Contas, foi possível extrair que a fiscalização das ações e políticas culturais e patrimoniais pela Corte de Contas tem por objetivo primevo detectar ou impedir as políticas, ações ou omissões ilegais, ineficientes e antieconômicas, bem como a malversação de recursos públicos destinados à cultura, por meio das auditorias de regularidade. Em seguida, o propósito dessa atividade fiscalizatória é determinar ações reparadoras, quantificar e responsabilizar os agentes pelos prejuízos ao patrimônio cultural, por meio da imputação de débito e aplicação de multa.

Ademais, por meio das auditorias operacionais, a Corte de Contas pode identificar a qualidade e os resultados das ações, políticas e serviços públicos concernentes ao patrimônio cultural, bem como auxiliar na tomada de decisões pelos gestores públicos quanto às políticas culturais a serem adotadas.

Outra meta do controle está ligada à orientação e educação dos servidores e gestores públicos, por meio de uma ação pedagógica, a qual pode ser voltada a dar conhecimento acerca da importância social, econômica e cultural da preservação do patrimônio cultural. Essa ação pedagógica também pode permitir que os gestores adquiram o conhecimento sobre as técnicas e os meios adequados à promoção e salvaguarda do patrimônio cultural.

Portanto, o objetivo essencial de todo esse trabalho de controle da cultura e do patrimônio cultural pelo Tribunal de Contas é a realização do *cultural accountability*, traduzido na informação acerca da gestão pública da cultura e do patrimônio, possibilitando a efetivação do direito humano cultural à participação democrática na gestão patrimonial.

REFERÊNCIAS

ARAÚJO, Jailton Macena. Constituição, cidadania e trabalho: premissas para o reconhecimento de uma racionalidade estatal pautada na solidariedade. *Direito, Estado e Sociedade*, n. 52, p. 134-158, jan./jun. 2018.

ASKERUD, Pernille; CLEMENT, Etienne. *La Prevención del Tráfico Ilícito de Bienes Culturales: un manual de la UNESCO para la implementación de la Convención de 1970*. Brasília: IPHAN, 1997.

BABELON, Jean-Pierre; CHASTEL, André. *La Notion de Patrimoine*. Paris: Lina Levi, 2005. Disponível: https://pt.scribd.com/document/316012099/01-BABELON-J-P-CHASTEL-Andre-La-Notion-de-Patrimoine-compressed-pdf-PdfCompressor-1584923. Acesso: 11 abr. 2019.

BAGGIO, Antonio Maria. *O princípio esquecido*. São Paulo: Cidade Nova, 2008.

BANKSY. *Girl with Balloon*. 2002. 1 original de arte, estêncil, Londres.

BARBOSA, Frederico. Direitos Humanos, Patrimônio Cultural e Políticas Públicas. *In*: SOARES, Virgínia Prado; CUREAU, Sandra (org.). *Bens Culturais e Direitos Humanos*. São Paulo: Edições Sesc, 2015.

BARCELLOS, Ana Paula de. Neoconstitucionalismo, Direitos Fundamentais e Controle das Políticas Públicas. *In*: NOVELINO, Marcelo (org.). *Leituras complementares de constitucional*: direitos fundamentais. 2. ed. Salvador: Juspodivm, 2007. p. 43-49.

BARRÈRE, Christian. Les économistes face à l'objet patrimoine. *Le regard de l'histoire, L'émergence et l'evolution de la notion de patrimoine au cours du XXème siècle en France, Actes des Entretiens du Patrimoine*. Paris: Fayard, p. 261-273, 2003.

BENHAMOU, Françoise. *Economia do patrimônio cultural*. Tradução de Fernando Kolleritz. São Paulo: Edições SESC, 2016.

BERGER, Emmanuel. Ordre Public et Poursuites Criminelles sous le Directoire (1795-1799). L'Expérience d'un Modèle Judiciaire Libéral. *Annales Historiques de la Révolution Française – Justice, Nation et Ordre Public.*, Paris, n. 350, p. 135-152, 2007.

BEZERRA NETO, Bianor Arruda. *O que define um julgamento e quais são os limites do juiz?* São Paulo: Noeses, 2018.

BOBBIO, Norberto. *A era do direito*. Tradução de Carlos Nelson Coutinho. Rio de Janeiro: Elsevier, 2004.

BONAVIDES, Paulo. *Curso de Direito Constitucional*. 34. ed. São Paulo, Malheiros, 2019.

BORGES, Maria Creusa de Araújo. O direito à educação na normativa internacional de proteção dos direitos humanos e sua regulação no ordenamento jurídico nacional: análise preliminar a partir da declaração universal dos direitos humanos e do pacto internacional dos direitos econômicos, sociais e culturais. *CONPEDI Law Review*, Madrid, v. 1, n. 3, 2015, p. 221. Disponível em: http://dx.doi.org/10.26668/24483931_conpedilawreview/2015.v1i3.3405. Acesso em: 20 maio 2018.

BOUGUEREAU, William-Adolphe. *O nascimento de Vênus*. 1879. 1 original de arte, óleo sobre tela, 3,00 m x 2,15 m. *Museu d'Orsay, Paris*.

BRANDÃO, Paulo de Tarso; SILVA, Idete Regina Vale da. Fraternidade como categoria política. *Revista Eletrônica Direito e Política*, Programa de Pós-Graduação *Stricto Sensu* em Ciência Jurídica da UNIVALI, Itajaí, v. 7, n. 3, p. 2386-2407, set.-dez. 2012. Disponível em: https://siaiap32.univali.br/seer/index.php/rdp/article/view/5590. Acesso em: 20 maio 2018.

BRITO, Miguel Nogueira. Propriedade de bens culturais e restrições de utilidade pública. *In:* RAMOS, José Luís Bonifácio; CLARO, João Martins (coord.). *Novos estudos de Direito do Património Cultural*. Forte da Casa, 2019.

BRUGUIÈRE, Jean-Michel. Le Rapprochement des Notions de Bien et de Produit Culturel. *Revue Legicom*, n. 36, p. 9-17, 2006. Disponível em: https://www.cairn.info/revue-legicom-2006-2-page-9.htm. Acesso: 30 set. 2018.

BULOS, Uadi Lammêgo. *Curso de Direito Constitucional*. 4. ed. refor. e atual. São Paulo: Saraiva, 2009.

CARBONARA, Giovanni. *I trent'anni di una buona carta del restauro*. Restauro, Napoli, v. 24, n. 131-132, p. 57-60, 1995.

CARVALHO, José Maurício de. A teoria tridimensional do direito de Miguel Reale. *Revista Estudos Filosóficos*, São João Del Rei, n. 14, p. 201–212, 2015. Disponível em: http://www.ufsj.edu.br/revistaestudosfilosoficos. Acesso em: 18 set. 2019.

CARVALHO, Paulo Gonzaga Mibielli de; BARCELLOS, Frederico Cavadas. Os objetivos do desenvolvimento do milênio – ODM: uma avaliação crítica. *Sustentabilidade em Debate*, v. 5, n. 3, p. 222-244, set./dez. 2014.

CARVALHO FILHO, José dos Santos. *Manual de Direito Administrativo*. 27. ed. São Paulo: Atlas, 2014.

CENA de Frevo. *In: WIKIPEDIA*: the free encyclopedia. [San Francisco, CA: Wikimedia Foundation, c2020].

CENA de Samba de Roda. *In: WIKIPEDIA*: the free encyclopedia. [San Francisco, CA: Wikimedia Foundation, c2020].

CERQUEIRA, Fábio Vergara. Patrimônio cultural, escola, cidadania e desenvolvimento sustentável. *Diálogos, DHI/PPH/UEM*, Pelotas, v. 9, n. 1, p. 91-109, 2005.

CHAUÍ, Marilena. Cultura e democracia: crítica y emancipación. *Revista Latinoamericana de Ciências Sociales*, Buenos Aires, ano 1, n. 1, p. 53-56, 2008.

CHOAY, Françoise. *L'Allégorie du Patrimoine*. Paris: Éditions du Seuil, 2007.

CHOAY, Françoise. *A alegoria do patrimônio*. Tradução de Luciano Vieira Machado. São Paulo: Estação Liberdade, 2017.

COELHO, Teixeira. *A cultura e o seu contrário*: cultura, arte e política pós-2001. São Paulo: Iluminuras-Itaú Cultural, 2008.

CONGRESSO INTERNACIONAL DE ARQUITETURA MODERNA (CIAM), 4. Carta de Atenas. Atenas: CIAM, 1933.

CONSELHO DA EUROPA (CE). *Convenção Europeia de Direitos Humanos*. Roma: CE, 1950.

CONSELHO DA EUROPA (CE). *Carta Social Europeia*. Estrasburgo: CE, 1996.

CONSELHO DA EUROPA (CE). *Convenção-Quadro do Conselho da Europa Relativa ao Valor do Patrimônio Cultural para a Sociedade*. Estrasburgo: CE, 2005.

CONSELHO INTERNACIONAL DE MONUMENTOS E SÍTIOS (ICOMOS). CONGRESSO INTERNACIONAL DE ARQUITETOS E TÉCNICOS DOS MONUMENTOS HISTÓRICOS, 2., 1964, Veneza. Carta de Veneza. Veneza: ICOMOS, 1964.

CONSELHO INTERNACIONAL DE MONUMENTOS E SÍTIOS (ICOMOS). CONGRESSO INTERNACIONAL DE ARQUITETOS E TÉCNICOS DOS MONUMENTOS HISTÓRICOS. *Carta de Burra*. Veneza: ICOMOS, 1980.

CONSELHO INTERNACIONAL DE MONUMENTOS E SÍTIOS (ICOMOS). CONGRESSO INTERNACIONAL DE ARQUITETOS E TÉCNICOS DOS MONUMENTOS HISTÓRICOS. *Declaração do México*. Cidade do México: ICOMOS, 1982.

COSTA, Rodrigo Vieira. *Federalismo e organização sistêmica da cultura*: o Sistema Nacional de Cultura como garantia de efetivação dos direitos culturais. Fortaleza, 2012. Dissertação (Mestrado) – Faculdade de Direito, Universidade de Fortaleza.

COSTA, Rodrigo Vieira; TELLES, Mário Ferreira de Pragmácio. *Cultura e Direitos Culturais*. Rio de Janeiro: Lumen Juris: 2017.

COUR DES COMPTES. *Rapport Public Annuel, 2001. La gestion du patrimoine immobilier du ministère de la Culture*. Paris: Cour des comptes, 2002.

COUR DES COMPTES. *Rapport Public Annuel, 2005. La gestion du patrimoine immobilier du ministère de la culture*. Paris: Cour des comptes, 2006.

COUR DES COMPTES. *Rapport Public Thématique. Les grands chantiers culturels*. Paris: Cour des comptes, 2007.

COUR DES COMPTES. *Rapport public thématique. La comptabilité générale de l'État, dix ans après, une nouvelle étape à engager*. Paris: Cour des comptes, 2016.

COUR DES COMPTES. *Fonctionnement*. Cour des comptes, Paris, 11 jul. 2017. Disponível em: https://www.ccomptes.fr/fr/nous-decouvrir/fonctionnement. Acesso em: 5 jun. 2020.

COUR DES COMPTES. *Rapport 58-2. Le soutien public au mécénat des entreprises – Un dispositif à mieux encadrer*. Paris: Cour des comptes, 2018.

COUR DES COMPTES. *Rapport Public Annuel, 2018*. Paris: Cour des comptes, 2019.

COURTIS, Christian. Direitos culturais como direitos humanos: conceitos. *In*: SOARES, Virgínia Prado; CUREAU, Sandra (org.). *Bens culturais e direitos humanos*. São Paulo: Edições Sesc, 2015.

CUNHA FILHO, Francisco Humberto. *Direitos culturais como direitos fundamentais no ordenamento jurídico brasileiro*. Brasília: Brasília Jurídica, 2000.

CUNHA FILHO, Francisco Humberto. Direitos culturais no Brasil: dimensionamento e conceituação. In: SOARES, Virgínia Prado; CUREAU, Sandra (org.). Bens culturais e direitos humanos. São Paulo: Edições Sesc, 2015.

CUNHA FILHO, Francisco Humberto. Teoria dos direitos culturais: fundamentos e finalidades. São Paulo: Sesc, 2018.

CUNHA FILHO, Francisco Humberto; RABÊLO, Cecilia Nunes. O caráter multiforme, ubíquo e multiconcorrencial da vigilância sobre o patrimônio cultural brasileiro. In: SOARES, Virgínia Prado; PRAGMÁCIO, Mário (org.) Tutela jurídica e política de preservação do patrimônio cultural imaterial. Salvador: Juspodivm, 2018. p. 87-106.

CUREAU, Sandra. Bens culturais e desenvolvimento. In: PIOVESAN, Flávia; SOARES, Inês Virgínia Prado. Direito ao Desenvolvimento. Belo Horizonte: Fórum, 2010, p. 369-394.

BANCO NACIONAL DE DESENVOLVIMENTO ECONÔMICO E SOCIAL – BNDES. A preservação do patrimônio cultural como âncora do desenvolvimento econômico. CARDOSO, V. S.; GOLDENSTEIN, M.; MENDES, E. F. (Técs.). Brasília: BNDES Setorial, 2009. Disponível em: https://web.bndes.gov.br/bib/jspui/bitstream/1408/1603/1/A%20BS%2034%20A%20preserva%C3%A7%C3%A3o%20do%20patrim%C3%B4nio%20cultural%20como%20%C3%A2ncora%20do%20desenvolvimento%20econ%C3%B4mico_P.pdf. Acesso: 20 jun. 2018.

DAL POZZO, Gabriela Tomaselli Bresser Pereira. As funções do Tribunal de Contas e o Estado de Direito. Belo Horizonte: Fórum, 2010.

DALLARI, Dalmo de Abreu. Elementos de Teoria Geral do Estado. 24. ed. São Paulo: Saraiva, 2003.

DAMASCENO, Gilmara Benevides Costa Soares. Direitos Culturais e Hegemonia Ocidental. In: CUNHA FILHO, Francisco Humberto; AGUIAR, Marcus Pinto (org.). Direitos culturais: múltiplas perspectivas. Fortaleza: Editora da Universidade Estadual do Ceará – EdUECE, 2018. v. 4., p. 271-296. Disponível em: http://www.uece.br/eduece/dmdocuments/Direitos%20Culturais%20IV_finalizado_com%20Capa.pdf. Acesso em: 20 maio 2018.

DECARIS, Albert. Gravura representando uma audiência solene na Grande Câmara no Palais Cambon, sede da Cour des comptes. 1957. Instagram: @courdescomptes. Disponível em: https://www.instagram.com/p/CAvK-oHnmRW/?igshid=qkj1wkick5g1. Aceso em: 10 jun. 2020.

DESCHEEMAEKER, Christian et al. La Cour des Comptes et le Secteur de la Culture (1925-2007). Paris: La documentation française, 2014.

DI PIETRO, Maria Sylvia Zanella. Direto Administrativo. 29. ed. Rio de Janeiro: Forense, 2016.

DIAS, Norton Maldonado. Dimensões dos direitos fundamentais na perspectiva de uma divergência entre Marx e Bobbio. Revista de Estudos Jurídicos UNESP, Franca, ano 20, n. 31, p. 275-304, 2016, Disponível em: http://seer.franca.unesp. br/index.php/estudosjuridicosunesp/index. Acesso em: 30 abr. 2019.

DIAS, Norton Maldonado; MACHADO, Edinilson Donisete. Reflexões sobre a crise na determinação dos direitos fundamentais nos pensamentos de Thomas Humphrey Marshall e Karel Vasak. Revista da Faculdade de Direito UFPR, Curitiba, v. 62, n. 1, p. 183-208, jan./abr. 2017. DOI: http://dx.doi.org/10.5380/rfdufpr.v62i1.45775. Disponível em: https://revistas.ufpr.br/direito/article/view/45775. Acesso em: 30 abr. 2019.

D'ELBOUX, Sonia Maria; BAIRON, Sérgio. A proteção legal às expressões culturais tradicionais no Brasil: mecanismos e iniciativas para a sua preservação e difusão. *In:* SOARES, Virgínia Prado; PRAGMÁCIO, Mário (org.). *Tutela jurídica e política de preservação do patrimônio cultural imaterial.* Salvador: Juspodivm, 2018. p. 121-144.

ELIOT, T. S. *Notas para uma definição de cultura.* Tradução de Geraldo Gerson de Souza. São Paulo: Perspectiva S.A, 1988.

ESCRITÓRIO INTERNACIONAL DE MUSEUS DA SOCIEDADE DAS NAÇÕES (EIMSN). Carta de Atenas. Atenas: EIMSN, 1931.

FALCÃO, Anny Heloyse Bezerra Viana. Auditoria Operacional de Interesse Cultural: a preservação de edificações através do controle externo realizado pelo tribunal de contas do estado de pernambuco. *In:* CUNHA FILHO, Francisco Humberto (org.). *Coletânea partilhas culturais.* processos responsabilidades & frutos. Fortaleza: IBDCult, 2017. p. 380-395.

FARTHING, Stephen. *Tudo sobre arte.* Tradução de Paulo Polzonoff Jr. *et al.* Rio de Janeiro: Sextante, 2011.

FEITOSA, Maria Luiza Pereira de Alencar Mayer; PEREIRA, Maria Marconiete Fernandes Pereira. *Direito econômico da energia e do desenvolvimento:* ensaios interdisciplinares. São Paulo: Conceito, 2012.

FERNANDES, Jorge Ulisses Jacoby. *Tribunais de Contas do Brasil jurisdição e competência.* Belo Horizonte: Editora Fórum, 2016.

FERRY, Jules. *Les comptes fantastiques d'Haussmann.* Paris: Gallica, 1868. Disponible: ark:/12148/bpt6k5475f. Acesso 10 ago. 2019.

FILGUEIRAS, Fernando. Além da transparência: *accountability* e política da publicidade. *Revista Lua Nova.* São Paulo, n. 84, p. 65-94, 2011.

FONSECA, Maria Célia Londres. Para além da pedra e cal: por uma concepção ampla de patrimônio cultural. *In:* ABREU, Regina; CHAGAS, Mário (org.). *Memória e patrimônio:* ensaios contemporâneos. 2 ed. Rio de Janeiro: Lamparina, 2009.

FONSECA, Maria Célia Londres. O patrimônio imaterial em processo: uma leitura dos bens inscritos nos livros de registro do IPHAN. *In:* SOARES, Virgínia Prado; PRAGMÁCIO, Mário (org.). *Tutela jurídica e política de preservação do patrimônio cultural imaterial.* Salvador: Juspodivm, 2018. p. 47-69.

FRANCA FILHO, Marcílio Toscano. *Introdução ao Direito Comunitário.* São Paulo: Editora Juarez de Oliveira, 2002.

FRANCA FILHO, Marcílio Toscano. *A cegueira da Justiça:* diálogo iconográfico entre arte e direito. Porto Alegre: Sérgio Antônio Fabris Ed., 2011.

FRANCA FILHO, Marcílio Toscano. Cesquiatti e a Justiça além da Lei: duas lições para uma poética do espaço-tempo. *In:* FRANCA FILHO, Marcílio Toscano; LEITE, Geilson Salomão; PAMPLONA FILHO, Rodolfo (coord.). *Antimanual de Direito & Arte.* São Paulo: Saraiva, 2016a. p. 91-101.

FRANCA FILHO, Marcílio Toscano. O grafite e a preservação de sua integridade: a pele da cidade e o *"droit au respect"* no direito brasileiro e comparado. *Revista de Direito da Cidade,* Rio de Janeiro, v. 8, n. 04, p. 1344-1360, 2016b.

FRANCA FILHO, Marcílio Toscano. A iconografia jurídica brasileira na Casa de Tobias Barreto. *Consultor Jurídico*, 02 de outubro de 2019. Disponível: https://www.conjur.com.br/2019-out-02/direito-comparado-iconografia-juridica-brasileira-casa-tobias-barreto#_ftn6. Acesso: 20 jun. 2010.

FRANCA FILHO, Marcílio Toscano; FRANCA, Nevita Maria Pessoa de Aquino. A força normativa das diretrizes do Conselho Fiscal de Saúde sobre a EC 29/2000. *Revista de Direito Administrativo*. Rio de Janeiro, n. 240, p. 205-215, abr./jun. 2005.

FRANCA FILHO, Marcílio Toscano; MORAIS, Nicole Leite. A Fraternidade é Vermelha e o Direito também: fraternidade e democracia na construção dos direitos humanos. In: MAGALHÃES, Ragner. *Constituição, Direitos Fundamentais e Democracia*: estudos em homenagem ao professor Paulo Bonavides. Rio de Janeiro: Lumen Juris, 2019. p. 143-168.

FRANCA FILHO, Marcílio Toscano; NÓBREGA, Izabel Vicente Izidoro. *La protection et la promotion du patrimoine culturel par les Cours des Comptes française et brésilienne*. In: Disquisition Collection of International Symposium on Frontier Issues of Cultural Heritage Law, 6th, 2019, New Development Trend of Cultural Heritage Law in China and France, Beijing, 2v, p. 159-172, 2019a.

FRANCA FILHO, Marcílio Toscano; NÓBREGA, Izabel Vicente Izidoro. Mecenato, renúncia fiscal e auditoria pública: como o Tribunal de Contas Francês avalia leis de incentivo à cultura. *O Jota*, 16 de fevereiro de 2019b. Disponível: https://www.jota.info/paywall?redirect_to=//www.jota.info/opiniao-e-analise/artigos/mecenato-renuncia-fiscal-e-auditoria-publica-16022019. Acesso: 16 fev. 2019.

FRANÇA, Eduardo; BRANDÃO FILHO, José Odilo de Caldas. *Auditoria cultural*: intervenções em bens culturais afetados por proteção legal. Recife: Tribunal de Contas do Estado de Pernambuco, 2014.

FRANCE. *Loi nº 2003-709 du 1er août 2003 relative au mécénat, aux associations et aux fondations*. JORF, nº. 0177 du 2 août 2003, page 13277, texte nº 6. Disponível em: https://www.legifrance.gouv.fr/affichTexte.do?cidTexte=JORFTEXT000000791289&dateTexte=&categorieLien=id. Acesso em: 2 fev. 2019.

FREVO – parte 1. Direção: Cesar Maia. Produção: Wellington Lima. Brasília: Iphan/CNFCP, 26 abr. 2010. 7:13 minutos. Disponível em: https://www.youtube.com/watch?v=GXX07qbl7Vg&feature=youtu.be&app=desktop. Acesso em: 17 jun. 2020.

FUKUYAMA, Francis. *Nosso futuro pós-humano*. Tradução de Maria Luiza X. Borges. Rio de Janeiro: Rocco, 2003.

GABUS, Pierre; RENOLD, Marc-André. *Comentaire LTBC*: Loi fédérale sur le transfert international des biens culturels (LTBC). Gènove: Schulthess, 2006.

GERVEX, Henri. *Alegoria da Justiça*. 1910. Afresco no teto da Escadaria de Honra, segundo andar do *Palais Cambon*, Paris. Wikimedia Commons, c2020.

GICO JÚNIOR, Ivo T. Metodologia e epistemologia da análise econômica do direito. *Economic Analysis of Law Review – EALR*, v. 1, n. 1, p. 7-33, jan./jun., 2010.

GODINHO, Adriano Marteleto; FRANCA FILHO, Marcílio Toscano; RANGEL, Alfredo; DEODATO, Felipe Negreiros (org.). *Direito, arte, tecnologia e ficção*, Volume II. João Pessoa: IDCC, 2018.

GOMBRICH, Ernst Hans. *A história da Arte*. Tradução de Álvaro Cabral. 16. ed. Rio de Janeiro: LTC, 2015.

GOMES, Enéias Xavier. Direito fundamental à tutela do patrimônio cultural. *Fórum de Dir. Urbano e Ambiental – FDUA*, Belo Horizonte, ano 14, n. 81, p. 16-21, mai./jun. 2015.

GREFFE, Xavier. *L'Écomonia Politique du Patrimoine Culturel:* de la médaille au rhizome. Paris: ICOMOS, 2011.

GUERZONI, Guido. Cultural Heritage and Preservation Policies: notes of on the history oh the italian case. *In:* HUTTER, Michael; RIZZO, Ilde. *Economic Perspectives on Cultural Heritage*. New York: MacMillan Press, 1997, p. 107-133.

HUGO, Victor. *Guerre aux démolisseurs*. Paris: Revue des deux mondes, 1832. Disponível em: https://www.revuedesdeuxmondes.fr/guerre-aux-demolisseurs/. Acesso: 26 nov. 2019.

HUGO, Victor. *Discours à l'Assemblée Nationale. Vous pensiez faire une économie d'argent, c'est une économie de gloire*. Paris: Assemblée Nationale, 11 nov. 1848. Disponível em: http://www.assemblee-nationale.fr/histoire/victor_hugo/discours_fichiers/seance_11novembre1848.asp. Acesso: 23 nov. 2018.

HUME, David. *The making of the Millennium Development Goals*: human development meets results-based management in an imperfect world. Brooks World Poverty Institute – University of Manchester, UK, 2007. Disponível em: http://sustainabledevelopment.un.org/content/documents/773bwpi-wp-1607.pdf. Acesso em: 10 jan. 2020.

HUMPHREY, John P. The United Nations Sub-Commission on the Prevention of Discrimination and the Protection of Minorities. *The American Journal of International Law*, vol. 62, n. 4, p. 869-888, out. 1968. Disponível em: https://www.jstor.org/stable/2197014?origin=crossref&seq=1#page_scan_tab_contents. Acesso: 13 set. 2019.

INSTITUTO DO PATRIMÔNIO HISTÓRICO E ARTÍSTICO NACIONAL (IPHAN). Patrimônio Mundial Cultural e Natural. Brasília: Iphan, c2014a. Disponível em: http://portal.iphan.gov.br/pagina/detalhes/29. Acesso em: 16 jun. 2020.

INSTITUTO DO PATRIMÔNIO HISTÓRICO E ARTÍSTICO NACIONAL (IPHAN). *Rodrigo Melo Franco de Andrade*. Brasília: Iphan, c2014b. Disponível em: http://portal.iphan.gov.br/pagina/detalhes/173 Acesso: 3 dez. 2019.

JUSTEN FILHO, Marçal. *Curso de Direito Administrativo*. 11. ed. São Paulo: Revista dos Tribunais, 2015.

KELSEN, Hans. *Teoria pura do direito*. Tradução de João Baptista Machado. 8. ed. São Paulo: Editora WMF Martins Fontes, 2009.

KUREK, Aline. *Le juge financier, juge administratif*. Lille: Université du Droit et de la Santé – Lille II, 2010. Disponível: http://www.theses.fr/2010LIL20017. Acesso: 1 ago. 2019.

LIXINSKI, Lucas. Regional and International Treaties on Intagible Cultural Heritage: between tradition and compeporary culture. *In:* SOARES, Virgínia Prado; PRAGMÁCIO, Mário (org.). *Tutela jurídica e política de preservação do patrimônio cultural imaterial*. Salvador: Juspodivm, 2018. p. 47-69.

MAGNET, Jacques. *Le Ministère public près la Cour des comptes*. Revue de Droit Public – RDP, Paris, p. 321-349, 1973.

MALRAUX, André. *O museu imaginário*. Tradução Isabel Saint-Aubyn. Edições 70: Lisboa, 2011.

MARINELA, Fernanda. *Direito administrativo*. 7. ed. Niterói: Impetus, 2013.

MARMELSTEIN, George. *Curso de direitos fundamentais*. 6. ed. São Paulo: Atlas, 2016.

MAZZUOLI, Valério de Oliveira. *Curso de direito internacional público*. 5. ed. rev. atual. e ampl. São Paulo: Editora Revista dos Tribunais, 2011.

MEDAUAR, Odete. *Controle da administração pública*. 2. ed. São Paulo: Editora Revista dos Tribunais, 2012.

MEIRELLES, Hely Lopes. *Direito administrativo brasileiro*. 42. ed. São Paulo: Malheiros, 2016.

MELLO, Brielly Santana. Os sistemas regionais de proteção dos direitos humanos. *REIDESE*, Aracaju, ano IIII, n. 2, p. 17-48, abr./maio/jun. 2014.

MELLO, Celso Antônio Bandeira de. *Curso de direito administrativo*. 30. ed. São Paulo, Malheiros, 2013.

MENESES. Ulpiano Toledo Bezerra de. O campo do patrimônio cultural: uma revisão de premissas. Conferência Magna. I Fórum Nacional do Patrimônio Cultural. 1 vol. *In:* IPHAN. *Sistema Nacional de Patrimônio Cultural*: desafios, estratégias e experiências para uma nova gestão, Ouro Preto, 2009. Brasília: 2012, p. 25-39.

MENDES, Gilmar Ferreira; BRANCO, Paulo Gustavo Gonet. *Curso de Direito Constitucional*. 12 ed. Saraiva: São Paulo, 2017.

MESNARD, André-Hubert. *Droit et Politique de la Culture*. Paris: Presses Universitaires de France, 1990.

MEYER-BISCH, Patrice. A centralidade dos direitos culturais, pontos de contato entre diversidade e direitos humanos. *Revista Observatório Itaú Cultural/OIC*, São Paulo, n. 11, p. 27-42, jan./abr. 2011.

MILESKI, Helio Saul. *O controle da gestão pública*. 3. ed. Belo Horizonte: Fórum, 2018.

MIRANDA, Jorge. O patrimônio cultural na Constituição portuguesa. *In:* RAMOS, José Luís Bonifácio; CLARO, João Martins (coord.). *Novos Estudos de Direito do Patrimónío Cultural*. Forte da Casa: Petrony, 2019.

MIRANDA, Marcos Paulo de Souza. Evolução histórica da legislação protetiva do patrimônio cultural no Brasil. *Fórum de Dir. Urbano e Ambiental – FDUA*, Belo Horizonte, ano 16, n. 94, p. 61-70, jul./ago. 2017.

MOTA, Ana Carolina Yoshida Hirano de Andrade Mota. *Accountability no Brasil*: os cidadãos e seus meio institucionais de controle dos representantes. 2006. 250 f. Tese (Doutorado em Ciência Política) – Faculdade de Filosofia, Letras e Ciências Humanas da Universidade de São Paulo, São Paulo, 2006. Disponível em: https://www.teses.usp. br/teses/disponiveis/8/8131/tde-25052007-141025/publico/TESE_ANA_CAROLINA_ YOSHIDA_HIRANO_ANDRADE_MOTA.pdf. Acesso em: 20 maio 2018.

NAHAS, Patrícia Viconti. A capacidade de "escutar" o monumento: o limite entre a criatividade projetual do novo e a conservação do antigo na obra de Giovanni Carbonara. *Vitruvius*, livro 184.06, ano 16, abr. 2017. Disponível: https://www.vitruvius.com.br/revistas/read/resenhasonline/17.184/6510. Acesso: 22 abr. 2020.

NATTER, Tobias G. *Gustav Klimt Dessins & Peintures*. Paris: Taschen, 2018.

NEVES, Marcelo. *Transconstitucionalismo*. São Paulo: WMF Martins Fontes, 2009.

NÓBREGA, Izabel Vicente Izidoro da; SOARES, Aendria de Souza do Carmo Mota; Oliveira, Caio César de. A proteção de bem cultural imóvel: o tombamento e a teoria dos jogos. *In*: CONFERÊNCIA ANUAL SOBRE DIREITO E ECONOMIA DA ASSOCIAÇÃO LATINOAMERICANA E IBÉRICA DE DIREITO E ECONOMIA (ALACDE), 23., 2019, Cidade do México. *Anais [...]*. Cidade do México: Alacde, 2019. [Aguardando publicação].

OLIVEIRA, Thiago Pires. Raízes históricas da proteção jurídica ao patrimônio cultural no Brasil. *Fórum de Direito Urbano e Ambiental - FDUA*, Belo Horizonte, ano 11, n. 62, mar./abr. 2012.

ORGANIZAÇÃO DAS NAÇÕES UNIDAS (ONU). Carta das Nações Unidas, de 26 de junho de 1945. *ONU*, São Francisco, 24 out. 1945. Disponível em: https://nacoesunidas.org/carta/ ou https://nacoesunidas.org/wp-content/uploads/2017/11/A-Carta-das-Nações-Unidas.pdf. Acesso em: 20 maio 2018.

ORGANIZAÇÃO DAS NAÇÕES UNIDAS (ONU). Pacto Internacional dos Direitos Civis e Políticos (PIDCP). *ONU*, São Francisco, 16 dez. 1966a.

ORGANIZAÇÃO DAS NAÇÕES UNIDAS (ONU). Pacto Internacional dos Direitos Econômicos, Sociais e Culturais (PIDESC). *ONU*, São Francisco, 16 dez. 1966b.

ORGANIZAÇÃO DAS NAÇÕES UNIDAS (ONU). *Relatório Nosso Futuro Comum*. Nova Iorque: ONU, 1987. Disponível em: https://www.un.org/d ocuments/ga/res/42/ares42-187.htm. Acesso: 20 jan. 2020.

ORGANIZAÇÃO DAS NAÇÕES UNIDAS (ONU). *Objetivos de Desenvolvimento do Milênio*. Nova Iorque: ONU, 2000.

ORGANIZAÇÃO DAS NAÇÕES UNIDAS (ONU). *Objetivos de Desenvolvimento Sustentável – 17 Objetivos para Transformar Nosso Mundo – Agenda 2030*. Nova Iorque: ONU, 2015a.

ORGANIZAÇÃO DAS NAÇÕES UNIDAS (ONU). *The Millennium Development Goals Report*, New York: ONU, 2015.

ORGANIZACIÓN DE LOS ESTADOS AMERICANOS (OEA). *Carta de la Organización de los Estados Americanos (A-41)*. NOVENA CONFERÊNCIA INTERNACIONAL AMERICANA. Bogotá: OEA, 1948. Disponível em: http://www.oas.org/es/sla/ddi/tratados_multilaterales_interamericanos_A-41_carta_OEA_firmas.asp. Acesso: 21 set. 2019.

ORGANIZAÇÃO DOS ESTADOS AMERICANOS (OEA). *Carta de Organização dos Estados Americanos*. Washington: OEA, 1948.

ORGANIZAÇÃO DOS ESTADOS AMERICANOS (OEA). *Declaração Americana dos Direitos e Deveres do Homem*. Washington: OEA, 1948.

ORGANIZAÇÃO DOS ESTADOS AMERICANOS (OEA). *Normas de Quito*. Equador: OEA, 1967.

ORGANIZAÇÃO DOS ESTADOS AMERICANOS (OEA). *Convenção Americana sobre Direitos Humanos – Pacto de San José da Costa Rica*. San José da Costa Rica: OEA, 1969.

ORGANIZAÇÃO INTERNACIONAL DE ENTIDADES FISCALIZADORAS SUPERIORES (INTOSAI). ISSAI 10 – Declaração do México sobre Independência. Tradução do Tribunal de Contas da União em 2016. Vienna: INTOSAI/Tribunal de Contas da Áustria, 2007.

ORGANIZAÇÃO INTERNACIONAL DE ENTIDADES FISCALIZADORAS SUPERIORES (INTOSAI). ISSAI 100 – Princípios Fundamentais de Auditoria do Setor Público. Tradução do Tribunal de Contas da União em 2016. Vienna: INTOSAI/Tribunal de Contas da Áustria, 2013.

O'DONELL. *Accountability* horizontal e novas poliarquias. *Revista Lua Nova*, São Paulo, n. 44, p. 27-54, 1998.

PAIVA, Carlos Magno de Souza; SOUZA, André Henrique Macieira de. *Manual para quem vive em casas tombadas*. Ouro Preto: Graphar, 2018.

PALISSE, Marienne. *Le patrimoine, une construction sociale*. Lyon 2, Lyon, 2006. Disponível: http://theses.univlyon2.fr/documents/getpart.php?id=lyon2.2006.palisse_m&part=119035. Acesso: 12 set. 2019.

PASCOAL, Valdecir. *Direito financeiro e controle externo*. 6. ed. Rio de Janeiro: Elsevier, 2008.

PASCOAL, Valdecir. *Direito Financeiro e controle externo*. 9. ed. Rio de Janeiro: Elsevier, 2013.

PELEGRINI, Sandra C. A.; FUNARI, Pedro Paulo. *O que é o patrimônio cultural imaterial?* Tatuapé: Brasiliense, 2017. *E-book*.

PICHERY, Marie-Claude. *Reconnaissance officielle en France du vin comme produit culturel*: Enjeux pour les professionnels dans la mondialisation. Dijon: Université de Bourgogne, 2013.

PIOVESAN, Flávia. *Direitos humanos*: desafios da ordem internacional contemporânea. Porto Alegre: EMAGIS, 2006.

PIOVESAN, Flávia. *Direitos humanos e justiça internacional*: um estudo comparativo dos sistemas regionais europeu, interamericano e africano. 5 ed. São Paulo: Saraiva, 2014.

PIRES, Maria Coeli Simões. A proteção do patrimônio cultural como contraponto à desterritorialização. *In*: SOARES, Virgínia Prado; CUREAU, Sandra (org.). *Bens culturais e direitos humanos*. São Paulo: Edições Sesc, 2015.

PORTUGAL. *Património cultural*. Apresentação. Portugal: República Portuguesa/Direção Geral do Património Cultural, 2020. Disponível em: http://www.patrimoniocultural.gov.pt/pt/quem-somos/. Acesso em: 5 jun. 2020.

PRAGMÁCIO, Mário. Prefácio. *In*: CUNHA FILHO, Francisco Humberto; AGUIAR, Marcus Pinto (org.). *Direitos culturais*: múltiplas perspectivas. Fortaleza: Editora da Universidade Estadual do Ceará – EdUECE, 2018a. v. 4, p. 7-8.

PRAGMÁCIO, Mário. A negação do patrimônio cultural imaterial. *In:* SOARES, Virgínia Prado; PRAGMÁCIO, Mário (org.) *Tutela jurídica e política de preservação do patrimônio cultural imaterial*. Salvador: Juspodivm, 2018b. p. 29-46.

PRATS, Michèle. *Les Retombées économiques du Patrimoine Culturel en France*. Paris: ICOMOS, 2011.

RAMOS, André de Carvalho. *Processo internacional de direitos humanos*: análise dos sistemas de apuração de violações de direitos humanos e implementação das decisões no Brasil. Rio de Janeiro: Inovar, 2002.

REALE, Miguel. *Cinco temas do culturalismo*. São Paulo: Saraiva, 2000.

REID, Graeme. *O problema com a tradição*. New York: Human Rights Watch, 2013. Disponível: https://www.hrw.org/pt/world-report/2013/country-chapters/259929. Acesso: 10 set. 2019.

REIS E CUNHA, Cláudia dos. *Restauração*: diálogos entre teoria e prática no Brasil nas experiências do IPHAN. Tese (Doutorado em Arquitetura e Urbanismo) – Faculdade de Arquitetura e Urbanismo, Universidade de São Paulo, São Paulo, 2010.

RIEGL, Alois. *O culto moderno dos monumentos*: a sua essência e a sua origem. Tradução de Werner Rothschild Davidsohn e Anat Falbel. São Paulo: Perspectiva, 2014.

RODRIGUES, Francisco Luciano Rodrigues. Bens culturais: patrimônio cultural imaterial no Brasil e o princípio da dignidade da pessoa. *In:* SOARES, Virgínia Prado; PRAGMÁCIO, Mário (org.). *Tutela jurídica e política de preservação do patrimônio cultural imaterial*. Salvador: Juspodivm, 2018. p. 323-342.

RODRIGUES, José Eduardo Ramos; MIRANDA, Marcos Paulo de Souza. *Estudos de Direito do Patrimônio Cultural*. Belo Horizonte: Fórum, 2012.

ROSETA, Pedro. Proteção Internacional do Patrimônio Cultural. *In:* RAMOS, José Luís Bonifácio; CLARO, João Martins (coord.). *Novos estudos de Direito do Património Cultural*. Forte da Casa, 2019.

SALDANHA, Bianca de Souza; CUNHA FILHO, Francisco Humberto. A responsabilidade do gestor administrativo na proteção ao patrimônio cultural em face do direito fundamental à boa administração pública. *In:* CUNHA FILHO, Francisco Humberto; AGUIAR, Marcus Pinto (org.). *Direitos Culturais*: múltiplas perspectivas. Fortaleza: Editora da Universidade Estadual do Ceará – EdUECE, 2018. v. 4., p. 106-124. Disponível em: http://www.uece.br/eduece/dmdocuments/Direitos%20Culturais%20IV_finalizado_com%20Capa.pdf. Acesso em: 20 maio 2018.

SAMBA de Roda do Recôncavo Baiano. Brasília: Iphan, 22 mar. 2010. Disponível em: https://www.youtube.com/watch?feature=youtu.be&v=z42pA3xaegk&app=desktop. Acesso em: 17 jun. 2020.

SARLET, Ingo Wolfgang. *A eficácia dos direitos fundamentais*. 11. ed. Porto Alegre: Livraria do Advogado Editora, 2012.

SARMENTO, Daniel. O neoconstitucionalismo no Brasil: riscos e possibilidades. *In:* NOVELINO, Marcelo. *Leituras complementares de Direito Constitucional*: teoria da constituição. Salvador: JusPodivm, 2009. p. 33-34.

SARQUIS, Alexandre Manir Figueiredo. A posição institucional do Tribunal de Contas no Estado brasileiro. *Revista do Tribunal de Contas do estado de São Paulo*, São Paulo, n. 141, p. 64-65, 1. quadrimestre 2018.

SEN, Amartya. *Desenvolvimento como liberdade*. Tradução de Laura Teixeira Motta. São Paulo: Cia das Letras, 2010.

SILVA, José Afonso da. *Ordenação Constitucional da Cultura*. São Paulo: Malheiros, 2001.

SILVA, José Afonso da. *Comentário contextual à Constituição*. 5. ed. São Paulo: Malheiros, 2008.

SILVA, José Afonso da. *Curso de Direito Constitucional*. 36. ed. São Paulo: Malheiros, 2013.

SILVA, Vasco Pereira da. *A cultura a que tenho direito*: direitos fundamentais e cultura. Coimbra: Almedina, 2007.

SOARES, Aendria de Souza do Carmo Mota Soares; OLIVEIRA, Caio César de; NÓBREGA, Izabel Vicente Izidoro da. A proteção de bem cultural imóvel no Brasil. *Revista Digital de Direito Administrativo (RDDA)*, Ribeirão Preto, v. 7, n. 2, p. 147-169, jul./dez. 2020.

SOARES, Anauene Dias. *Direito internacional do patrimônio cultural*: o tráfico ilícito de bens culturais. Fortaleza: IBDCult, 2018.

SOARES, Inês Virgínia Prado. *Direito ao (do) patrimônio cultural brasileiro*. Belo Horizonte: Fórum, 2009.

SOARES, Inês Virgínia Prado; CUREAU, Sandra (org.). *Bens culturais e direitos humanos*. São Paulo: Edições Sesc, 2015.

SOARES, Inês Virgínia Prado; PRAGMÁCIO, Mário (org.) *Tutela jurídica e política de preservação do patrimônio cultural imaterial*. Salvador: Juspodivm, 2018.

SOUSA, Alfredo José de. O Ministério Público Junto ao Tribunal de Contas no Direito Comparado. *Revista do Tribunal de Contas de Portugal*, n. 31, p. 23-52, jan./jun. 1999.

STAMATOPOULOU, Elsa. *Cultural Rights in International Law*. Boston: Martinus Nijhoff Publishers, 2007.

STUDART, Vitor Melo. Integração sistêmica dos instrumentos acautelatórios para a proteção do patrimônio cultural no Brasil. *In*: CUNHA FILHO, Francisco Humberto; BOTELHO, Isaura; SEVERINO, José Roberto (coord.). *Direitos culturais*. Salvador: EDUFBA, 2018. p. 209-225.

SMULOVITZ, Catalina; PERUZZOTTI, Enrique. Societal and Horizontal Controls: two cases of a fruitful relationship. *In*: MAINWARING, Scott; WELNA, Cristopher. *Democratic Accountability in Latin America*. New York: Oxford University Press, 2003, p. 309-331.

TANCHOUX, Phillippe. *Aux origines européennes de la Convention de 1972*: l'héritage des travaux de l'OIM et de l'IICI dans la conception d'une protection internationale du patrimoine. Patrimonium: 2ème Conférence Internationale, Université de Clermont-Ferrand et Université de Remnin Chine, p. 141-163, 2012. Disponível em: https://hal.archives-ouvertes.fr/hal-01453494. Acesso em: 10 fev. 2019.

THROSBY, David. *Economics and Culture*. Cambridge: Cambridge University Press, 2001.

TORRES, Ricardo Lobo. *Tratado de Direito Constitucional Financeiro e Tributário*. Rio de Janeiro: Renovar, 2008.

TRIBUNAL DE CONTAS. *Normas de auditoria governamental (NAGs)*: aplicáveis ao controle externo. Brasília: TC, 2010.

TRIBUNAL DE CONTAS DA UNIÃO (TCU). *Técnicas de Auditoria*: análise *stakeholder*. Brasília: TCU, 2002.

TRIBUNAL DE CONTAS DA UNIÃO (TCU). *Análise SWOT e diagrama de verificação de risco aplicados em auditoria*. Brasília: TCU, 2010.

TRIBUNAL DE CONTAS DA UNIÃO (TCU). *Acórdão TCU nº. 3155/2016*. Processo n. 030.814/2015-4. Auditoria. Gestão federal dos sítios ou conjuntos declarados patrimônio mundial da humanidade. Destinos turísticos mal aproveitados. Infraestrutura deficiente. Gestão ineficiente. Inexistência de política nacional. Recomendação. Ciência. Relator: Ministro Conselheiro Vital do Rêgo, julgado pelo Plenário em: 7 dez. 2016.

TRIBUNAL DE CONTAS DO ESTADO DA PARAÍBA (TCE/PB). Processo nº 07037/19. João Pessoa: TCE/PB, 2019.

TRIBUNAL DE CONTAS DO ESTADO DE PERNAMBUCO (TCE/PE). Auditoria Cultural: intervenções em bens culturais afetados por proteção legal. Confeccionado pelos Auditores Eduardo França e José Odilo de Caldas Brandão Filho. Recife: Tribunal de Contas/PE, 2014.

TRIBUNAL DE CONTAS DE PORTUGAL. Relatório de Auditoria nº. 29/2015. Direção-Geral do Património Cultural. 2ª secção. Exercícios de 2012 a 2104. Processo nº. 21/2014 – AUDIT. Lisboa, 2015.

UNITED NATIONS EDUCATIONAL, SCIENTIFIC AND CULTURAL ORGANIZATION (UNESCO). *Convenção de Criação da Organização das Nações Unidas pela Educação, a Ciência e a Cultura*. Londres: UNESCO, 1945.

UNITED NATIONS EDUCATIONAL, SCIENTIFIC AND CULTURAL ORGANIZATION (UNESCO). *Convenção de Haia para a Proteção dos Bens Culturais em Caso de Conflito Armado*. Haia: UNESCO, 1954.

UNITED NATIONS EDUCATIONAL, SCIENTIFIC AND CULTURAL ORGANIZATION (UNESCO). *La Convention du Patrimoine Mondial*. Paris: Unesco, 1972. Disponível em: https://whc.unesco.org/fr/convention/. Acesso em: 20 maio 2018.

UNITED NATIONS EDUCATIONAL, SCIENTIFIC AND CULTURAL ORGANIZATION (UNESCO). *Recomendação sobre a Salvaguarda da Cultura Tradicional e Popular*. Paris: UNESCO, 1989.

UNITED NATIONS EDUCATIONAL, SCIENTIFIC AND CULTURAL ORGANIZATION (UNESCO). *Declaração Universal sobre a Diversidade Cultural*. Paris: UNESCO, 2001.

UNITED NATIONS EDUCATIONAL, SCIENTIFIC AND CULTURAL ORGANIZATION (UNESCO). *Convention pour la sauvegarde du patrimoine culturel immatériel*. Paris: Unesco, 2003.

UNITED NATIONS EDUCATIONAL, SCIENTIFIC AND CULTURAL ORGANIZATION (UNESCO). *Convenção sobre a Proteção e Promoção da Diversidade das Expressões Culturais*. Paris: UNESCO, 2005.

UNITED NATIONS. *Universal Declaration of Human Rights (UDHR)*. General Assembly Resolution 217 A. International Bill of Human Rights. United Nations, United Nations General Assembly, Paris, 10 Dec. 1948. Disponível em: https://www.un.org/en/universal-declaration-human-rights/. Acesso em: 20 maio 2018.

UNITED STATES OF AMERICA. Constitution (1787). *Constitution of the United States*. Pennsylvania, 17 set. 1787. Disponível em: https://www.senate.gov/civics/constitution_item/constitution.htm. Acesso em: 20 maio 2018.

UNITED STATES OF AMERICA. Constitution (1787). *United States Bill of Rights*. Philadelphia, 25 set. 1791.

VALE, Carlos. *Auditoria pública*: um enfoque conceitual. João Pessoa: Editora Universitária, 2000.

VARELLA, Guilherme. *Plano Nacional de Cultura*: direitos e políticas culturais no Brasil. Rio de Janeiro: Azougue, 2014.

VARINE, Hugues de. *Investir dans le patrimoine*. Cadernos do CEOM, Chapecó, ano 26, n. 38, 2013.

VEER, Lionel Veer; DEZENTJE, Annemarie. Direitos humanos e perspectivas culturais. *O Correio da UNESCO*, Paris, p. 35-37, out./dez. 2018.

VERJAT, Armelle. Culture et patrimoine, protection de l'environnement et recherche scientifique. *Jurisassociations*, Lyon, n. 585, p. 23-25, 1er oct. 2018.

VERNIÈRES, Michel. *Le Patrimoine:* une ressource pour le développement. *Épargne* sans frontière, Paris, v. 2015/1, n. 118, p. 7-20, 2015.

VILLEY, Michel. *O Direito e os direitos humanos*. São Paulo: Martins Fontes, 2007.

WILLEMAN, Marianna Montebello. *Accountability democrática e o desenho institucional dos Tribunais de Contas no Brasil*. Belo Horizonte: Fórum, 2017.

WORLD INTELLECTUAL PROPERTY ORGANIZATION – WIPO. *Centenary of the Berne Convention*. London: WIPO, 1986.

ZANIRATO, Silvia Helena; RIBEIRO, Wagner Costa. Patrimônio cultural: a percepção da natureza como um bem não renovável. *Revista Brasileira de História*, São Paulo, v. 26, n. 51, jan./jun. 2006.

Esta obra foi composta em fonte Palatino Linotype, corpo 10
e impressa em papel Pólen Soft 70g (miolo) e Supremo 250g (capa)
pela Gráfica Formato, em Belo Horizonte/MG.